暗池

人工智慧如何顛覆股市生態

DARK POOLS

The Rise of the Machine Traders and
the Rigging of the U.S. Stock Market

by

SCOTT PATTERSON

史考特·派特森——著　　甘錫安——譯

*Dark Pools:金融業界定義中的「暗池」,是指公開市場看不到買賣活動的交易場所,但本書不全然採用這種狹義認定——我認為,整個美國股市已變成一個巨大無比的暗池,市場中每個角落的委託單都是隱藏的,控制市場起伏的複雜演算法人工智慧交易系統,隱藏在看不到的地方。整個市場都是暗的,投資人和主管機關都蒙在鼓裡。

獻給艾琳諾

假如當初有人澈底揭發實行這些詭計的手法，
它們就無法逃脫公眾和輿論的制裁。
法律詭辯和黑箱作業是這些銀行家最忠實的盟友。
——斐迪南・裴科拉（Ferdinand Pecora），
一九二九年美國股災爆發後，受命調查的主任檢察官

目　錄
Contents

電子交易出現後，股市依靠以極快速度互相溝通的電腦運作，演算法在各地高速網路上活動，交易場域分散到幾十處、祕密交易機構的觸角延伸全球，整個市場已變成一個龐大暗黑交易所，連創造這系統的人也未必了解這瘋狂的活動。2010年5月6日，美國電腦交易系統不知道出了什麼問題，道瓊指數在幾分鐘內直落八百點，這次閃電崩盤證明，這不是反自動化人士杞人憂天所杜撰的狀況。

第一部　機器對決
Machine v. Machine

1

要在股市浩如煙海的資訊中發現規律，需要強大的電腦運算能力和精巧的交易系統。資料魔人、人工智慧專家海姆・波迪克兩者都有。他成立「交易機器公司」後設計的「機器」，運作核心是一套複雜演算法，與二十多年來最優異的交易策略一脈相承。波迪克藉助人工智慧領域中的專家系統，獨力設計出這些演算法，這種技術歸納專家分析市場後的心得，同時擷取現今市場資料，提出無比準確的預測。

專業經紀人和造市商的行為無法預測,對買單和賣單的回應可能時時不同。委託單必須精確,死板的電腦系統才能順利運作,但人有可能犯錯,從而擾亂了電腦。這時必須有所改變。我們需要新的交易池,讓演算法正面對決;我們需要電腦交易池,讓演算法在對它們而言最自然的環境中演化成長,發展出自己的生態系。電腦交易程式在其他電腦中運作時,如魚得水。

1990年代末出現幾家專精電腦的高頻率交易商,演算法戰爭隨之爆發。它們技術高超、效率極高、速度極快,幾乎每天都賺錢。到了2000年代末,它們以微秒為單位快速買賣股票,交易量占全美股票交易的三分之二以上,它們只想短期獲利,很少持有部位超過一天。演算法戰爭和人工智慧一同演化,早上股票交易可能是某個趨勢,下午投資人獲利了結時,趨勢可能又變了。這些趨勢整天在電子交易池中一波波擴散,演算法則試圖站上浪頭不被套牢。

這種特殊委託單允許高頻率交易員在市場變動時,掛出隱藏的特定價格委託單,放在交易佇列最前方,把其他交易員擠到後面,即使市場起起落落,這張單子依然不動如山。高速券商為何想這麼做?在市場變動時卡在佇列最前方而且不被發現,券商就能掛出委託單,一再賺到掛單費。其他交易員的委託單一再跳進看不見的交易,這就像個隱形陷阱,陷害其他券商支付吃單費。

第二部　機器誕生
Birth of the Machine

紐約證券交易所（NYSE）在交易大廳中買賣股票，交易完成後才將價格公開在紀錄彙總單上，讓大眾知道市場先前的狀況——NYSE在許多方面就是個超大暗池。電腦技客中的技克約書亞·列文覺得買賣股票應該有更好的方式。這名程式設計師對交易或賺錢沒興趣，遵奉「資訊想要自由」信條的他，希望解放資訊的所有層面，讓大眾都能共享——他決定改造股市現行體制。

為了讓交易員收盤後不用自己計算賺了多少錢，列文想到可將訊號從斯達克二級工作站的印表機纜線傳給個人電腦。他們只要寫程式轉譯訊號，篩選出相關資訊記錄下來就好。列文為此寫出「觀察者」程式，之後又不斷改良，使它從被動的委託單追蹤系統，演化成先進的交易機器。這讓達提克交易員得以全面了解市場上的委託單流量，下單速度比其他人快上許多。

輸入納斯達克委託系統的委託單都有個時間戳記，規範價格相同的委託單的優先順序。委託單時間越早、順序越優先；然而價格較好的委託單即使下單時間較晚，也會跳到最前端。卡馬拉塔得知這個祕密幾個星期後，績效已經勝過公司所有同事。最後，他把這個技巧告訴列

文，列文在「觀察者」中製作這個程式，交易員從此能像機關槍一樣大量下單。

列文對達提克唯一的興趣是利用它當木馬，滲透並從內部攻擊華爾街。他用英特爾股票對付造市商的把戲，證明人類不善於撮合買方和賣方的委託單；他們除了收取不合理的價差，還很容易犯愚蠢錯誤。電腦能做得更快、成本更低，而且毫無錯誤。萬事都已具備，列文的夢想即將實現，他將打造一座讓投資者齊聚一堂，沒有中間人的電子交易池。

Instinet報價只能透過專用電腦查閱，納斯達克造市商和許多法人投資人都有這種電腦，但一般投資人買不到。後來證券交易委員會（SEC）規定Instinet的報價必須公開。為此SEC設計出全新交易實體「電子通訊網路」（ECN）。只要具備相關技術，任何人都能建立 ECN。這些規定不僅改變遊戲規則，還創造了新遊戲。有了委託單處理規則之後，整個納斯達克市場將變成對電腦交易廣開大門的電子平台。

儘管證券交易委員會訂立新規則，讓任何人都能設立電子通訊網路與納斯達克連線，但真正付諸行動的人不多。傑瑞·普南花了幾個月，設計和建立他的電子交易網路，為了向列文等人致敬，同時表達公開叫陣之意，他將公司取名「群島」。爾後十年，普南成為美國股市的

要角,他和馬希勒與列文一樣,準備和納斯達克、紐約證券交易所與其他華爾街傳統勢力正面對決。

普南和列文雖然互通了幾十封電子郵件,也講過多次電話,但從沒見過面。1998年某日列文正在電腦上打著字時,一個陌生人走進他的辦公室。「嗨,列文,我是傑瑞‧普南。」這個人說道,伸出手準備握手。列文沒有跟他握手,而從椅子上跳起來,一把抱住普南把他舉起來。普南把列文當成競爭者,但這位天才程式設計師把普南當成失聯多年的兄弟,視之為擊垮華爾街傳統勢力的親近盟友。

線上交易網站成長迅速。微軟共同創辦人保羅‧艾倫的海鷹創投承諾投資達提克一億美元,法國銀行業巨頭貝爾納‧阿爾諾的家族控股公司與波士頓創投公司 TA Associates,也同意投資高達兩億五千萬美元。尼可爾相信,有了經驗豐富的高階主管來領導,達提克的潛力不可限量,但他擔憂,達提克跟馬希勒和惡名昭彰的SOES交易部門關係密切,可能形成道德瑕疵。

多年來,美國主管機關和國會議員一直催促納斯達克和NYSE,交易股票放棄分數制,改為以分計價,但它們一再延宕,態度相當強硬。股價單位從分數改成小數會大幅縮小價差,從而壓縮獲利。普南非常討厭那斯達克,也深深憎惡NYSE,他認為它們封閉落後,總想掩蓋

些什麼。對抗這些舊時代大勢力，普南有個堅強無比的盟友並肩作戰，就是它最強的競爭者：孤島。

14 笨錢——把小股民餵給鯊魚 213
Dumb Money

「我們比競爭者快十倍，但收費只有他們的一成。」安德森表示。盈透證券執行長湯瑪斯・彼得菲點了點頭說：「孤島確實又快又便宜。」「那麼您為什麼不用呢？」「因為我在孤島賺不到錢！」安德森試著探究彼得菲剛剛說的話，後來想到彼得菲的意思是：他在孤島上交手的交易員都太厲害了。孤島是速度最快、收費最低又最可靠的電子交易網路，這招來了許多動作最快、最老練的交易員，於是孤島交易池裡充滿互相撕咬的鯊魚。

15 交易機器人 223
Trade Bots

戴夫・康明斯讀到談深藍程式擊敗世界西洋棋王卡斯帕洛夫的文章時，開始思考電腦程式是否可能擊敗市場。他在家裡打造交易機器人程式，開始向幾十家券商推銷他的點子，但經驗豐富的經紀商經常譏笑他的示範，說電腦不可能處理場內交易員面對的各種混亂因素。某日康明斯拜訪Getco創辦人史蒂芬・舒勒和丹・提爾尼，結果他倆異常興奮——他們也是幻想破滅的現場交易員，知道電子交易是未來趨勢。

16 瘋狂數字 245
Crazy Numbers

NYSE和納斯達克這兩個主要股票市場，一向落後其他市場，而且自己絲毫沒有察覺。它們為了維護專業經紀人和造市商而拒絕升級系統，在高頻率交易興起，創造全新流動性來源的關頭，這麼做大錯特

錯——這些流動性全部流向電子交易池。高速交易員挾龐大的交易量，已經取得主導地位，納斯達克如果要生存下去，就必須配合他們的需求，而且刻不容緩。

17 「我不想當名人」
"I Do Not Want to Be A Famous Person"

列文在華爾街史上最具改革性的技術中扮演總工程師，這事只有極少數親眼目睹的人知道。他不想成名，總是迴避聚光燈，讓席特龍和安德森等人以他的發明享有盛名。在一封電子郵件中，列文表達了對名人的強烈反感：「任何關於孤島的報導都不應該放上我的照片，我也不會配合任何我的報導。我不想當名人，而且我會盡全力避免。」

第三部　機器大獲全勝
Triumph of the Machine

18 怪獸
The Beast

紐約證券交易所與群島合併，是美國金融史上的分水嶺，代表舉世皆知的資本主義象徵——大行情板的交易廳——不再居於主導地位。電腦將成為統治者，沒有人阻止得了。最清楚這個轉變的人，應該是許多人視為 NYSE 與群島合併的神祕工程師：鄧肯·尼德奧爾。1999年高盛高階主管支持高盛投資成立電子通訊網路，尼德奧爾就是讓約翰·塞恩進入 NYSE 最高層的幕後推手。

19 平台
The Platform

米哈伊爾·馬里謝夫要自己打造交易機器，薩吉·阿列尼可夫是他禮

聘的頂尖人才，是高盛祕密高頻率交易部門的程式設計師，該部門是霍爾交易的後繼者，1999年高盛以五億美元收購。阿列尼可夫在高盛的工作是撰寫交易處理程式，處理速度越快越好。程式碼是關鍵。只要擁有品質最佳、速度最快的程式碼，就能在競賽中取勝。

從1987年10月19日的黑色星期一、1998年長期資本管理公司倒閉、2000和2001年網路泡沫爆破，一直到2008年金融危機，彼得菲全經歷過。但這次完全不同且速度飛快，因為出問題的是高速交易。彼得菲問交易台：「到底怎麼搞的？」慌亂的交易員回答：「不清楚。」「去搞清楚！」當時是2010年5月6日下午，再過短短幾秒，彼得菲從螢幕上感受到的混亂就會擴散，擾亂史上最精密的交易系統，華爾街也將為恐懼和慌亂所籠罩。

2009年阿列尼可夫因偷竊高盛的程式碼而遭到逮捕一事，引發全美熱議股市現狀，而在媒體稱為閃電崩盤的事件後幾星期和幾個月，這項爭議變得更加激烈。閃電崩盤引發對股市的信心危機。5月6日之後，現金開始以驚人速度流出股票型基金。即使股票市場反彈得更高，當年其餘的每個月現金仍繼續減少。許多人害怕再次崩盤。誰能保證下次一定會有閃電反彈挽救市場？

第四部　機器的未來
Future of the Machine

22　被操控的遊戲
A Rigged Game

現在複雜程度已是前所未見。超高速交易和人工智慧機器人程式數量激增，在演算法戰爭中不斷擴張的前線決戰，讓市場變得完全不同。納斯達克一向腐敗成風，奸巧的經銷商串通自肥，傷害一般投資人的權益；NYSE專業經紀人吃相也很難看。積習已久的腐化和人性的貪婪，聯手摧毀了延續數百年的制度，真人交易員和造市商被機器人程式取代，只能怪自己。但機器人程式就比較好嗎？

23　大數據
The Big Data

波斯灣運輸發展趨勢、哈薩克小麥種植量、加拿大卑詩省降雨量、拉丁美洲出生率、荷姆茲海峽石油運輸等等，資料應有盡有。大數據交易機器或許能耙梳網路和其他資料庫系統，找出固定型態，尤其是以往不知道的型態。順利的話，這些型態可提供訊息，讓機器用來買賣股票，賺取大筆利潤。活躍全球市場和交易員拉多波羅斯打算運用的，正是這種方法。

24　先進棋──人腦與電腦結合的威力
Advanced Chess

波迪克要創造人機整合裝置，他在巨大的數位網路的中心，連結所有交易池，操縱所有人工智慧機器，就像個傀儡大師。波迪克的系統，和文藝復興或Getco等大咖高頻率券商採用的自動輔助系統不同，他自己就是機器的一部分，他負責控制、管理，確保它不會脫軌。無論

波迪克是否會成功，我們都有理由相信，人腦和無限的電腦能力將能
超越純機器主導系統的能力。

25 恆星——像彼得・林區或華倫・巴菲特的選股程式
Star ·· 367

列文等夢想家領導的電腦革命，已經改變市場結構的許多方面，也改
變股票易手方式的本質。但有個領域至今仍然紋風不動，就是基金經
理人的頭腦。沒有人提出方法，模擬長期投資人的想法和做法，像彼
得・林區或華倫・巴菲特那樣買賣股票。人工智慧普遍被視為太特殊、
太難以預測、太奇怪。格林柏格希望改變這個想法，他看著台下聽眾
說：「我今天想跟各位談談……機器學習這個領域。」

後記——差錯頻傳的一年 ·· 383
POSTSCRIPT The Year of the Glitch

2012年8月1日，在混亂的早盤交易中，經驗老到的騎士資本因一部
高速電腦交易系統出問題，損失四億五千多萬美元，之後瀕臨倒閉。
騎士資本打從成立後，一直是電腦交易的先鋒，連這樣擁有光輝歷史
的券商，都在半小時左右蒸發將近五億美元，令人難以置信，這讓許
多人驚覺市場中潛藏許多危機，甚至比閃電崩盤時更加明顯。

致謝 ··· 391
Acknowledgements

本書常見簡寫整理

ATD	自動交易台
DOT	委託單轉送及成交回報系統
ECN	電子通訊網路
Getco	全球電子交易公司
HFT	高頻率交易
NYSE	紐約證券交易所
QQQ；Qs	納斯達克 100 股票指數基金
SEC	美國證券交易委員會
SOES	小額委託單執行系統
SPY	SPDR S&P 500 股票指數基金

擺脫隱藏交易資訊的暗池，
卻可能走進人工智慧布建的黑池

姜林杰祐教授 | 國立高雄科技大學金融資訊系所

　　2010年5月6日美國股市發生閃崩事件，事後調查報告試圖爬梳當日市場交易狀況以釐清真相；但更深層的原因，打從1980年代人工交易逐漸轉變成電子交易的過程，就種下了。當日諸多巧合，在金融市場上再度驗證了「莫非定律」（凡是可能出錯的事就一定會出錯）的智慧。本書回顧了金融市場電子交易的歷史，一路帶過美股閃崩事件，預告日後脆弱金融市場頻現的風暴；閱讀本書，也有助於我們理解發生在台灣，2018年2月6日台指選擇權賣方市場的災難，以及最近（2019年8月21日）的台指期貨夜盤閃崩事件。

　　最好的因也可能產生最壞的果。電子交易取代人工交易的原始動機，是一群資訊人（例如孤島的列文、群島的普南、盈透的彼得菲⋯⋯）希望透過資訊工具，讓交易民主化、透明化、去中間化，讓交易價格更低、效率更高；卻無意間創造了能力更強大、更無形、更肆無忌憚的新中間人──「高頻交易者」，挾其所設計的演算法，反而讓市場更加不公平、不穩定。這些只求獲利的高頻交易單，在

關鍵時刻棄守市場造成真空，甚至推波助瀾，產生骨牌效應，導致市場震盪。

本書循著資訊科技影響金融市場的歷史脈絡，娓娓道來金融市場交易方式演變，如何因為本書的主角與他們所創造明池、暗池交替存在的電子空間，一路走到現在；詳細分析在交易的生態池中，又如何以貪婪為基礎（再也不是崇高的願景），豢養、演化出眾多狡詐的演算法怪物，在池中「釣愚」吃掉「笨錢」，侵蝕正規投資人的獲利，也一點一滴啃食對市場的信任。

對於本書提到諸如造市獎勵、交易回扣、冰山委託、委託簿戲弄、分層布單、倒賣策略、狙擊策略等演算法與高頻交易邏輯有興趣的讀者，可參考我在2012年出版的《程式交易方法與實務應用——含演算法交易與高頻交易》一書。

近年來，另一群科技人正以金融科技（FinTech）之名，懷抱似曾相似的願景，會不會又埋下日後的災難，作為參與金融科技的一員，深自警惕；本書讓我們得以鑑往知來，趨吉避凶。

公平交易是金融市場的基本人權。電子交易市場發展的歷程，逐一解放市場存在的不公平制度（例如以小數代替分數報價、不得拒絕並需以投資人最有利價格成交、不得更動送單順序等）的同時，卻陸續被魔高一丈的演算法找到制度套利的空間。時至今日，交易戰爭延伸到低延遲高速競爭（從軟體戰到硬體、從主機共置戰到傳輸通道），就像無謂的虛擬貨幣採礦運算般，耗費許多原本可以用於利益眾生的計算資源。

這世界或許從未公平，但切不能放棄追求公平的努力與堅持，否則不公平不僅僅傷害另一群人的財富而已，恐怕會挑戰人類好不

容易建立起的交易制度與信任基礎。

只是公平的界線何在？有時容易辨明（例如交易流的公平競價、禁止以窺探提前交易、交易規則的公開揭露與確實執行），有時又很模糊（例如是否可以對傳輸速度與資訊量作區別定價——別忘了，交易所終究是營利組織）。

但若有人透過對資訊的深度洞悉、更快的交易、更高超的分析能力與策略設計，得以在市場上取得優勢，就與公平與否無關了，金融市場終究是優勝劣敗的獵場，選擇進場只能生死自負。

於是當風暴來襲，面對匿蹤、分散破碎的交易市場，沒有人能負全責卻都須負點責任、沒有人理解全貌（即使聰明如文藝復興的西蒙斯團隊）只能事後拼湊真相，看著事件一再重演；或有人開始倡議回到過去的年代，恢復大行情板交易廳、放慢撮合速度，但現代文明已經建構在資訊基礎建設上，金融市場無法自絕於外，也只能往前管理、尋求解困，至少亡羊補牢。

本書同時也讓我們窺見交易策略邏輯的演變。第一階段，交易策略從市場行為、商品本質、制度設計中，以合理邏輯演繹市場未來走勢中形成；第二階段，以資訊技術提供的運算能力，從市場大數據中歸納隱晦（開始似懂非懂）的規則，藉以建立交易策略；最後，人工智慧（AI）登場了，快速運算大數據的同時，它也追蹤變幻莫測市場的演化軌跡，只求馳騁在變化浪頭短暫駕馭市場，但藉此形成的交易策略，已經逐漸脫離人類能理解的層次。近來AI應用的重點方向，是希望AI深度學習的同時也能提出解釋，即源於此。

麻煩的是，與其他AI應用領域（如影音辨識等工程應用）不同的是，市場預測的對錯只能事後驗證，你又怎能知道這次AI到底

是瘋了，還是對了？就像書中提到的，具備 AI 引擎有如先知般的恆星系統，在你以為它要自殺時，事後才知道它是對的。

我們應該對無法理解的預測結果給予多少信心呢？端視作為人類，你對自己有多麼沒有自信。AI 應用的弔詭是，我們期待它（或祂）能超越人類的智慧，當 AI 走向無法理解時，卻又惴惴不安。

AI 應用在投資領域到底有沒有用，至今未有定論（或許永遠無法得知，就像無法得知有多少被刻意隱藏在電子交易空間的獲利策略），但這終究只影響個別投資人的權益，其實無關宏旨（進入此門，生死自負，不是嗎？）。我擔心的是，AI 演算法在市場各個交易角落的大量使用，會不會把市場帶到更深不可測的暗池；當市場因此震盪、閃崩，即使事後拼湊，也難以理解出真相。

千百年來，人類用盡辦法努力理解這個世界，卻可能創造一個工具，把對世界的解讀帶向無法理解！？

於是，當我們透過歷史教訓改變交易規則試圖修補制度，以期擺脫或管理隱藏交易資訊的暗池的同時，卻無法樂觀。交易策略典範的轉移，隱然即將把交易帶入另一個人工智慧布建的利維坦黑池。但這次，具備演化能力的 AI 演算法，可能會把市場帶過人類智慧難以理解的「技術奇異點」，屆時，有多少交易者可以倖免於難，市場會不會又要以「大到不能倒」的理由要求納稅人出錢紓困？

對此，我沒有答案。但我知道並建議參與交易、設計管理交易制度，或對交易有興趣的朋友，都應該讀這本書，在一切還來得及以前，切斷引信。

自序——明池

PROLOGUE Light Pool

邁阿密海灘最頂級的楓丹白露酒店裡，丹·麥提森（Dan Mathisson）步上璀璨廳低矮的講台時，擴音喇叭大聲播放著①阿姆的暢銷單曲〈少了我很空虛〉（Without Me）。現在歡迎麥提森：幾百位避險基金管理人、電子交易員和電腦程式設計師一起鼓掌，他們是數位革命澈底改變美國股市的幕後推手。他們齊集在楓丹白露飯店，參加一年一度的瑞士信貸證券交易論壇，在這裡閒聊、打高爾夫球、交換小道消息，沉浸在這家飯店過往的風華中。法蘭克·辛納屈（Frank Sinatra）、貓王和瑪琳·黛德麗（Marlene Dietrich）都曾在這家酒店游泳池旁的私人小屋裡休息和啜飲雞尾酒。

麥提森神采奕奕地穿著淺藍色棉質襯衫和深灰色西裝，沒打領帶，背後的牆上亮著淺粉紅色的瑞士信貸標誌。他很愛這場邁阿密海灘研討會。多年以來，這場研討會已經成為電子交易界的代表性盛會。2011年3月10日這次聚會是有錢市場專家的非公開大會，不開放媒體採訪。他們建立了外界難以想像的科幻式交易世界，包括涵蓋全球的複雜演算法、大小和足球場相仿且互相連結的電腦中心，還有由先進人工智慧控制的高效能交易機器人程式等。

麥提森是這個電子群眾的領袖。在另一個人生中，這名身高

一米七、戴著眼鏡的前交易員原本應該教授量子物理學，或是在航太總署的任務控制中心工作。但從2001年開始，他全心為瑞士信貸建立太空時代的交易平台「先進電子系統」（AES，Advanced Electronic Systems）。他是優秀的市場「水管工」（plumber），主要工作不是擬定交易策略或賺錢方法，而是建立連結各市場的管道，構成龐大的電腦化交易網。

麥提森這類水管工近年勢力越來越龐大。熟知市場連結管道的價值水漲船高，內行人往往能賺到數億美元，理由是出現了新型態的交易員。這些交易員專門藉由市場管道本身牟利，他們利用市場漏洞和缺陷，就像算牌賭客隨時刺探廿一點莊家手上的牌有什麼弱點一樣。

麥提森很清楚這種狀況。AES上線運作以來，他站在最前線，看著電腦挾強大威力澈底改變股票市場的面貌。他創造出AES最初的撮合引擎（配對委買單和委賣單的電腦系統），2011年初，這個引擎在美國股票市場占的比例高達14％，每天接近十億股。他設計出史上第一款大眾市場機器人交易演算法Guerrilla，這個演算法能躲過其他演算法偵測，快速買賣股票，是演算法大戰（Algo Wars）爆發時的強大武器。

AES遍布全球各大陸，多達四十個國家採用，可說是超級搖錢樹。2008年，大半條華爾街一心一意地投入自我毀滅行動之際，AES已經獲利約八億美元，是瑞士信貸獲利最多的部門。除了八億美元這個數字，麥提森在邁阿密海灘的演講之所以具有重大意義，還有其他許多原因。

雖然他們在邁阿密的聊天內容三句不離商業，但也常聊到慶

祝，通常有雞尾酒會、池畔派對和舞蹈俱樂部的康加舞。過去幾年，在一整天的演講和簡報過後，麥提森的助手，魅力十足、吸睛指數極高的超級業務曼尼·山塔亞納（Manny Santayana）會到當地俱樂部四處探尋，挑選最漂亮的美女，告訴她們有個真正的派對，裡面有很多百萬業務想找樂子。

山塔亞納總是開玩笑說他辦的不是派對，而是社交促進活動。山塔亞納是促進社交的高手。他在曼哈頓的頂級雪茄會所「大哈瓦那俱樂部」（Grand Havana Room）辦交易員撲克大賽，在邁阿密海灘的凡賽斯大宅辦銀行家晚宴。一年到頭，社交促進活動遍及世界各地，包括東京、新加坡、蘇黎世、倫敦、奧斯陸、巴黎、香港等。

但華爾街有個鐵則，就是每次派對一定會帶來宿醉。麥提森看著聽眾，知道山塔亞納今年不會到各大俱樂部找金髮美女來了。2010年5月6日股市離奇崩盤（通稱閃電崩盤〔Flash Crash〕），顯示由電腦主導市場的危險遠超出我們所知。主管當局大為光火，基金經理人也十分生氣。某個地方有很大的問題。美國參議員求助於麥提森，想知道究竟是怎麼回事。許多人突然開始注意這個一直在暗處發展的產業。

麥提森已經準備好面對攻擊。他按下遙控器上的按鈕，準備播放 PowerPoint 簡報。螢幕上出現一張圖，一條鋸齒狀的線陡然落下，接著立刻反彈，看來像個傾斜的 V，最右邊只比左邊略低一點。

麥提森說：「這就是閃電崩盤，我們當然都忘不了那一天。」

圖表呈現的是道瓊工業平均指數。5月6日當天，由於美國電腦交易系統不知道出了什麼問題，道瓊指數在幾分鐘內直落800點。璀璨廳中許多人都參與了這套系統的建置和運作。

聽眾騷動起來。閃電崩盤這個話題令人不快，他們顯得有點不安。今天簡報會輪番上場，這天會很漫長。當天晚上，他們聆聽前英國首相戈登・布朗（Gordon Brown）演講。第二天上午要演講的，是曾經擔任柯林頓助手的詹姆斯・卡維爾（James Carville）。其實這不算特別，曾在這個研討會演講的來賓包括聯邦儲備理事會主席亞倫・葛林斯潘（Alan Greenspan）、美國前國務卿科林・鮑爾（Colin Powell），以及一度被稱為「垃圾債券之王」的麥可・米爾肯（Michael Milken）等。

麥提森按下按鈕，叫出另一張圖表。圖中顯示2010年閃電崩盤後，現金每個月都由共同基金流出。大批定期投資人忍無可忍，認為股市變得太危險，無從保障他們的退休存款，或是已經淪為優秀科技高手牟利的工具。

麥提森嚴肅冷靜地說：「這真的很糟。」他指出，即使後來市場漲到更高，現金依然持續流出。「即使出現史上少見的強力反彈，整個十二月共同基金依然持續流出。這在美國相當值得擔憂。」

麥提森按下按鈕。

螢幕上出現歐巴馬總統模糊的照片，以及2009年12月他在《六十分鐘》節目上的名言：「我競選總統不是為了幫助華爾街那些肥貓銀行家。」

麥提森的重點很清楚：如果我們不趕快從內部整頓這個系統，聯邦官員將會出手教訓這個業界。他說：「我們必須採取行動。」

麥提森說明，問題核心在於行動迅速的交易機器人程式都是在紐約證券交易所（NYSE）和納斯達克股市等交易所超前交易（front-running）的長期投資人。舉例來說，如果富達（Fidelity）想買進一百

萬股IBM，機器人程式可偵測到這筆委託單，自動開始買進IBM，因此拉抬股價，使IBM更貴。如果富達想賣出一百萬股IBM，機器人程式也會賣出好壓低股價，迫使富達更便宜地賣出。

為了避開這種狀況，超前交易的受害者經常轉往暗池（dark pool）交易。

麥提森問聽眾：「大眾為什麼選擇不進入明市，而要把委託單送往暗池？因為**公開市場有個問題**，所以他們選擇暗池。」

在金融界中，進行交易的場域稱為池（pool），交易所也包含在內。暗池是在NYSE和納斯達克這類明池（lit pool）交易的投資人不知道的非公開市場，也是二十一世紀市場頗具爭議的力量。大咖交易員往往採用隱匿設備等暗池進行交易，以免被演算法機器人程式發現。這些程式就像交易所裡的終結者，專心一意地偵測每個人的意圖。但暗池和交易所不同的是，暗池幾乎沒有管理可言，運作方式也是極度機密。儘管如此，華爾街還是有些擁有量子物理學和電機工程等博士學位的高薪人士，整天致力於破解這些機密，利用它們賺錢。

新一代暗池象徵金融界自古至今的重要推手：祕密。它們可說是解決問題的方法，但也是問題的表徵。明市已經成為手段高強的交易員的遊樂場（其中許多正坐在麥提森台下），他們設計和運用演算法機器人，尋找市場運作的破綻。

糟糕的是，交易所也助紂為虐。交易所提供昂貴且資料豐富的專線給高速交易機構，不斷傳送關於特定買單和賣單的大量訊息，這些委託單可能來自大規模共同基金和演算法機器人。資訊量十分龐大，可用於實行主管當局、基金經理人和參議員都極度反對的短

線策略。在明市中,這種狀況每天、每奈秒都在發生,這是掠食者和獵物間的瘋狂互動,麥提森這一方扮演群集的掠食者。所有美國投資人都參與其中,同時面臨風險。

麥提森非常清楚這種狀況。的確,他在2004年自己設立暗池「交叉搜尋者」(Crossfinder),它非常成功,後來成為全世界規模最大的暗池。到2011年,暗池交易大約占全世界總交易量的10到15%,而「交叉搜尋者」又占了其中相當大的比例。

為什麼?因為交易所早就跟機器人程式互相勾結。麥提森指出,投資大眾已經受夠了。

他說:「現在交易所政策都是為了迎合大量短期投機交易員的需求,他們都是快閃套利(pick-off)作手。」

聽眾顯得有點緊張。

對行外人而言,麥提森這句話平淡無奇。但對於行內人,也就是台下的聽眾,這句話很有殺傷力,可以說是冒犯。重點不是麥提森講的這句話,攻擊高速機器人程式的人已經有很多了。真正有殺傷力的是麥提森也這麼講。麥提森是電子系統本身的創造者之一,優秀的水管工,**連他都抨擊了**。

快閃套利作手!

麥提森知道自己在說什麼。因為大多數暗池有個小祕密,就是它們必須依靠這些他批評的套利交易員才能運作。的確,多年以來,他們一直是AES的衣食父母。以華爾街行話來講,機器人程式有助於提供龐大AES交易池的**流動性**。共同基金和退休基金這類速度遲緩的一般交易員買賣股票時,必須依靠這些委買和委賣單。

瑞士信貸監控「交叉搜尋者」操縱機器人程式的行為時,仍然

依靠機器人程式的穩定流動。麥提森承諾那些逃離明池機器人程式的客戶，會盡量壓制過度短線操作的活動，違反情節重大者將踢出交易池，但他沒什麼辦法完全禁絕這種狀況。

簡而言之，暗池本身就充滿掠食演算法。這個狀況說明了機器人程式現在多麼強大。

我們已經無處可躲。

華爾街沒有聽見麥提森直白的言詞，但令人憂心的事正在蠢蠢欲動。他知道主管當局正在注意這個業界。他想早點做好準備。

麥提森說了自己的例子。1990年代電子交易問世前，大多數市場在交易廳中交易。造市商（market maker）只要環顧四周、看著其他交易員緊張的雙眼，觀察競爭者慌忙衝進交易廳開始賣出或買進，就感覺得出市場走向，例如**奇異要跳水了、IBM快要衝高等等**。

電子交易出現之後，沒有地點、沒有實體的後現代虛擬股票市場，依靠以極快速度互相溝通的電腦運作，市場流動的實際感消失了。市場獲得了新的眼睛：**電子眼**。電腦程式設計師設計出搜獵演算法，能像雷達一樣偵測出市場走向。

這類搜獵的頭號目標稱為**大鯨**，也就是富達、先鋒（Vanguard）或美盛（Legg Mason）等大規模基金公司的委託單。如果演算法能發現大鯨，就可得知某檔股票股價將在幾分鐘、甚至幾秒鐘內上漲或下跌，進而提早交易或及早躲避。最後的結果是：持有大量共同基金的銀髮族退休金帳戶，每年貢獻幾十億美元給機器人程式。

「交叉搜尋者」這類暗池能使演算法戰爭的遊戲變得公平（至少有一段時間是如此），讓傳統投資人有個躲藏的地方。不過現在證據十分清楚：暗池現在已經充斥不停搜尋大鯨的機器人程式，它

們利用這個市場的複雜和電子煙幕，躲藏在不為人知的暗處。

麥提森決定反擊。為了以其人之道還治其身，他在2009年部署更強大的「疾風演算法」（Blast）。疾風以機關槍般的速度同時買進和賣出，迎頭痛擊迅速的對手。疾風火力超猛，迫使2000年代末把持股票市場70%以上交易量的高速交易員放棄抵抗，尋求掩護。

疾風相當有效，但麥提森需要的不只如此。現在麥提森又有了新武器。他攻擊AES的長期飯票是有理由的。他有個觀點，就是另一部強力機器。

他稱之為「明池」（Light Pool）。

他告訴在場的聽眾，明池能汰除「投機型」交易員。明池運用各種措施偵察套利作手，提供純淨的市場給自然交易員，也就是真正想買進股票並持有超過兩秒鐘的投資人，讓他們好好交易。明池內委買和委賣單相關資訊不是透過私有專線發送，而是直接送往交易紀錄彙總單（consolidated tape），讓所有投資人都看見，而不限於向交易所購買高頻寬專線的高速交易員。

麥提森說：「這裡不會有那些低級的隱藏委託單。我們會建立類似『你是套利作手嗎？』這樣的標準，阻斷套利過程。我們會做到完全透明。」

麥提森意味深長地看著聽眾，其中就有他準備打擊的套利作手，他明知道會打草驚蛇，還是說了這句話：

「這個市場裡不會有黑箱。」

麥提森當然知道必須加快腳步，而且隱隱擔憂，潘朵拉的箱子已經打開將近十年，他可能蓋不起來。水管工一直相信，機器的問題可以用更精良的機器來解決。

　　但如果問題不在機器呢？如果這就是人類的武器競賽，目標是把持市場，使市場走上無法避免且完全無法預測的路線呢？因為難以理解的演算法在世界各地的高速網路上迅速活動，交易場域分散到幾十個地方、祕密交易機構的觸角延伸到全球各地，整個市場已經變成一個龐大的暗黑交易所。不僅長期投資人深處於黑暗中，連創造系統的水管工也無法完全了解這個瘋狂的活動。

　　交易變得更加狂熱，又被沒有思想的機器人控制後，新的風險隨之出現。行內人慢慢發現，全靠按鍵操作，讓演算法在大規模資料中心內以幾奈秒分出勝負的高速交易市場，有個非常嚴重的問題。管控交易的搜獵機器人程式擁有感測能力，可偵測股價迅速急遽波動。波動超過一定門檻（例如在五分鐘內下跌5%），演算法就會立刻賣出、暫停活動，並等待市場回穩。問題是許多演算法賣出並暫停活動時，市場會變得**更不穩定、引發更大的賣壓**。

　　換句話說，就是陷入恐怖的自我強化回饋循環[2]。

　　閃電崩盤已經證明，這不是反自動化人士杞人憂天所杜撰的狀況。專家現在感到困惑的問題是：這個循環下次會嚴重到什麼程度？研究演算法交易的進展軟體（Progress Software）預測，當惡意演算法「陷入無限循環……無法關閉」，金融機構損失將高達**十億**美元以上。

　　現在電腦程式已能在不同市場間互相串連（股票交易與外匯、商品、期貨和債券市場同步），而且許多程式非常相似又很普遍，所以水管工害怕**整個系統會變得十分脆弱**，可能在幾分鐘內崩潰。混沌的**蝴蝶效應**會在轉瞬間，使大家辛苦一生的存款化為烏有，同時使全球經濟再次陷入華爾街引發的危機。

　　有些條件已然就位。演算法交易員涉足全世界各種證券交易，從新加坡、中國、歐洲到美國的交易所，都透過它們構成的龐大網路連成一氣。這個威脅非常明確，甚至已經被命名為「海嘯崩盤」（Splash Crash）。

　　更糟的是，由於高速交易員忽視傳統長期造市商，迅速變化可能造成英國央行經濟學家安德魯・霍爾丹（Andrew Haldane）說的雙重流動性真空（double liquidity void），也就是短期和長期都無人買進。行為完全無法預測又不穩定的人工智慧演算法加入後，演算法可能引發另一類自我強化混亂，市場混亂的機率將更加提高。

　　水管工當然絕對不會承認自己創造的系統有嚴重問題，他們只會討論有什麼機制和風險控管措施，可以防止股市混亂到難以收拾。但內心深處他們知道，這類狀況非常可能發生。他們知道，當高速全球交易系統越來越快、受配備高速 AI 系統的電腦掌控程度越來越深，這種狀況幾乎無可避免。

　　除非我們出手遏止。

注釋

1 loudspeakers boomed：我曾經在2011年瑞士信貸研討會中擔任講者。

2 In other words, a vicious self-reinforcing feedback loop：這是《暗池》中最重要的觀點。我認為業界許多人會忽略這一點。從客觀角度來看，以下是〈高頻率交易評論〉部落格中某段訪談的片段，受訪者是英國大規模複雜資訊科技研究計畫主持人戴夫·克里夫教授（Dave Cliff），他也是非常資深的華爾街交易券商人工智慧演算法設計者；他於2000年代中離開金融界。完整訪談內容請參閱：http://www.hftreview.com/pg/blog/mike/read/27568。

克里夫：最近十到十五年來發生相當大的轉變，一切都電腦化了，所有電腦都能跟其他電腦溝通。原則上，某個系統突然出現錯誤或故障應該是孤立事件，但現在，它的負面效應可能會引發連鎖反應，擴散到整個網路。

HFTR：您看過整個「蝴蝶效應」嗎？

克里夫：的確看過。我們近五年來的計畫關注的重點之一，就是現在全球的金融市場已經轉化成擴及全球的單一超大複雜IT系統，還有2005年我在FX時遭遇的這類故障模式，擴散到整個系統並導致重大問題的程度。

5月6日的閃電崩盤首次證明，我們的擔憂不是沒道理的，就下跌幅度和發生速度而言，這類事件的規模，可能擴大到前所未有的程度。市場不應該在我們出去泡杯茶或咖啡時就崩盤。

HFTR：沒錯，而且我們還在享用時又恢復正常！

克里夫：確實。所以我完全有「現在我們已經不在堪薩斯州了，托托！」那種感覺。我是研究者也是科學家，現在我擔心的是，我們已經了解的這些系統動態和故障模式，以及還不了解的事物，造成我們不希望發生的嚴重市場波動或崩盤的可能性，究竟有多大？

PART 1

機器對決

Machine v. Machine

黛西，黛西，請對我說你願意
我已經快要發狂
全都是因為愛你
—— HAL 9000 電腦，《2001 太空漫遊》

1 交易機器

Trading Machines

　　康乃狄克州史坦福市內，初升的冬陽在幽暗安靜的辦公室裡灑下淡淡的金色光線。「交易機器公司」（Trading Machines LLC）創辦人海姆・波迪克（Haim Bodek）①用發紅的雙眼看了一眼光線，又把目光轉回桌上的五台螢幕。房間裡只有幾十台戴爾桌上型電腦和幾台 Alienware Area-51 電競電腦發出的微弱哼聲。

　　這是那部「機器」發出的聲音。

　　當時是 2009 年 12 月。波迪克從來不曾徹夜不睡，在曼哈頓的四星級餐廳跟有錢客戶豪飲高檔紅酒瞎扯淡。他不需要這麼做。他的公司為自己的客戶交易，波迪克只需要向自己和幾個有錢的公司金主負責。

　　他相當滿意現在的狀況。沒有緊張兮兮的投資人，大盤一跌就忙著抽資金，也不會有人一直刺探他創造的超尖端電腦。

　　除了波迪克，沒有人知道「機器」如何運作。

　　但現在「機器」停擺了。更糟的是波迪克不清楚原因，所以他整夜沒睡。如果不解決這個問題，交易機器公司可能就此垮台，他的事業也將化為烏有。

　　「機器」的運作核心是一套複雜的演算法，與二十多年來最優

異的交易策略一脈相承。波迪克藉助人工智慧領域中的**專家系統**
（expert system），獨力設計出這些演算法。這種技術歸納專家分析
市場後的心得，同時擷取現今市場資料，提出無比準確的預測。
這種技術融合金融工程師多年來用於訂定選擇權價格的各種模型
（持有者可在某個期間「選擇」以特定價格買進或賣出某檔股票的
權利），同時略加修改交易高手遭逢不利狀況時議定價格的策略。

但藉助尖端人工智慧，正面對抗電子交易群眾的這些老派策
略，許多已經改頭換面，難以辨識。現在的市場瞬息萬變，連最優
秀的交易員都難以掌握。

波迪克相信，讓交易機器陷入危機的問題隱藏在資料中。資料
是演算法運作的依據。2007年底他懷著雄心壯志啟用的這套電腦
交易軟體，就是依靠這幾十萬行程式構成的演算法運作。演算法告
訴「機器」買賣時間、標的與方法，全部都在電光石火之間。

波迪克膚色蒼白、前額很高，眼珠是深邃的橄欖綠色，樣貌
像俄國西洋棋高手，但其實他是資料魔人。資料是他賴以維生的東
西、是他這一行的貨幣。他是人工智慧專家，專長是處理大量數字，
從混沌中找出形式。要在市場浩如煙海的資訊中發現規律，需要強
大無比的電腦運算能力和精巧的交易系統。

波迪克兩者都有。他非常善於從市場的日常起伏中找出固定模
式，還因此踏上交易界的最高峰，起先在數理博士雲集的芝加哥頂
尖機構霍爾交易公司（Hull Trading）工作，接著進入高盛集團最神
祕的計量衍生性金融商品部門，後來更接掌瑞銀集團的全球性高階
職位。2007年他自立門戶，還邀來華爾街二十五位頂尖交易員、
程式設計師和計量師（業界術語，指運用計量技巧預測市場趨勢的

數學家）跟他一起創業。他在史坦福成立交易機器公司，此時全球金融危機的徵兆已經隱隱浮現。這次行動是多年來大型投資銀行以外，最具企圖心的計畫。

儘管時機不佳，交易機器剛成立時依然狀況不錯，在大多數華爾街公司內在開始發生問題時，賺到一些小錢。

後來「機器」出了狀況。無論是什麼狀況，波迪克都必須解決。

上午慢慢過去，波迪克手下的交易員和程式設計師魚貫進入交易機器的三樓辦公室。他們輕手輕腳地繞過波迪克，好像他是超敏感地雷一樣。

極小的壓力就可能引發爆炸。但波迪克和戰機飛行員一樣冷靜，所以壓力並非因為生氣，而是因為聊天。波迪克很能聊，會講許多故事、比喻和長篇大論的離題，還有離題之外的離題。他的頭腦格外注重細節，聽他講述永無止境的探尋可能讓人筋疲力竭，像一盞強力探照燈不停掃射地面，尋找新訊息。他談話時總是不到三兩句就急著說：「我要講的是我先講五件事，然後我們再處理我剛剛講的十件事中的第一件。」這種現象在公司裡稱為「被海姆纏住」。

但那天上午波迪克沒心情聊天。他眼圈發黑，一動也不動地坐在椅子上，盯著上下兩層的螢幕，一陣陣地喃喃自語，雙手偶爾從鍵盤抬起，捏著耳上光淨的頭皮，彷彿想從睡眠不足的大腦擠出更多東西。這些壓力當然都會造成傷害。他雖然才三十八歲，但樣子好像四十八歲。

波迪克在華爾街的整個職業生涯，從霍爾交易、高盛到瑞士銀行的專用交易檯，可以說一帆風順。面臨每個人都以為不可能克服

的障礙時，他總是創造奇蹟，失敗似乎永遠不會降臨在他身上。

但現在似乎失敗臨頭。他看見失敗就在眼前五個螢幕上，就在公司逐漸縮減的收益資料中。波迪克坐在那裡，對他參與創造的電子交易生態系統的行為感到不解，因此他絞盡腦汁，想搞清楚究竟出了什麼問題。

他想，解決問題的答案也在螢幕上，就躲在資料中。

但究竟躲在哪裡呢？

波迪克這時還不知道，這個答案將引發近代股票市場最沸沸揚揚的爭議。

．．．

接近上午九點時，波迪克的伙伴許東偉（Thong-Wei Koh，音譯）在隔幾張桌子的位子坐了下來。許東偉是解碼數學家，身高一八五公分，來自新加坡。這兩位創辦人不交一語，他們已經激烈爭執好幾個月，對未來滿懷希望的合作關係，演變成天天吵架的歹戲。

許東偉自己也遭逢重大風險。他在瑞士銀行設計的交易系統十分精巧，**從來沒有造成重大虧損**，至少帳面上看來是如此。但在交易機器公司處處是風險，他深陷在風險之中，為公司問題承受的壓力極大，甚至得了慢性胃痙攣。

波迪克則苦於頭痛和失眠。交易日快要開始時，他開始脫離晨間慵懶狀態。現在是早上九點十五分。

該唱戰歌了。

波迪克把iPod放進底座，按下播放鍵。喇叭噴出強烈的電吉他和弦，是他最愛的維京重金屬音樂，但辦公室裡其他人都不喜

歡。波迪克十幾歲時曾經在鞭擊金屬樂團打鼓,所以音樂喜好變得很專一,就是吵、鬧、狂。

他想透過音樂告訴團隊成員一件事,也就是他對交易的看法:**交易就是戰爭**,是我方對決敵方。市場就是戰場,武器就是我們的頭腦搭配高效能電腦和高效率演算法。

波迪克隨震耳欲聾的重金屬音樂點著頭,疲倦地從椅子起身,領帶鬆鬆地圈在皺皺的白襯衫領口。他的穿著永遠像個成功的銀行家:金色袖扣、絲質領帶、漆皮皮鞋。他很喜歡服裝造成的反差,就像砰砰作響的維京重金屬音樂一樣。2007年他在一場重金屬演唱會上被點到,立刻就穿著西裝領帶跳進衝撞區,還活著回來。

他清了一下喉嚨,敲敲放在螢幕上的斯巴達頭盔祈求好運,拍了拍手。

連珠砲的鼓聲和瘋狂的吉他聲迴盪在辦公室裡。他說:「好,各位。昨天狀況不大好,我們又被砍了一記,但我們不能放棄。我們必須對抗這些渾球!我們必須保持專注!**一起跟他們拚了!**」

他這麼講是有原因的。那年夏天,有人謠傳交易機器快倒了,波迪克的高手正遭到聞風而來的競爭者持續圍攻。

為了挽回頹勢,波迪克一個人做三個人的工作,整晚在公司寫程式、測試新策略、深入檢視「機器」內部,尋找問題所在。但他還能做的不多,要讓公司恢復元氣,必須全員投入。

波迪克說:「我知道狀況看來很糟,但我相信可以逆轉。我們一定做得到!今天**痛宰**他們,好嗎?現在,動手吧!」

所有人轉向螢幕,開始工作。股市一開盤,交易機器立刻遭受攻擊。這種狀況已經持續好幾個月,被砍一千刀而死,簡直是凌遲。

遭到攻擊的次數逐漸增加時，許東偉沮喪地看著，失神地按著筆，用嘆息一吐胸中的怒氣，一面低聲罵著。

「機器」突然停擺，交易隨之停止。「海姆，他媽這怎麼回事？」許東偉握拳敲著桌子喊道，眼睛瞪著波迪克。

這種狀況以前也出現過。

波迪克開始忙亂起來，叫出他昨晚處理的程式。他飛快地打字，喃喃地說：「一定是有臭蟲。」

「媽的！」

抱怨聲在整個交易室此起彼落。

波迪克掃視程式，很快就找到問題。半小時後，交易機器再度上線運作，但只是一再虧損，像機械裝置不斷重複。

• • •

交易機器的惡夢開始於 2009 年春天。當時波迪克到夏威夷參加親戚的婚禮。有一小段時間，他好好放鬆了一下，回想進入霍爾交易這十年來自己有什麼成就。他什麼都有了。金錢、氣質相投的古典音樂美女妻子、史坦福海灘上的漂亮住家、三個可愛的小孩，最重要的是他非常自由。

六月初他回到交易機器辦公室時，立刻開始感到不安。公司獲利迅速減少，波迪克開始仔細檢查「機器」的每個部分，尋找問題所在，但沒有找到。此後交易機器天天遭遇攻擊，收益逐漸流失。它依然賺得到錢，但獲利**每天**減少一萬五千美元，從夏季一路延續到秋季，有時更多。現在收益已經不足以支應公司營運成本，尤其波迪克花了超高薪水聘請這些高手，採購交易策略所需的設備等也

很昂貴。

這條路是死胡同。公司的現金最後將會耗盡，交易機器的日子所剩不多了。

．．．

十二月那天從早上到下午，波迪克一直坐在椅子上，完全被螢幕吸住。他一動也不動，只有手指在鍵盤上跳躍，充血的雙眼則在螢幕間切換。

這樣不算不尋常。波迪克在交易日絕對不會離開椅子，下午四點收盤之前，他沒有吃東西，連水都沒有喝。他很少講話。他坐在那裡看著數字跳動，是在深入窺探市場，像埃及學家掃視褪色的象形文字一樣。

高盛進場了。那是瑞士銀行。可惡，這是我在 2005 年設計的交易，他們搞砸了。

波迪克的「機器」也搞砸了。他整天觀察這件事。他知道徵兆所在。

就像現在這樣。

他看到另一波進場時，眼睛張得更大。他在看的是 SPDR S&P 500 股票指數基金（ETF），通稱為 SPY。SPY 是全世界交易量最大的證券，也是波迪克的最愛。當時淨值略高於 112 美元。

ETF 和共同基金同樣由一組股票、債券或黃金等其他資產組成，以單位進行交易，單位淨值代表基金資產價值。ETF 和共同基金的不同之處，是它和股票一樣能在交易所持續交易。史上第一檔 ETF 成立於 1993 年，就是 SPY，這檔基金連結 S&P 500 指數

（美國五百大企業的股價指數）。還有其他ETF連結道瓊工業平均指數（例如Diamonds）和納斯達克100指數（代號為QQQ，因此通稱為Qs）。這些基金就像溫度計，反映市場狀況，因此電腦管理基金和一般交易員都像老鷹一樣盯著這些基金，隨時留意表現變化。

這樣的變化即將出現。辦公室裡所有人都不發一語，或許太安靜了。大家都在等待「機器」採取行動。波迪克屏住呼吸。現在……

不要再來了。

「幹。」波迪克低聲說。

「機器」採取的策略是快速買進和賣出股票選擇權。這麼做有個問題：選擇權往往變化極快且風險極大。因此，選擇權交易員通常會以股票來補償部位，ETF也是一種選擇。如果「機器」買進某個選擇權，取得在兩星期內以較高價格買進蘋果公司股票的權利，它會反過來放空蘋果股票來保護部位。如果買進蘋果股票的價值降低，交易機器就能由放空股票補償若干損失。這有點像買保險來應對選擇權價值降低。

處理選擇權市場產出的資料是大工程。單單美國一地，選擇權市場**每秒鐘**就會產生幾十萬條訊息。要即時篩選資料，需要強大的電腦運算能力和負責解讀的智慧系統。

策略只要有一點差錯，就可能造成嚴重損失。交易機器的股票交易現在就是這種狀況。

波迪克退縮了。多年以來，他發展出另一種感官，能夠察覺市場風向何時改變。現在他感到變化即將來臨。

一瞬間，SPY跌了幾分，成為112美元。這個變化非常迅速，

肉眼無法察覺。我們看螢幕時會看到有東西晃過，有點殘影，但看來似乎沒什麼事。

但「機器」看到了……

發生了什麼事？有個積極賣方進場，以112美元拋售SPY——會出整數的通常是真人，不是電腦。緊盯市場的演算法立刻注意到這個變化，有些更進場買進或賣出。

演算法一個帶一個。市場上的出價數飛快地增加。

波迪克還來不及眨眼，「機器」就算出了結果：市場將持續下跌。為了在大盤下跌時獲利，它向在納斯達克的交易所中專門處理選擇權的高效能電腦下了一張單。這張單是買進SPY的選擇權，以便在進一步下跌時獲利。

「機器」現在握有相當於賣空一百四十萬美元ETF的SPY選擇權部位。

但這麼做有風險。萬一選擇權突然反彈，「機器」必須保護自己。任何狀況都可能導致反彈，例如突發新聞、大手筆買家突然進場、其他機器大舉出手等。為了保險起見，它必須反過來買進一定數量的SPY，也就是這檔ETF本身，防範嚴重損失。「機器」可藉由交易夾縫賺錢，利潤是選擇權和ETF兩者的微小價差。這類交易獲利不多，但每天進行數千次，總數還是不少。

波迪克握緊拳頭，胃隨著螢幕上的交易數字上下翻攪。他將會看到這種狀況不斷重複出現。「機器」交易股票或ETF避險時，就是在傷害交易機器。

「機器」準備開始行動。自動避險程式透過高速連線開始下單，買進SPY。買單進入規模龐大的伺服器農場，這些伺服器連結位於

紐澤西州鄉間不知名小鎮的電子交易池。這些交易池構成二十一世紀的虛擬交易廳，它是透過光纖纜線傳輸的大量資料，沒有形體也沒有地點。

「機器」先把委託單傳到它位於紐澤西州卡特雷特（Cataret）一處先進資料中心內的伺服器。負責那斯達克這個美國主要公開交易所交易的電腦，就放在這個資料中心內，交易機器的伺服器直接與這個資料中心裡的交易所電腦連線。

「機器」找到價格適合的交易不多，因此轉而把買單傳到位於紐澤西州威霍肯（Weehawken）一處資料中心內的BATS交易所。這些買單同時也傳到紐約證券交易所位於威霍肯的資料中心。

但「機器」創造和放進交易池的演算法沒有存活下來，全滅。演算法看來都當掉了，也沒有執行交易。

在此同時，「機器」手上的大筆選擇權已經暴險。

辦公室裡所有人都知道，它現在毫無抵抗能力。

許東偉彈了一下手指，邊喊：「可惡！」用鉛筆敲敲鍵盤，舉起雙手。

交易員開始咒罵，看著波迪克的「機器」無力掙扎。大盤正在反彈，一百四十萬美元賣空選擇權立刻造成損失。如果「機器」買進足夠的SPY，狀況不會這麼糟，但演算法裡的臭蟲（或其他問題）阻礙它買進，感覺好像自動避險程式藉由下單反向推升大盤一樣。

這真的很詭異，波迪克傷透腦筋。

自動避險程式為什麼沒有在大盤下跌時買進？

實在沒道理。

公司裡一小群真人交易員立刻展開行動，匆匆忙忙地不用機

器，以人工送出買單。幾秒鐘內，SPY又大幅反彈到112.05美元。

突然間，一波來自「機器」自動避險程式的委託單湧進，正好就在**反彈後**最不利的時刻。「機器」買進數千股，積極行動，同時付出大筆費用給交易所。波迪克設計「機器」時應該會避開這類費用，實際上還可藉由提供交易給市場來賺錢，但他一再遭到費用打擊，他認為這也是臭蟲造成的。

狀況急轉直下。加上交易員送出大量人工委託單，該公司突然暴險過多，大盤一旦下跌就會造成損失。但「機器」一直試圖在下跌時獲利，現在已經翻轉過來。整個大廳的交易員都在著手調整，但已經來不及了。

大盤像雪崩一樣下滑，SPY一下跌到112美元以下，和「機器」預測的一樣，但因為暴險過多，還是造成了損失。

波迪克無力地低著頭。

整個交易只花了三十秒。

• • •

下午四點，收盤鈴聲響起，波迪克從椅子站起來，雙眼因日夜盯著螢幕而變得模糊，頭也因為睡眠不足而抽痛。交易員和程式設計師頹然坐在位子上，沮喪地看著他。波迪克本來是他們的飯票、是帶大家賺大錢的火車頭。但波迪克知道，他們現在開始對他失去信心。

波迪克一隻手不安地摸著後腦勺，說：「我們又搞砸了，但今天我們學到了一些東西。我們現在只能這樣，繼續學、繼續試。這本來就不容易，我們的價值就在這兒，明天見。」

　　波迪克餓壞了。他已經整天沒吃東西。他立刻衝出去，到對街髒兮兮的麥當勞買了漢堡再回到位子。接下來幾個小時，交易機器團隊成員大多漸漸離開。下午六點，辦公室幾乎全空，只剩下波迪克。他再次開始在五個螢幕上耙梳當天的交易，總數超過五萬筆。

注釋

1 Haim Bodek, the founder of Trading Machines：本書第一部大多取材自2011年夏天和秋天的深入訪談，以及幾名曾在「交易機器」工作的員工。

2 規模遊戲

The Size Game

　　海姆・波迪克小時候到物理實驗室，就像其他小孩在攀爬架上一樣如魚得水。他的父親艾瑞・波迪克（Arie Bodek）是世界知名的粒子物理學家，在位於紐約上州的羅徹斯特大學（University of Rochester）工作，對兒子期望相當高。艾瑞畢業於麻省理工學院研究所，博士論文提出的發現，後來成為粒子物理學重大開創性發現的關鍵。他的研究成果協助證明，夸克這種構成世界萬物的基本粒子確實存在。

　　但多年以來，艾瑞在這項發現中扮演的角色一直未受肯定，大致已經被人遺忘。1990年諾貝爾物理獎頒發給提出夸克模型的發現時，他只是其中的小小註腳。老波迪克儘管數次獲得「斯隆研究獎」（Alfred P. Sloan Fellowship）、擁有七百多篇著述，並且拿到粒子物理學界最高榮譽「帕諾夫斯基獎」（Panofsky Prize），以及多項專業頭銜和獎項，但總是和諾貝爾獎失之交臂。

　　許多人期望海姆能終結波迪克家族的遺憾。儘管老波迪克忙於世界各地實驗室的工作而長年缺席，從未協助小波迪克做過研究，卻依然以極高的標準要求兒子。要獲得他的青睞，唯一的辦法是擁有傑出的學術成就，而且從小學時就開始。海姆天資聰穎，理解艱

深的概念毫不費力，還能提出優秀的原創想法。就各方面看來，他都是當學者的料，年輕的天才。

但是海姆當了逃兵。他十多歲時開始抗拒父親要他繼承衣缽的壓力。他把頭髮染黑，到鞭擊金屬樂團當鼓手，跟粗人混在一起，經常好幾個星期不回家。1988年，海姆十七歲時，他的父親做了預測。家庭聚會時，他公開感嘆兒子缺乏紀律。

他斷言：「海姆絕對不可能獲得諾貝爾獎！」

海姆也不需要提醒父親，他永遠不可能獲得諾貝爾獎。這個預言儘管讓他傷心，卻也撥動了更深處的心弦。為了達成他（而不是他父親）的期望，他必須能預測未來。

但我們要怎麼預測未來？

我們是否能蒐集和分析大量資料，提高預測未來事件的正確率？1980年代，電腦運算能力大幅成長，這個問題相當引人好奇。但任何一個與未來有關的問題，例如「海姆·波迪克獲得諾貝爾獎的可能性有多少？」，相關資料都多達數兆位元組，要從這麼多資料中找出答案，需要強大的電腦運算能力，電腦必須分析以往所有諾貝爾獎得主的生平、他們小學時生活如何、眼珠顏色、祖先、DNA⋯⋯等等。然後再檢視海姆的生活，找出符合的模式。

1980年代末和1990年代初，除了IBM等大型企業和國防工業之外，其他單位都沒有這麼龐大的運算能力。當時的超級電腦效能大概跟現在的iPad相仿。現在是資料寶庫的網際網路當時剛剛萌芽，也沒有谷歌、維基百科和推特。以電腦預測未來簡直就是天方夜譚。

但即使後來海姆順利從高中畢業（而且最後一年所有期末考都

沒去考），即使後來他以超高的SAT分數（彌補了糟糕透頂的高中成績）進入羅徹斯特大學，專心致力研究剛萌芽的人工智慧科學，開始追尋預測未來的夢想，這個問題一直留在他心裡。

這時他還認識了後來的妻子，亮眼的黑髮音樂學者伊莉莎白‧龐海姆（Elizabeth Bonheim）。她沉醉於波迪克目空一切的壞男孩氣質，以及他令人嘆服的頭腦。波迪克不是最用功的學生，但考試時永遠是班上成績最好的。伊莉莎白看著波迪克幾乎蹺掉每堂課，但在考試前用一個晚上就把整學期的高深數學塞進腦子，而且破壞了每個人的分數曲線，她感到驚奇不已。

1995年以數學和認知科學（把心智視為資訊處理機制來研究的學科）雙學位畢業後，波迪克在伊利諾州橡樹園的Magnify公司找到工作。這家高科技公司的老闆是大型資料庫探勘先驅羅伯‧葛羅斯曼（Robert Grossman）。波迪克很快就在公司裡展現實力。他和葛羅斯曼與幾位研究人員，一起撰寫了一篇關於藉助大型資料庫預測信用卡詐騙事件的研討會論文。這套系統運用機器學習技術（以演算法分析大量資料的人工智慧技術），偵測詐欺交易的固定模式。有一種警訊是在加油站刷卡一美元加油，接著到銀樓大買一萬美元（這表示竊賊先測試信用卡，再盜刷大筆金額）。

Visa卡公司審視這套系統，發現它可協助他們自己的方法，很快地用它來阻止一萬美元的珠寶交易。本質上，這套系統是在預測盜刷事件，進而加以阻止，一小時內可掃描三十萬筆交易。它就像個電腦水晶球，以數學和半導體預測未來。

波迪克開始在閒暇時研讀新趨勢：以人工智慧方法探討股票市場。當時類神經網路已經成為華爾街的熱門話題，至少從波迪克當

時讀的這幾本書看來是如此。企業界據說已經開始研究**模糊邏輯和遺傳演算法、機器學習**，以及**專家系統**等人工智慧的各個分支。波迪克對這幾方面都很擅長，因此相信能運用自己的專長來預測股票動向，從中獲利。此時他也和伊莉莎白訂婚，正在想辦法充實銀行帳戶。

1997年夏天，波迪克造訪芝加哥的銀行與避險基金（代表有錢投資人進行大筆交易的民間投資公司）人力仲介伊利亞‧塔爾曼（Ilya Talman），說他想用AI預測市場動向。

塔爾曼看著波迪克，好像看到神經病一樣。他說：「如果有個人才二十六歲，以前完全沒有相關經驗，你覺得這個人怎麼樣？誰會雇用你？沒有人，根本沒有人。」

此外他解釋，當時沒有合法公司使用類神經網路或模糊邏輯來預測市場動向。波迪克當時看的書全都充滿誇大的宣傳。塔爾曼說：「你得去找個正常工作，慢慢往上爬。」

波迪克嘲笑地說：「我才不會去做一般的狗屎程式設計工作。」幾天之後，他匆匆翻閱《芝加哥論壇報》的人事廣告，在一堆房地產仲介和建築工徵求廣告中看到一則廣告：「徵求資料探勘類神經網路市場預測人員」，沒有公司名稱，只有電話號碼。

波迪克帶著這個廣告去找塔爾曼，說：「你說沒有我能做的工作。看，他們就在《芝加哥論壇報》上登廣告找市場預測人員！」

塔爾曼仔細看這個廣告。登這則廣告的是一家叫做「霍爾交易」的小公司。塔爾曼知道霍爾交易。這家公司是菁英中的菁英，簡直跟印鈔機一樣。

塔爾曼告訴波迪克：「你進不了霍爾的，裡面全都是博士。」

「反正你幫我安排面談就對了。」波迪克說。

• • •

經過漫長的面談程序，波迪克於1997年9月取得霍爾的工作。霍爾交易是全世界最複雜精細的金融公司之一，專精股票和股票選擇權。該公司於1985年成立，創辦人是數學家、交易員和廿一點高手布雷爾·霍爾（Blair Hull）。公司裡有許多物理學家和電腦科學家，其中有許多曾在伊利諾州的高能物理研究機構「費米實驗室」工作。波迪克的父親非常熟悉這所位於芝加哥城外的實驗室，它在夸克發現過程中扮演重要角色，艾瑞·波迪克多年以來也曾來去這裡許多次。小波迪克雖然沒有走上獲得諾貝爾獎的道路，但父親仍然很高興他能跟費米實驗室的老同事一起工作。

波迪克進入霍爾之後的第一件工作，是用機器學習技術創造演算法，預測股票選擇權市場動向，而機器學習技術正是他在Magnify使用的AI技術。

當時華爾街剛開始展開急遽的交易方式變革，未來的演算法戰爭也剛發生幾次交火。

那時，大多數公司用來交易的演算法，都是沒有思考能力的機器人程式，就像只會依據程式設計師設計的基本規則行動的單細胞生物。它們會掃描市場，尋找徵兆，就像遠古時代的動物只會吃掉眼前的所有東西。微軟的平均股價在這半小時內上漲了1%？好，買微軟，咔嚓！

但實際交手證明，對於能像真人交易員一樣學習、預測，並且隨時適應多變市場狀況的AI演算法而言，股票市場太笨拙了，原

因大多是人類在系統中不斷干擾。

　　1997年霍爾雇用波迪克時，美國股市大致分成兩部分，其一是紐約證券交易所（NYSE），交易員透過註冊經紀商和專業經紀人，在著名的交易大廳交易IBM和奇異這類大型藍籌股。另一部分是納斯達克股票市場，大約有五百家造市商在此代表客戶買賣股票，交易目標通常是英特爾、思科和蘋果等著名高科技公司。NYSE交易在華爾街十一號的大行情板廳進行，交易員透過誇張的手勢和高喊委託單來交換資訊。納斯達克的造市商則大多透過電話交易；納斯達克股票委託單有時會以電子方式輸入，但完全不透過人員進行的交易非常少。

　　人類雖然已經發展出複雜的生態系，但與電腦間互動依然不理想。專業經紀人和造市商的行為無法預測，對買單和賣單的回應可能時時不同。委託單必須精確，死板的電腦系統才能順利運作，但人有可能犯錯，從而擾亂了電腦。

　　這時必須有所改變。我們需要新的交易池，讓演算法正面對決。我們需要電腦交易池，讓演算法在對它們而言最自然的環境中演化成長，發展出自己的生態系。電腦交易程式在其他電腦裡面運作時（而不是在狂熱的NYSE交易廳或納斯達克造市商的交易台），就像魚在水中一樣無比暢快。在波迪克首選的選擇權市場中狀況更糟。所以波迪克到職三個月就立刻轉換跑道，到公司其他部門發揮，目標大多集中在歐洲選擇權市場，因為這塊市場電子化程度較高。沒多久他就成為霍爾首屈一指的電子交易策略專家。

　　1999年，高盛以五億美元收購霍爾。這次收購代表高盛內部出現極大的轉變：這家典型的老式上流華爾街公司也開始發展電子

交易。這次轉變促成高盛於2000年代崛起，成為全世界最雄心勃勃也最老練的交易大亨之一。

這次收購對波迪克衝擊頗大。一家華爾街大型銀行突然占據他的人生。他一向覺得自己是自有一套想法的局外人，是個碰巧擁有世界級科學家頭腦的獨行俠。霍爾是波迪克這類特異博士和天才少年的溫室，更強化他這種局外人的自我意象。反觀高盛，則象徵體制和欠缺個性的華爾街金權。

他決定主動出擊，從內部發現高盛的面貌。他覺得自己像個滲透到敵方內部密室的間諜。他要看看它是什麼樣子，為自己確定它是好是壞，或者兩者都不是。

．．．

波迪克在高盛成為市場快速變化機構中的小齒輪。這個系統越來越電子化，操縱它的超級電腦不到一秒就能完成一筆交易。NYSE專業經紀人和納斯達克造市商這些真人交易員被電腦網路排擠到一邊，瑞士信貸的丹・麥提森等專家設計的電子交易池，可讓波迪克等專家設計的交易演算法正面對戰。1997年波迪克進入霍爾時，交易池剛剛問世，還沒有大到可讓他的人工智慧交易系統運作。

2000年代初，整個系統還在發展中。新交易池像無摩擦交易的水世界，包括孤島（Island）、群島（Archipelago）和利貫（Liquidnet）。有些交易池完全透明或「有光」，所有交易全都公開，以電子資料專線公報，任何人都看得到，孤島就是如此。利貫等交易池則是暗池，交易進行時不容易被搜獵演算法刺探到。群島和利

貫等電子創新措施和在交易池中悠游的演算法興起，市場像生物一樣慢慢演化，變得完全不同。演算法本身也在改變。它們不再是只會依照簡單命令運作的單細胞生物（微軟的平均股價漲了1%？買。），而會學習如何適應新交易池，演化成更強的掠食者。許多演算法加入先進的AI系統，這類系統能運用寬頻資料專線，偵察隱藏的市場訊息並即時反應，在過程中學習及改變行為。

這類演算法稱為「命令感知演算法」（order-awareness algo），能在執行交易過程中蒐集資料，在幾毫秒內改變做法。然而這種花俏科技的背後用意其實並不正當。命令感知似乎是統計超前交易（statistical front-running）的另一種說法，意思是利用資料流搶在「大鯨」之前交易。新的電子交易池問世後，波迪克在霍爾曾經想過的機器學習演算法變得可行。

演算法戰爭逐漸升高，許多博士設計新演算法抵抗搜獵演算法。這些演算法開始以彼此為目標。它們不只會吞噬市場中的被動獵物，例如某個基金經理人送出的買進一百萬股英特爾的大肥單。這類演算法是動態的、有感知能力，能觀察其他演算法、預測它們的行動，並且吃掉它們。某個共同基金的演算法會依據為了騙過搜獵演算法而設計的嚴密指令，而提出買進英特爾的指令：必須有許多交易員買進時才買進（隱身在群眾中）。如果股價上漲太快，例如兩分鐘內上漲0.5%，就停止買進。如果更大的市場快速下跌，也停止買進。

有些演算法具有隨機數產生器，可隨時改換不同策略，以便隱藏它的行動模式。它們就像獵物，試圖藉由偽裝和躲避來隱藏行蹤。採取匿蹤模式時，由於毋須下達指令，搜獵演算法的雷達偵測

不到它的動靜，因此這模式比較容易運作。

但搜獵演算法也會適應新的匿蹤技巧，隨時留意，預測每個行動，連看來不經意的行動也不放過。每次交易都會留下一個訊息、一條線索。搜獵演算法是搜索這些線索的專家。

沒有思想的演算法演化成危險的獵物怪獸。它們越來越聰明，它們的名字是Shark（鯊魚）、Guerilla（游擊隊）、Stealth（祕密行動）、Thor（雷神索爾）、Sniper（狙擊手）等。這是在大型電腦中進行的數位戰爭，目的是爭奪數十億美元。

• • •

波迪克沒有在高盛待很久。霍爾高層大多已經離開。他覺得多年以來霍爾機構賴以運行的創意神奇力量，已經被高盛的擁抱扼殺。2003年，波迪克轉往瑞銀集團（UBS），在這家銀行龐大的史坦福總部創業。金氏世界紀錄曾把瑞銀集團的史坦福交易廳列為全世界最大的交易廳。這個交易廳占地十萬平方英尺，相當於兩個美式足球場，共有一千四百個座位和五千個監視器。它是規模極大的電腦化交易機器，每天交易的資產超過一兆美元。

波迪克的工作是建立選擇權交易台，讓它與霍爾的交易台正面競爭，他做得非常成功。他的第一砲是全新的選擇權交易策略，稱為**動態規模調整**（dynamic sizing）。2003年9月，他來到UBS後不久，開發出領先群雄的霸王演算法。這個演算法運用瑞銀的充沛資金營造懦夫賽局（game of chicken），向選擇權交易所提出多筆大額委託單，排除小規模競爭者。瑞銀以這種方式取得更多次有利交易。這種做法的基本想法很簡單：某些交易所讓提出大額委託單的

券商優先交易，所以大額交易可以搶在其他人前面。

波迪克的演算法依據某個方程式，動態調整委託單金額，以獲取最佳效果。真正執行的交易只有一小部分，因為另一方的交易員很少有那麼大的金額。買進1000筆英特爾選擇權的委託單可能只買到100筆，因為就只能買到這麼多。這是高風險電子撲克牌局，有一段時間，波迪克每把都贏。

波迪克稱它為規模遊戲。

他的交易台很快就以規模遊戲取得大筆收益。不久之後，其他券商仿效這種策略，引發新的演算法武器競賽。為了搶得機先，券商提出的委託單往往高達目標規模的五十倍。演算法互動時，為了操控對方而上下調整交易規模，交易網路上的訊息流量也大量增加。這是演算法革命的典型範例。券商用演算法操控其他演算法，為了贏得競賽而動態調整委託單規模。

這種方式不一定永遠有效。波迪克的系統有不良交易偵測警報機制，只要有交易違反規定，就會發出荷馬・辛普森式的「噠！」。有一天，有個交易員打開整個投資組合的新功能時，不良交易偵測系統覺得不對勁，在四秒鐘內發出五百多個「噠！」，像是高頻混音帶發瘋一樣。波迪克的交易員很快就看不下《辛普森家庭》，因為那種聲音會引發內心焦慮，就像交易員才有的的創傷後症候群。

交易規模高漲到離譜的程度。2005年，規模遊戲幾乎搞垮選擇權報價組織（OPRA）為選擇權交易池提供資料的專線。

在華爾街，這類事件當然會被視為生涯重大成就。2006年，波迪克成為UBS最重要的電子波動率交易台負責人的一員，掌控

瑞銀的數億美元資金。和他一起工作的是許東偉（TW），後來成為他在「交易機器」的合作夥伴。波迪克和TW在UBS都有志難伸，這兩個頗受肯定的數學迷身處於一堆狂野的交易員中。他們曾說自己是一池鯊魚裡的兩隻海豚（海豚以合作抵抗掠食者聞名）。

他們兩人的專長正好互補。TW對風險著迷，仔細管理交易台運作，確保它不會毀滅。波迪克比較像槍手，不斷挑戰極限，盡可能提高報酬。

但他還是不滿足。他經常回想在鞭擊金屬樂團當鼓手的叛逆歲月，以及他和同伴在九〇年代初吸收的理想主義，以科技打破社會權力結構的新願景當時已經成為一種信念。口號成為「**資訊想要自由**」（Information wants to be free.），優秀的程式設計者會盡一切努力，實現這個想法。接著網際網路問世，資訊在許多層面已經自由，這是科技高手的勝利。

但波迪克還在為銀行工作，他希望自由，希望追尋自己的夢想。

2007年，他和TW開始討論自己成立公司，一家藉助波迪克優異的策略和深厚的市場知識，搭配TW強大的風險管理能力，自己賺錢的公司。

除了想自立門戶，波迪克也看到選擇權市場即將出現幾項技術變革，例如選擇權定價由分數改為小數。一般說來，選擇權交易員假如以1美元買進選擇權，可以1.05美元賣出。小數定價將會改變這種方式。選擇權交易員假如以1美元買進選擇權，將可以1.01美元賣出。這項改變將讓一般投資人能以更低的成本加入，但會讓大額投資人更難賺到原本習慣的大筆獲利。買賣價格間的差異將會縮小，每筆選擇權5%至10%的獲利將縮小到0.01美元。規模遊戲將

會瓦解，投下大額委託單的券商可能回收與投入不成正比。

　　券商要賺到錢必須提高效率，能以競爭者認為難以獲利的價格交易，至少依照規模遊戲規則而言是如此。波迪克不打全壘打，只以「小球」為目標。不斷打出多次一壘或二壘安打，提高分數。趁著老公司還在玩他以前發明的舊遊戲，波迪克藉由創造新遊戲將得以再度凌駕眾人。他如果有自己的公司，要做這些會更加容易，至少他自己是這麼認為的。

　　2007年秋天，UBS電子波動率交易台兩位主管遞出辭呈，在一英里外史坦福市區的小辦公室成立「交易機器公司」。天氣晴朗時，波迪克從新根據地窗戶就看得見UBS雄偉的總部。

　　時機對波迪克而言也非常有利。2007年10月26日，為了慶祝他和伊莉莎白結婚週年，他們在康乃狄克州新迦南的威夫尼大宅（Waveny House）舉行豪奢派對，大宅原本屬於德士古創辦人路易‧雷費恩（Lewis Lapham）。這次午夜化妝舞會在華爾街泡沫最高點舉行，花費高達六萬美元。不久之後，波迪克買下一輛黑色搭配紅皮椅的BMW Z4M雙門跑車，稱它為「蝙蝠車」。

　　波迪克很快開始在華爾街網羅頂尖人才，他在全美各地最強的銀行和避險基金的交易台找到積極的人選。許多人謠傳，波迪克和TW在史坦福開發「下下一代產品」，那是一套會建立地位的尖端交易系統。他們拒絕了許多來應徵的程式設計師和交易員，那些人都是大多數新創公司求之不得的對象。

　　他們的進展相當快。2007年11月，交易機器以兩千萬美元成立，雖然就某些標準而言小了點，但就高速交易公司以及企業經濟而言已經不小。高速交易商每天進行數千次交易，靠積少成多賺

錢。這類交易商能快速買賣，所以能不斷反覆使用少量現金。假如把一具水力發電機放進水中，水流速度越快，產生的能量就越多。能以看來極低的風險擴大交易規模（相當於加快水流速度），正是高速交易在2000年代末成為金融界當紅策略的主要原因。

交易機器正是這類策略的箇中高手。交易機器每天通常執行一萬七千次股票交易和六千五百次選擇權交易，運用的資金大約是五百萬美元，其他留著當成費用。波迪克的交易全部由「機器」管理。「機器」的核心是電腦程式Pi，和戴倫・艾洛諾夫斯基（Darren Aronofsky）1998年的電影同樣提到π這個數字。這部電影描述一名偏執的數學家投注所有心力，試圖從股票市場資料發掘宇宙的共通模式。Pi在設計上是由每筆選擇權或股票交易賺到一點小錢。只要執行交易次數夠多，小錢便會累積成大錢，但前提是它的策略確實依據設計發揮效用。

「機器」的運算動力來自一百多部IBM刀鋒伺服器，跨足七個選擇權市場、四個股票交易所，以及數個暗池。它完全自動化（但交易員在特定狀況下可以介入，以人工執行交易），而且極具侵略性。波迪克斷定在小數定價時代，大多數券商沒有能力藉助快速交易選擇權獲利，但他在TW的協助下，有足以控管風險的精密模型可以運用，所以他相信這是大膽迎向風險，成為市場大咖的大好機會。

2008年8月，「機器」開始交易。波迪克設計的策略，把複雜演算法交易傳統發揮到極致。這個傳統是他在霍爾時創立，後來再帶到高盛和瑞銀。他一開始假設，能由選擇權標的股票的價格，算出所有選擇權的理論值。在交易日中，選擇權價格會有少許震盪，

讓「機器」知道它已經偏離真實理論價值，這就是機會。如果價格上漲過多，「機器」會賣出選擇權，希望在它下跌時獲利。如果價格下跌過多，「機器」則會買進。關鍵是必須有既精準又迅速的模型，以免其他機器搶先下手。「機器」必須擁有強大的運算能力，不斷計算這些值，每分鐘向市場投入數千次委託單。

這場戰鬥十分殘暴。交易機器跟數千名腦袋頂尖的對手對決，這些人擁有從量子物理、電機工程到生物化學等各類學科的博士學位。如果他們使用的電腦模型大多判斷，英特爾的股價即將由20美元跳升，「機器」就會向市場投入大量買單。在此同時，賣方（通常也使用類似的模型）則會迅速拉抬價格。

我們想像一下：每秒鐘有幾十萬筆委託單透過高速連線投入市場，大家都想搶在別人前面成交。在此同時，隨著股價起起落落，這些委託單在不同的價格點一下取消、一下又重新送出，而且範圍還包括其他交易所和幾十個交易平台，例如暗池（令人難以置信的是，投入股票市場的委託單取消的比例高達90％）。

每秒鐘、一整天、每一天，這類狀況不斷出現，大量交易在世界各地的光纖網路上跑來跑去。這些工作既迅速又繁重，人類沒辦法負荷，必須由機器執行，它們是高頻率交易員，是華爾街的閃電快手機器交易員。這些券商以極快的速度（單位是微秒甚至奈秒）和極高的頻率執行交易，也就是說它們投入市場的委託單頻率極高，通常多達每秒鐘數千筆。這些委託單投入市場的頻率這麼高，速度又這麼快，因此創造出全新的市場生態系，這個生態系對投資人而言不像賺錢的地方，比較像電影《駭客任務》（The Matrix）。

波迪克非常了解高速交易員，因為他自己就是。交易機器擁有

最新武器，先進程度跟太空任務不相上下。單單它的電腦系統，每年就要花費三百萬美元。

　　但交易機器和大多數高速交易公司有幾項重要差異。波迪克的公司專門交易選擇權，但大多數高速對手的主要標的是股票和ETF，本質上完全不同。選擇權市場步調比股票市場來得慢。對波迪克而言，股票市場的高速交易員速度極快，幾秒鐘內情勢就會翻轉。他的公司通常持有一組選擇權合約，以慢上許多的步調輪換。選擇權業務的高頻率工作，大多是在市場變化時管理風險和庫存。交易機器對大多數投資人而言速度非常快，但對股票市場新一代高速機器人程式而言，卻算相當笨拙。

　　波迪克也很關注人工智慧在市場中越來越普遍。選擇權市場波動率極大，人工智慧則比較依賴運作秩序比較嚴謹的市場，所以格外難以發揮。

　　他認為人工智慧像是市場的天氣監測系統，能探知天氣何時會改變，同時在新模式演進時從中學習。如果說市場像是不斷改變的龐大天氣系統，人工智慧機器人程式就像人造衛星，能預測出冷鋒何時接近，或是何時天空會放晴。此外，這類程式還能尋找新線索，預測新的模式，例如溫度突然降低時，大雷雨出現的機率為60％，**趕快找地方躲雨吧！**

　　波迪克相信，麻煩的是市場波動幅度可能遠大於天氣，可能在幾分鐘內從一百度降到零度以下。沒有一種人工智慧系統預測得出這麼龐大的震盪，即使真的預測到，也可能反應過度，導致震盪**更加嚴重。**

　　所以波迪克比較信任自己的大腦。雖然他也使用專家系統等人

工智慧方式設計演算法，但他偏好整個交易日都掌握控制權，所以他絕不離開座位，連廁所也不去。

這個方法**確實有效**。無限的財富似乎就在波迪克指尖。交易機器就是他在全盛時期的巔峰之作：經營自己的基金，建立遍及全球的交易帝國。他打算運用這筆財富，贊助對抗集體屠殺的研究。這個長久以來的夢想源自1939年納粹入侵波蘭時，他的祖父母在千鈞一髮之際逃出波蘭。波迪克已經於2003年贊助最早的Darfur資訊計畫，並捐助超過十萬美元給阻止世界各地暴行的計畫。但他想做的事還有很多。

後來「機器」停擺，波迪克絞盡腦汁修復它。他像電影《Pi》裡面那位執著的數學家，排除所有干擾，包括自己的家人，一頭栽進資料。他連蝙蝠車也不開，告訴自己等到解決這個謎團之後就可以開它了。幾個月來，它一直放在院子裡生鏽。

但是所有方法都不奏效。他開始懷疑，困擾交易機器的問題可能不是出在內部。他在想，在畫面上一閃即逝的東西，可能是一種嶄新高頻率交易員留下的蹤跡，這個交易員正在進行他從未見過的行動。

他想，**遊戲本身**說不定已經改變。彷彿已經存在多年的天氣型態已經完全消失。現在的股票市場，已經和他在瑞銀參與管理全世界最大的衍生性商品交易台時，所知的市場不一樣了。這個市場的生態系統，由演算法戰爭的最新進展主導，現在似乎已經改變，變成另一個東西，讓波迪克深深感到困擾。

3 演算法戰爭

Algo Wars

1990年代末，出現幾家專精於電腦的交易商（後來稱為高頻率交易商），演算法戰爭隨之爆發①。這些交易商的名稱都很含糊，例如自動交易台（Automated Trading Desk，ATD）、全球電子交易公司（Getco）、交易機器人（Tradebot）、量子實驗室（Quantlab）等。它們三三兩兩出現在美國各地：芝加哥、南卡羅萊納州的快樂山、南加州、北堪薩斯市、休士頓、紐約。它們起先規模很小，到了2000年代末，它們以微秒為單位快速買賣股票，交易量占全美國股票交易的三分之二以上。

它們技術高超、效率極高，而且速度極快，幾乎每天都賺錢。它們以自己的現金交易，只想短期獲利，很少持有部位超過一天。就許多方面而言，它們的角色類似造市商，這類永遠存在的中間人在其他人想賣出股票時買進、其他人想買進時賣出。但它們幾乎完全不受規範，在金融業的暗處活動。

許多高速交易商運用大量槓桿（就是借來的錢），2000年代末時最高達到五十倍（也就是自己只有一元，但是向銀行和經紀商借來五十元，希望擴大獲利）。2008年金融海嘯證明，大規模槓桿可能很快就會瓦解，引發無法控制的災難性崩盤。

多年以來，高速交易商和電子交易池建構者攜手合作，這些交易所水管工滿足他們的需求，就像時裝設計師為電影明星服務一樣。對交易池而言，高頻率交易（通常稱為HFT）如同神奇靈丹。交易池藉由執行交易賺錢，交易量越大，它們賺得越多。HFT帶來龐大的交易量，同時帶來龐大獲利。

為了吸引交易員，交易池提供各種特別服務，其中最重要的就是**資訊**，也就是反映市場狀態和**其他交易員**活動的硬性資料。交易池提供昂貴的資料專線，快速供應大量資訊給機器人程式，程式在幾微秒內分析這些資訊，接著在幾微秒內反應。券商想在競爭中勝出，必須快速處理資料、找出模式，再首先反應。

交易所也為貢獻最多流動性的券商提供優惠。在納斯達克中，一天在市場上交易2500萬股的券商就能成為最高階層（tier），賺到更高的交易費。在股票交易所Direct Edge中，**一天交易4000萬股**的券商可以進入最高階層。

演算法戰爭和人工智慧一同演化。如果某個演算法能在酣戰之際（通常是交易日中），主動適應資料中的新模式，就能運作得更有效率。早上，股票交易可能是某個趨勢，被動量帶高，下午投資人獲利了結時，趨勢可能又變成另一個樣子。這些趨勢整天在電子交易池中一波波地擴散，演算法則試圖站上浪頭而不被套牢。

人工智慧機器人程式投入交易池後，開始產生全新模式（也就是自己的波浪），創造新的交易生態系。這個市場每分鐘都在改變，以本身的改變隨時反應，就像在數位化的鏡廳裡一樣。這個市場彷彿是**有生命的**。

• • •

　　波迪克進一步探究股票市場高頻率交易永無止境的複雜性時，覺得自己似乎繞了一大圈後終於完成父親的夢想，再度回到粒子物理的世界。所有委託單交互作用的複雜性相當不易理解。

　　這個複雜性有部分出自這場奈秒競賽的主要目標：**賺到手續費**。1990年代末開始，一小群電子交易場所（NYSE和納斯達克的強大競爭對手）啟用一套手續費支付制度，鼓勵交易券商把委買和委賣單投入電腦化撮合引擎。「掛出」交易的券商可獲得一定比例的回饋，而「收下」交易的券商則支付一定比例的費用（**收下費**通常比**掛出費**略高，其中的價差就是交易所賺走）。最後，這套「掛單－收單」制度，變成美國股市絕大多數交易的不成文法則。

　　假設有一家可以討價還價的雜貨店。店主想以每個1美元賣給我們蘋果，但我們只想出0.95美元。如果店主同意並接受這個出價，**他就要支付收下費**，而**我們收取掛出費**。然而，如果我們決定讓步，以每個1美元買蘋果，**我們就要支付收下費**，而店主取得掛出費。哪一方讓步並決定成交，就必須支付手續費。

　　這套系統鼓勵耐心等待和快速提出價格。掛單－收單制度鼓勵券商多多提出各種價格。有耐心的造市商可能一直提出報價並等待，以賺取手續費。比較積極一點而且必須現在就買到蘋果（或者現在就必須賣出蘋果〔或蘋果公司股票〕）的交易員，會比較願意支付手續費。

　　「掛單－吃單制度」變成瘋狂的搶椅子遊戲，電腦化券商買進和賣出股票的唯一目的，是賺取手續費。

交易所很喜歡這種方式,因為這樣可以提高收益。這樣一來,專精於贏得掛單－吃單遊戲的高頻率券商,就變得對交易所十分重要。《先進交易期刊》(*Advanced Trading*)2011年6月號一篇文章指出:「在掛單－吃單定價模型下②,高頻率交易員可增加交易手續費,同時產出更多市場資料,因此成為交易所最有價值的客戶。」

由此產生的金額十分龐大。每個月,「掛出」大量交易的券商(通常是高頻率交易公司)可由交易所收到支票,支付它們的服務,而收下交易的券商(通常是動作較慢的大型共同基金,但也有交易機器這類專事選擇權但必須交易大筆股票的公司)則會收到帳單。舉例來說,2008年,NYSE和納斯達克共付出二十億美元的「掛單」費(同時收到更多「吃單」費)。高速交易員已經被BATS和Direct Edge等交易所拉走,否則總金額一定會高得多。

這是遊戲中的遊戲,而且因此激發出各種旁門左道。花旗集團和英特爾等交易頻繁的股票,成為競逐手續費的高速券商的最愛,因為交易次數越多,它們賺到的費用就越多。有些券商據說會在月底拉高交易次數,即使虧錢交易也不在乎,純粹為了超過交易所規定的交易量目標,以便增加收到的手續費(例如平均每天交易五百萬股以上的券商可以獲得優惠)。

當然,一般投資人要嘛不大知道正在發生這些大規模財富轉移,要嘛不清楚交易所受制於高速交易員的龐大交易量,也在當中參了一腳,跟著高頻率交易員一起賺錢。

市場以某種方式變得跟以前一模一樣。買得起最大頻寬、進入最高階層、知道市場如何運作的公司,就是比其他公司占優勢。這

就像以前的專業經紀人制度，消息靈通人士賺到錢，其他人虧錢。然而現在某些方面變得更糟，因為這些新一代電腦宇宙主宰幾乎完全不受規範。沒有人監控機器人程式的活動，也沒有人辦得到，因為地球上沒有一部電腦觀察得到所有以奈秒為單位的活動。

這是舊股票市場的新版本，而且它極其危險。

波迪克開始覺得它已經從核心變得崩壞。**如果我要打擊市場幽靈，買得太貴又賣得太便宜，一般投資人會有什麼機會？**

這非常複雜。股票交易地點多不勝數。美國有 NYSE、納斯達克、Direct Edge 和 BATS 四個公開交易所（後面兩個專精於高速交易，分別於 2005 年和 2006 年成立）。每個交易所各有不同的交易地點。NYSE 有 NYSE Arca、NYSE Amex、NYSE Euronext 和 NYSE Alternext，納斯達克有三個市場，BATS 有兩個，Direct Edge 有不具「掛單－吃單制度」的 EDGA，以及採用這個制度的 EDGX。

此外還有暗池，大多數由大銀行管理。瑞銀規模最大，就是麥提森的 Crossfinder。高盛的 Sigma X 緊追在後。此外還有 Liquidnet（利貫）、Posit 和 Pipeline。納斯達克位於歐洲的暗池稱為 NEURO Dark。芝加哥的 Getco 是規模和影響力最大的高頻率交易券商（很可能也是全世界有史以來最活躍的交易系統），它也擁有一個交易池，稱為 GETMatched。整體說來，美國一地的暗池超過五十個。

雖然暗池原本設立的用意，是讓投資人躲避搜獵演算法的偵測，但到了 2000 年代末，大多數暗池都已經被機器人程式滲透。的確，暗池沒有演算法無法運作，因此又衍生出新的問題：高危險

性暗池中潛伏著許多掠食演算法,準備搶在大型交易委託單前下手,爭奪明市。麥提森要藉助明池解決的,就是這個問題。

此外還有**內部交易商**(internalizer)。芝加哥的城堡投資集團(Citadel Investment Group)等避險基金、紐澤西州的騎士交易(Knight Trading)等大型券商,以及花旗集團或波迪克的老東家瑞銀等銀行,都向德美利(TD Ameritrade)、嘉信集團(Charles Schwab)和E*Trade等散戶經紀商**購買委託單**,在自己的電腦交易池中執行交易。它們在自己的「內部」撮合委買和委賣單,再傳送到交易所。每天在家中辦公室帳戶買進數百股蘋果股票的當日交易員,沒什麼機會實際到NYSE交易,而是和芝加哥避險基金或瑞士銀行祕密交易台的博士高手打造的精密程式互動。這麼做的用意,是脫離市場其餘部分的散戶交易,把它隔離在個別交易池中。儘管內部交易商經常自誇交易品質,但使用這類系統的投資人應該都很精明,懂得思考芝加哥避險基金或瑞士銀行**為什麼願意**每年支付數百萬美元,購買它們的委託單。

這個市場是交易池中的交易池,全部採用電子連線,形成具有暗黑電子流動性的單一交易池。2012年,在暗池和內部交易商執行交易的股票,高達總交易量的40%,而且每個月都在成長。

管理明市的大型電腦同樣十分複雜,它們執行物理學家、化學家、博士數學家、人工智慧程式設計師設計的機密交易策略,這些策略是對決和閃避,用難以想像的高速處理委託單。舉例來說,2011年底,納斯達克設立Burstream平台,讓使用奈秒市場資料網絡(NanoSpeed Market Data Mesh)的客戶能在600奈秒內取得資料。在選擇權市場中,每秒鐘大約有九百萬筆委託單在系統中流

動，造成電腦程式很大的負擔，同時產生大量交易資訊。

這些數字都對股票造成實質衝擊。第二次世界大戰末，平均股票持有時間是四年，2000年縮短成八個月，2008年再縮短成二個月，2011年則是22秒──至少依據某位教授的估計是如此。一家知名高頻率交易公司的創辦人曾經宣稱，該公司的平均持有時間只有11秒。

沒有人，沒有一個人，當時真的了解這頭市場科學怪獸內部如何運作。

注釋

1 The algo Wars had broken out：可參閱 "Snipers, Sniffers, Guerillas: The Algo-Trading War," by Jennifer Ablan, Reuters, May 31, 2007; "Algo vs. Algo," by David Leinweber, *Institutional Investor's Alpha*, February 2007。
2 "The maker-taker pricing model makes"："Games People Play: Access More Liquidity with Gaming Technology," by Paul Daley, *Advanced Trading*, June 21, 2011.

4 0+ 倒賣策略

0+

2009年12月初，**波迪克終於解開一再傷害交易機器的股票交易之謎**。他到紐約市參加美國某個交易所贊助的派對。幾個月來，他一直向交易所抱怨這些問題交易（包括價格飛漲和費用等）造成公司重大損失，但他獲得的協助非常少，最後他完全不使用這個交易所。

他在吧台旁堵到一名交易所職員，要他給個答案。這個職員問波迪克他用哪種委託單來買賣股票。委託單種類是交易券商和交易所「交談」的方式，是雙方用來表達意向的語言。委買單或委賣單和其他委託單的互動方式，是由委託單種類決定。市價單（market order）要求交易所：「無論如何現在就買進！」它專供不在乎接下來幾秒鐘市場將如何變化的急迫交易員使用。許多專業交易員用的是限價單（Limit order），指定投資人想在某個限度內買進或賣出股票。限價單可能要求交易所買進英特爾，但上限是20.5美元，不能再高。它們可以防止投資人受到突發震盪影響。

波迪克在交易機器用的是限價單。他這麼告訴那名交易所職員。

這名職員勉強笑了笑，啜了一口酒。

他告訴波迪克：「你不能用限價單。」

「為什麼？」

「你必須用其他委託單。限價單會被超過。」

波迪克懷疑地說：「可是大家都用限價單啊，嘉信也用限價單。」

「我知道，但你就是不可以。」

這位職員開始解釋交易所內部處理限價單時，有哪些未公開的特點，波迪克一邊聽、一邊開始在紙巾上寫下一份委託單，詳細列出它如何送進交易所。

他把紙巾推向對方：「這個案子你有份嗎？」

「有。」

他寫下另一份委託單：「這個案子你也有份嗎？」

「有。」

「你是說**每個案子**你都有份？」

「對。」

「你為什麼要告訴我這件事？」

這名職員回答：「我們希望你不要再來交易了。你知道，你的程式沒有問題。」

波迪克驚訝得合不攏嘴。他曾經懷疑，影響交易的可能是市場內部的某些因素，而不是程式裡的蟲，但也只是模糊的猜測，沒什麼證據。

「我來告訴你是怎麼回事。」

這名職員告訴波迪克他應該使用哪種委託單。他該用的委託單不像陽春型限價單那樣已經遍地氾濫。在他看來，這種新型委託單利用市場架構的複雜漏洞，根本是為了濫用限價單而設計。波迪克以前用的委託單都是小孩扮家家酒，傳給交易所的是「以

最高價20美元買進」這類簡單宣告。反觀這種新型委託單,則是包含多重子句的複合句,複雜程度跟福克納(William Faulkner)的作品不相上下。

不過最後的結果相當簡單。每一天,投資人買進股票的價格,都略高於原本應有的價格,賣出時則略低一點,並且還要支付數十億美元的吃單費,連交易機器這類手段高超的券商也不例外。

這種狀況一部分與美國證券交易委員會(SEC)於2007年大幅修改市場結構有關。這次改革稱為「全國市場系統管理規則」(Reg NMS),目的是把各自為政的電子市場結合成互相連結的單一網路,變成真正的全國市場系統。SEC的科技專家認為,達成這個目標唯一的方法,是規定買賣股票的委託單必須送往價格最佳的交易場所。如果某個投資人在NYSE投下買進英特爾的委託單,英特爾在這裡的股價是20.01美元,但納斯達克的價格更好,假設是20美元,此時這張委託單就會立刻轉到納斯達克。所有交易所和暗池都能透過證券資訊處理系統(通稱為SIP專線),取得股價資訊。

Reg NMS的規定乍看之下雖然有理,但也激起巨大爭論。現在所有交易場所都必須時時監控每個交易場所的股價(總共有好幾百、甚至好幾千檔股票),這項工作需要龐大的電腦運算能力。由於這樣的連結,全國市場系統得以規定每個交易所或暗池,何時可以更改其中某支股票的最佳買進價或賣出價。

如果股價改變,結果之一可能是:送進某個交易所的交易佇列的委託單不是被拒絕,就是被轉送到其他交易所,或是被放進佇列,也就是依優先權排列的委買單或委賣單(排在最前面的委託單可完成交易)。

　　這樣使得非常執著於細節、希望精確掌控交易所處理委託單每個面向的券商十分頭痛，其中有些顯然曾經抱怨。亟欲滿足最重要客戶的交易所為了解決這個問題，推出另一種委託單（這種單子雖然是自由採用，但許多不具充足水管工專業和交易所指示的券商不能使用）。

　　交易所職員告訴波迪克的這種委託單，允許高頻率交易員在市場變動時，掛出隱藏的特定價格委託單，放在交易佇列最前方，同時把其他交易員擠到後面——波迪克遭遇的大麻煩就是這麼來的。即使市場起起落落，這張委託單依然不動如山。它固定又隱密，沒有人察覺得到。如此一來，就不會有重新排序和轉送的問題。另一方面，毫無防備的限價單在市場變動時失去優先權，但特殊委託單則可繼續保持優先權。

　　高速券商為什麼想這麼做？想想看每年為高速機器人程式產生數十億美元收益的掛單－吃單費。在市場變動時卡在佇列最前方，而且不被發現，券商就能掛出委託單，並且一再賺到掛單費。其他交易員無從知道那裡有委託單。他們的委託單一再跳進看不見的交易，就像個隱形陷阱，陷害其他券商支付吃單費。

　　這樣看來已經很不公平，但其實更糟。波迪克發現，市場因為複雜的 Reg NMS 而變動，使他的限價單被重新放進佇列時（市場上漲或下跌時，交易委託單會頻繁地重新排序），這些限價單經常會被放在隱藏委託單的上面，導致交易機器不得不支付手續費。

　　整個過程非常複雜。這種委託單固定在特定價格，例如20.05美元，在股價達到這個數字之前，其他市場成員都看不到。委託單在佇列裡前後亂跳時，陷阱已經設好，委託單開始坑殺。就某種程

度說來，交易所在明池裡面建立了暗池。

酒吧裡這名職員說：「除非照我的話做，否則你就完了。」

波迪克十分驚愕，同時非常生氣。幾個月來，他經常向交易所抱怨他遭遇的惡劣狀況，但沒有人告訴他這種委託單的隱藏性質，最後他忍無可忍，跟交易所斷絕往來。他確定他們早就知道答案。但他們不能跟所有人講，因為如果大家都開始使用這種惡劣委託單，就沒有人會使用限價單，成為新式委託單生吞活剝的對象。

波迪克感到一陣噁心。他說：「你怎麼能這麼做？這不是犯法的嗎？」

這名職員笑了起來，說：「這麼做或許犯法，但如果我們改變做法，高頻交易員就不會下委託單了。」

他們會轉到其他有類似的惡劣委託單的交易池。

波迪克當天晚上開車回家時，處理了這件事。全美國的券商，包括共同基金、銀行交易台和退休基金，幾乎全都用限價單買賣股票。這些券商是專業交易界的基本成員。這個市場的設計以限價單為中心。依據業內人士的說法，這個市場本身是中央限價委託系統，術語縮寫為CLOB。《今日美國》（*USA Today*）曾經告訴投資人[1]，「在電子交易時代，投資人如果想保護自己，最好、最容易又不用錢的辦法就是使用限價單」，以便防範「電腦交易可能造成的短期震盪」。另一方面，美國某個交易所的職員又告訴波迪克，**不要用限價單**，因為這種委託單會被高速交易機器人盯上，當成快閃套利的現成獵物。

• • •

連續好幾天，波迪克不停地思考交易所職員那天晚上在紐約派對上告訴他的事。惡劣委託單的手法讓他想到那年夏天，他在研究交易機器碰到的究竟是什麼問題時，有位同事曾經給他一份文件。那份文件詳述一種據說在芝加哥交易圈中頗為流行的高頻率交易手法。

這種手法叫做0+倒賣策略（0+ Scalping Strategy）。

波迪克懷疑，惡劣委託單跟這個策略可能有關聯。

波迪克翻查檔案，很快就找到了。這份文件雖然沒提到是哪家券商採用這種策略，但給他文件的同事告訴他，採用這種策略的是最賺錢的高速交易券商或類似的公司。這種策略相當繁複，所以他從一開始就猜想設計者應該是水管工。

還有一點可以證明這種策略發源於芝加哥，就是「倒賣」（scalping）這個詞，因為波迪克曾經在芝加哥的霍爾交易工作過好幾年。對交易員而言，倒賣不是某個鬼鬼祟祟的人，懷裡掖著運動賽事或演唱會門票，在體育館外面叫賣。在交易界，倒賣是歷史悠久的買低賣高手法，只是速度非常快。這種手法在堪薩斯市期貨交易所、或芝加哥商業交易所等美國中西部的期貨交易所，相當常見。0+倒賣策略顯然是從期貨交易手法演變而來的電腦程式。

波迪克開始看這份文件。文件第二頁說明0+策略的目的。「目標簡介：利用市場深度和委託單在伫列中的優先權，創造任一交易的虧損都是0的倒賣機會（不包括佣金）。」

波迪克在這裡停了下來。策略作者實際上要說的是，這個策略的主要目標是永遠不虧錢，任何交易的虧損都是0。理論上，倒賣策略確實可以做到這樣。只要卡在委託單伫列（就像觀眾排隊買電

影票）的第一位，券商就能永遠在最佳時機取得最佳交易。

但券商如果不想買也不想賣又會怎樣？波迪克繼續看下去。

「**重申目標**：利用市場深度和委託單在佇列中的優先權，創造交易產生 +1 檔位盈餘的機率明顯高於產生 -1 檔位損失的機率的倒賣機會。」

波迪克想，啊哈！**市場深度**。這裡提到這個券商的委託單**後面**的委託單，也就是在後面排隊等待的電影觀眾。0+ 交易員假設自己速度非常快、技巧又好，永遠能在交易佇列中取得優先權，也就是第一個買進或賣出。後面的深度，也就是其他委託單，就是市場的其餘部分。

市場其餘部分（交易機器或一般共同基金這類傻子）是保險。下一個標題：**簡單前提**說明保險真正的意義。

「如果我們訂在某個價格的委託單後面有足夠深度，就能有效防止損失。為什麼呢？如果我們的委託單被選中，就能立刻跟後面的委託單交易，進而歸零脫離風險。」

換句話說，如果 0+ 交易員買進一檔股票（也就是「被選中」），但演算法突然發現有大量委賣單在交易佇列中等待，因而判斷股價可能下跌。交易員就能立刻反轉，把股票賣給在後面等待的傻子，從而歸零（不賺不賠）。交易員能這麼做的原因，是電腦系統能夠「隨市場狀況快速反應……至少『每次都』達成歸零或取消委託單」。

波迪克弄懂這段文字的意思時大感驚嘆。這是交易的最高目標。0+ 交易員講的是實際上**永遠不虧損**的策略。只要這家券商的演算法偵測到市場有些許逆轉跡象，市場其餘部分就會保護它。

真是高招，真是殘酷。

波迪克仔細思考它代表的意義。一家券商發現了保證能在每次交易獲利的策略，現在又發現了市場漏洞。交易的重點在於接受風險，但這位作者提出了基本上零風險的交易策略。

波迪克和其他沒有運用0+策略的投資人，遭遇的狀況很具挑戰性，至少可說很不容易。就像開車行駛在高速公路上，每次想要加速時，總有另一輛更快的車擋在前面。無論用多少招數，前面這輛車（引擎蓋上當然貼了0+標誌）永遠在最前面。如果想要繞過它，唯一的機會就是有一輛重型貨車朝你加速衝來，前面這輛車就會突然踩下煞車，消失在後方車陣中。最糟的是，0+交易機器人就是那輛重型貨車！

假設你的共同基金經理人想買進五萬股埃克森美孚（Exxon-Mobil）股票。他當然不會一次下買進五萬股的委託單，這樣絕對會被機器人程式生吞活剝。他會分成許多張買進委託單，每張一千股，甚至可能更少。他按下按鈕，第一張一千股的委買單送進交易所。這時埃克森的股價是75.20美元。

但這張委託單沒有成交。它一直在那裡逛來逛去，但賣家突然都跑掉了。機器人程式（其中有些採用0+倒賣策略或其他變形）空降到這位基金經理人下的單的前方，搶在前面大買特買。這些委買單似乎都是憑空出現，但其實只是隱藏起來。

機器人程式搶到交易的原因是利用特殊委託單，讓它們能搶在基金經理人前面。它們出手交易的原因，則是雷達探測器演算法偵測到市場開始上漲。

為什麼呢？

因為它們偵測到基金經理人出現。

　　突然間，基金經理人的200股委託單以75.22美元成交，但其他800股的委託單還是沒有著落。基金經理人敲著桌子，怎麼搞的！埃克森漲到75.22，接著75.24，他又買到200股，還有600股買不到。埃克森漲到75.25，又漲到75.26。

　　雪上加霜的是，基金經理人已經搞不清楚他的委託單跑到哪去了。這張委託單不知道掛在哪裡，可能是NYSE、納斯達克、Direct Edge、BATS。他在想，它應該是漂浮在連結所有交易池的連線之間。

　　埃克森漲到75.30，接著跳到75.35，接著委買單又有反應了。基金經理人買到剩下的600股。即使把某些委託單送到暗池，他買進的股數依然隨股價上漲而越來越多。他在股價一路漲到75.50美元時買進，這時大量賣家出現，股票像水流一樣順利成交，市場穩定下來。他以平均75.40美元的價格買進一萬股，還有四萬股要買。

　　他決定按兵不動，厭惡地看著股價慢慢降回75.25美元。股價現在回跌，是因為機器人程式偵測到基金經理人暫時收手。但只要他一開始買進，整套戲碼又會重演。

　　整個狀況就是這樣子。一般投資人，傻傻地使用限價單的傻子，只有買高賣低的份，而且永遠如此。

　　波迪克推測，這份0+文件講的，其實是數量龐大的高頻率交易綱中的一個亞種，是多年以來金融界普遍採用的共同手法。這個亞種有自己的行話，例如「自我保險」、「重擊風險」（遭到大額委託單攻擊的風險）和歸零（scratch）等。這類演化需要時間發展。此外，波迪克以前從來沒聽過這些行話，霍爾沒有、高盛沒有、瑞

銀也沒有。它有自己的世界，一個極少人知道的世界。

波迪克推測，0+策略最初設計於2000年代中。但現在市場已經改變，而且變了很多。當初競爭比較激烈，規則也不一樣。因此這家券商或其他採用類似策略的券商更難永遠取勝，更難永遠清楚自己在佇列中的位置，更難在情勢不利時快速收手。

情況越來越明朗。他回想交易所職員告訴他關於特殊委託單的事。0+策略需要新式委託單，讓它進一步控制佇列，對付競爭者。這種委託單不漲也不跌，在委託系統中的順序也不會變化。無法預測的+1檔位或-1檔位（也就是漲1分或跌1分美元），可能足以讓這個策略完全失效，因為這個策略必須精確到以毫秒為單位。委託單不能被踢出佇列。如果市場其餘部分看不見這些委託單更好。

當然，波迪克沒辦法確定他的想法正確，但他覺得相當合理，而且可以解釋交易機器為何在股票市場中一再受挫。

還有誰知道這件事？共同基金當然不知道，透過E*Trade和Charles Schwab帳戶交易的可憐肥羊當然也不知道。還有誰可能取得這類資訊，0+規格、關於濫用Reg NMS的委託單的細節，但其實Reg NMS這套法規原本的用意是保護一般投資人，讓他們享有最好的價格？

又有誰會講出來？交易所需要不知情的限價單來餵養這些鯊魚，同時賺取這些限價單帶來的交易的下單費。使用這種委託單的高速交易員則個個賺得眉開眼笑。共同基金每年貢獻給高頻率交易員幾十億美元，都是直接來自一般投資人口袋的現金。這筆錢小到幾乎看不見，每次交易幾分錢美元。這些永無止境的+1檔位、這些尾隨在後的漲跌，緊咬著想買進五萬股埃克森、IBM或其他公

司股票的基金經理人。

然而累積下來的總額相當驚人。沒錯,高頻率交易員提供了「流動性」,讓投資人有能力買賣股票,但投資人必須付出什麼代價?共同基金投資人要付的代價可能相當龐大。由於投資會隨時間累進,就算每次投資只損失一點點,最後也會累積成龐大損失。本來能以75.25美元買進,最後卻以75.5美元買進一千股埃克森股票,這樣就損失了250美元。假設我們三十歲時完成這筆交易,這就代表我們少在股市投入250美元,算下來的機會成本非常大。

這些錢會逐漸累積。假設你投資其他股票的年報酬率比較低,只有6%(排除通貨膨脹效應),四十年後你準備退休時,這250美元將增值到2500美元以上。這個數字再乘上幾十年來所有基金的所有交易,一般投資人隨時間付出的成本可說是天文數字。

這當然只是長期影響,但對波迪克這類專業人士而言,短期成本更是明顯得令人心痛。他的公司只要一進場,現金就會一點一滴地流失。

遊戲已經改變。波迪克越來越相信,股票市場(**美國股票市場**)已經遭到操控。交易所為某些客戶提供機制,讓他們傷害一般投資人,規避 Reg NMS 的規定。這相當複雜,這個事實協助他們隱匿傷害,如同大型銀行運用複雜的房貸交易,騙取客戶數十億美元,最後引發2008年的全球金融危機。波迪克不確定這是精心籌劃的陰謀,或者只是這個生態系統演化保護單一生物,最後這種生物反而危害交易池本身的生存。

他想,無論是什麼,這種狀況都有問題。

他想起派對上那名交易所職員講的話:否則你就完了。

　　波迪克心裡的科學魂現身，他決定測試一下這種委託單，驗證他得到的情報。他回到交易機器，照著職員給他的建議。他不使用被當成目標的限價單，開始使用內部委託單。他的損失立刻減少。他的委託單沒有一再遭到濫用。波迪克覺得自己好像一把抓住本來指著自己的槍，轉而指向其他人。有人要完蛋了。

　　但不是交易機器。

• • •

　　在此同時，選擇權市場從2010年開始衰退。小數定價和其他改革開始實施，澈底改變規模遊戲和金融界賴以興盛的其他策略。波迪克雖然讓交易機器由這些改革受益，但侵襲系統的其他問題破壞了他的工作。他用新型委託單解決了一個問題，但現在面臨新的障礙。失去重要伙伴、為了策略和錢爭吵，這些事一直讓人難以專注。此外，公司失去了一大筆用來交易的資金，削弱了獲利能力。要恢復元氣似乎越來越困難。

　　但波迪克不準備放棄。他整個職業生涯都在締造奇蹟，他相信這次一定也會成功。

　　但公司其他成員逐漸喪失信心，2010年夏天，緊張不斷升高，交易室爆發扭打事件。

　　七月某一天，幾名交易員和程式設計師中午過後不久外出午餐，當時市場處於典型的午休後平靜期。其他人關掉電腦，看世界盃足球賽放鬆一下。

　　從交易機器成立就加入的交易員布萊恩‧韋納（Bryan Wiener）坐在電腦前，正在研究賺錢方法。他是來自芝加哥的現場交易員，

是全交易室高學歷菁英中的異數，曾經跟人賭兩百美元用鼻子吸凱宴辣椒。公司大出血之際，韋納不想坐以待斃。他正在電腦上忙著一椿交易，要旁邊的交易員下一張單，利用兩個指數基金間的價差獲利。這筆單相當小，最多只能賺兩千美元，但有賺總比沒賺好，交易機器現在需要錢。

　　韋納旁邊那名交易員名叫約翰，來自芝加哥首屈一指的城堡避險基金（Citadel），以前是美軍海豹部隊戰士。他不願意照做，說：「這麼做有什麼意義？」

　　韋納說：「反正也沒別的事，媽的做這筆交易就對了。」

　　約翰氣沖沖地站起來，向韋納吼道：「媽的我不用你來教！」

　　韋納採取守勢：「老兄，我不想為一筆交易打架。」他想，這傢伙就像電影《金甲部隊》（Full Metal Jacket）裡瘋瘋的陸軍新兵派爾，根本是個神經病。

　　約翰衝了出去。當天稍晚，他回辦公室遞出辭呈。其他同事也跟著離開，傷害似乎無法挽回。忙著找錢的波迪克急忙尋找解決辦法。他最後由一家財務公司找到一千萬美元，但這項投資有嚴格的條件。如果交易機器虧損到一定程度，這家財務公司就會接收整家公司。

　　十二月，公司失敗看來已成定局。許東偉幾個月前就已經離開。除非出現戲劇性的轉折，否則再過幾個星期，交易機器就會被接收。波迪克決定放大交易量，孤注一擲。許東偉和他嚴厲的風險控管已經離開，現在波迪克可以帶領交易機器挑戰極限。如果讓它放手一搏，說不定能運轉得更有效率。

　　交易機器某些部分表現極佳。它不受束縛，能以大量交易。幾

天下來，它的交易量超過SPY選擇權的5%，對於急缺現金的券商而言是很了不起的成就。

但一切已然太晚。波迪克放手一搏的時機不佳。2010年年底，美國選擇權市場承受巨大壓力，交易機器遭遇的所有結構性問題轉而侵襲各方。當時股票市場有避險問題，成為高速交易機器人的抓鬼遊戲。接下來，兩家最大的選擇權交易所模仿股票市場，改成掛單－吃單制。整個選擇權界都受到影響。世界上最大的選擇權交易商盈透證券（Interactive Brokers）的交易部門，公布2010年第四季虧損2400萬美元，是史上狀況最差的一季。盈透證券的老闆湯瑪斯・彼得菲（Thomas Peterffy）是選擇權交易界的傳奇人物，也是波迪克的偶像。如果盈透都虧損，表示整個產業都面臨寒冬。

2011年2月，芝加哥重量級高速交易券商太陽交易（Sun Trading）資遣四十名員工，結束高頻率選擇權交易台。連菁英級的高速交易券商Getco在選擇權市場也很辛苦。整個選擇權市場，美國金融體系最重要的市場之一，似乎都失去運作能量。沒幾個人知道是怎麼回事。

波迪克相信自己知道，但他沒辦法做什麼。夢想破滅了。2011年3月，交易機器鬆了一口氣。公司賴以為生的有錢金主告訴波迪克，公司不再需要他了。

· · ·

一切都變了，變得非常快，全在暗中進行。演算法進步強化大規模高頻率引擎，尖端人工智慧達到頂點。演算法改變得太快，每天在演算法戰爭的微秒對決中凶惡地互相吞噬，市場彷彿即將發生

令人驚嘆的演化大躍進或強烈內爆。就連建造這些演算法的王牌水管工，例如瑞銀的丹・麥提森等，都很難跟上變化的腳步。這是即時進行的實驗，沒有重新開始的機會。數學家、電腦程式設計師和物理學家等，在全球金融體系上進行一場大規模實驗。全世界最沒有秩序、最難以預測的勢力，被懷抱恐懼和貪婪的人們的新奇點子挾持。他們就像在太空船進入太空之後還在繼續建造它。

後果影響十分深遠。前納斯達克主管大衛・韋爾德（David Weild）表示，因為重視速度的交易機器人比較注意熱門股，也就是很容易在幾分之一秒內買賣的股票，所以通常會忽略交易頻率不高的冷門股。

只要看看0+策略，就可以了解這種方法背後的理由。

上面寫道：「以最簡單的方式實行這個策略，在深度較大、流動性較高，通常會先交易委託系統兩邊才跳到下一檔價格的市場中，效果比較好。但在深度較小、流動性較低且波動較大的市場中效果較差。就這份文件的目標而言，我們假設這個策略只運用在速度慢、深度大且流動性高的市場。」

結果是：小公司股票的交易量越來越小，公開上市的公司也越來越少。韋爾德表示，從1991年到2000年，美國每年平均有530家公司公開上市。到2000年代末，平均每年只有126家。這個現象也造成公開上市公司數目大幅減少。1997年時大約有8200家公開上市公司，到2010年只有4000家。對規模較大的經濟體而言，這個現象相當糟糕，這會使需要現金的公司難以進入公開市場、擴大規模、雇用更多員工。一般投資人由於害怕股市劇烈波動、覺得市場複雜得難以理解，加上快閃崩盤風險提高，對市場本身失去信

心而退場，美國經濟發動機的重要齒輪正逐漸鬆脫。

股市複雜程度深入人心、不斷自我強化，連波迪克這樣的王牌都暈頭轉向，感到憤慨。大規模電腦化後，整個市場瀰漫鬼祟的電子委託單流，以違反邏輯的超級高速，四處搬移數位金錢。最強的高速交易大師通常無法解釋市場究竟如何運作。

市場如此黑暗，因此充斥各種陰謀論。有謠言說某些券商送出一波波委託單，塞爆交易所的撮合引擎（媒介委買單和委賣單的核心電腦），企圖利用各交易所之間的價差獲利。微軟在某個交易所的價格可能是25美元，在另一個交易所是25.02美元，這樣就有機可乘。電腦利用來去無蹤的委託單，以分層佈單（layering）、戲弄（spoofing）和灌單阻撓（quote stuffing）等複雜手法操控電子交易池，但據說無法可管。內線人士提到，位於中國、印度和俄羅斯等國家的交易公司，透過複雜的電腦遊戲操控著世界各國的股價。

越來越多人警告，可能有人在美國之外攻擊美國金融體系。最直言不諱的一名批評者是於2000年代初成立公司，以複雜事件處理（complex event processing）人工智慧技術設計交易演算法的約翰·貝提斯（John Bates）。十年後，貝提斯擔憂電腦交易爆量可能威脅全球金融體系穩定。2011年2月，貝提斯在一篇文章中寫道：「資金充沛的犯罪或恐怖組織以某種手法造成重大市場危機，進行演算法恐怖行動的警訊[2]並非空穴來風。這類狀況可能導致文明國家混亂。」邁阿密大學物理學家尼爾·強森（Neil Johnson）[3]研究複雜市場模式，他也於2012年2月的訪問中警告「各路電腦演算法間的全球化戰爭」可能導致「整個體系大規模崩潰」，股票市場可能像玻璃一樣完全瓦解。他說，市場已經變成像「滿是食人魚的湖泊」，

以極快的速度瘋狂地互相撕咬。他在一篇列名共同作者的工作論文《超高速機器生態造成的金融界黑天鵝事件》(*Financial Black Swans Driven by Ultrafast Machine Ecology*)中提出,近幾年市場「由人機共存階段突然全面走進全機器的新階段。這個階段將會經常出現超短暫的黑天鵝事件」。

這是華爾街以外的人大多不知道的全新世界,而且這個世界正以驚人速度增長。在2011年8月的市場崩盤事件中,由於民眾對歐洲信用危機的疑慮升高,導致股票在幾天之內下跌20%,訊息量(所有委託單發出的訊息)也隨之爆炸。高科技公司Nanex追蹤觀察高速交易,一天記錄的美國股票、選擇權、期貨和指數交易資料多達一兆位元組,是兩年前市場資料尖峰的四倍。

Nanex在雜訊中發現了一個奇怪的模式:一個稱為「干擾器」(Disruptor)的高頻率演算法。「干擾器」能以大量委託單攻擊市場,擾亂市場本身。這樣可導致交易員(例如交易機器的波迪克)因為交易結果不理想而感到挫折,最後退場不再交易(或以自己的電腦化武器回應,例如瑞銀的疾風演算法)。

演算法戰爭過後留下破敗的斷垣殘壁。Nanex研究員艾瑞克・韓謝德(Eric Hunsader)指出:「HFT演算法降低了現有委託單的價值[4],提高委託單下單與取消速度的價值。這樣會造成流動性甚高的假象。我們無法理解為何容許這種現象持續存在,因為它的本質完全是操控。」

那證券交易委員會(SEC)呢?這個美國的最高股市監督單位顯然難以招架。2011年5月,SEC主席瑪麗・夏皮洛(Mary Schapiro)向美國國會表示:「委員會的資料蒐集與市場監控工具完全不敷需

求，難以在全世界最大的股權市場執行監督工作。」

這就像FBI承認無法偵察組織犯罪。看來，所有人都處於黑暗之中。

· · ·

它是從何而來的呢？波迪克相信它來自市場本身的建造者，也就是水管工。水管工設計系統管道、連結交易員和交易所、交易所和交易所、暗池和暗池之間的數位電腦網路，包括波迪克認為重傷交易機器的殘酷委託單。這些水管工許多原先在交易所工作，後來進入交易公司，參與設計使用系統和利用系統的程式，而這個系統正是他們自己一手建立的。

波迪克還在努力讓交易機器起死回生，但他知道自己需要水管工的專業知識。於是，他聘請了一名在UBS時聽說過的股市程式設計專家，俄羅斯出生的電腦奇才麥可·拉扎列夫（Mike Lazarev）。拉扎列夫從1990年代末就開始在華爾街工作。他大學被退學後，進入最先進的電子交易池孤島工作，這裡公認是高速交易和人工智慧機器人程式的起點。他是內行人中的內行人，是幕後建造者之一，極為了解市場的龐大電子系統如何運作。

雖然拉扎列夫只能盡力幫忙交易機器，但他對於波迪克這樣不屈不撓依然感到驚訝。他在華爾街做程式設計工作時，認識了不少好手和超級天才，波迪克毫無疑問是其中極為聰明、也極為認真的。

但拉扎列夫多年前碰到一個人，他比波迪克和他認識的所有人更聰明。這個人跟波迪克一樣，對市場運作的內部細節很執著，事實上也是現在極度擁擠的高速交易市場的主要建立者。他高中被退

學，曾經對抗華爾街最難纏的政治掮客並大獲全勝。他是羞澀且滿懷理想的行外人，曾經因為可能涉入股票市場史上最大宗的詐騙案而遭罰款。他也是電腦程式設計高手，從未在公開場合拍過照、多年以來亟欲逃避大眾目光的低調天才。

他是水管工之王──約書亞・列文（Joshua Levine），孤島的創辦人。

注釋

1 No less than *USA Today*："Are Computers a Culprit in Stocks' Volatility?" by Matt Krantz, *USA Today*, September 16, 2011.

2 "Fears of algorithmic terrorism"："Fixing the Fat-Fingered Faux Pas Epidemic," by John Bates, *TabbForum*, February 21, 2011.

3 Neil Johnson, a University of Miami physicist："A Great War of Algorithms Is Already Under Way," February 12, 2012，在葡萄牙「網路窗口」網站訪談尼爾・強森的內容 (http://janelanaweb.com/trends/a-great-war-of- algorithms-is-already-under-way-scientist-neil-johnson/); "Financial Black Swans Driven by Ultrafast Machine Ecology," by Neil Johnson, Guannan Zhao, Eric Hunsader, Jing Meng, Amith Ravindar, Spencer Carran, and Brian Tivnan, working paper submitted to Cornell University Library, February 12, 2012 (http://aps.arxiv.org/ftp/arxiv/ papers/1202/1202.1448.pdf)。

4 "HFT algos reduce the value"："Enough Already!" by Eric Hunsader, *Nanex*, August 8, 2011 (http://www.nanex.net/Research/Emini2/EMini2.html).

PART 2

機器誕生

Birth of the Machine

我們判斷，最好的辦法就是把人類排除在方程式之外。
——伯納德·馬多夫（Bernard Madoff），
史上最大龐氏騙局的設計者

5 攔截中間人獲利的盜賊

Bandits

約書亞·列文在華爾街上狂奔①，穿梭在一大群身穿訂製西裝、腳踩漆皮皮鞋，頂著全後梳油頭的銀行職員、交易員和專業經紀人之間。這個十八歲的電腦程式設計師身高167公分，一張娃娃臉和尖尖的頭，模樣像個小鬼，外表跟他們完全格格不入。超短三分頭、舊網球鞋和破牛仔褲，讓他看來像個逃離軍營的新兵。他身上的背包裝著寫滿潦草筆跡的筆記本、皺巴巴的列印文件、複雜電腦語言的教科書、最新型電腦晶片線路圖，以及股票市場交易系統的技術說明書。

列文乍看之下或許像個無所事事的青少年，但他其實極度專注。跟他熟識之後，只要留意他深褐色雙眼的銳利目光，很快就會發現這一點。

當時是1986年。1970年代艱辛的蕭條時期過後，牛市終於再度降臨世界金融之都。彼得·林區（Peter Lynch）正在角逐富達投信（Fidelity Investments）麥哲倫基金（Magellan Fund）的掌舵人。人稱「奧馬哈的先知」的華倫·巴菲特（Warren Buffett）已經成了家喻戶曉的名字。當時的華爾街有麥可·路易斯（Michael Lewis）也有戈登·蓋可（Gordon Gekko）②，有惡意併購也有雷根革命。當時市況

不錯，而且越來越好，股民已經準備興高采烈地慶祝。

　　列文完全不在意牛市。這名程式設計師對交易或賺錢沒興趣，他的心思只想著一件事：用電腦改變世界。

　　黃色計程車朝西駛向華爾街最西端的三一教堂③，飛馳在摩天大樓間的小小峽谷中，一臉憂心的人衝出地鐵站。列文瞥了一眼紐約證券交易所（NYSE）的喬治亞大理石立面和哥林多式石柱，它們看來像羅馬神殿一樣莊嚴。十七世紀，NYSE等中央交易所首先出現在阿姆斯特丹、倫敦和巴黎的咖啡館附近。1792年，NYSE由二十四名成員在梧桐樹下成立，獨占美國股票交易將近兩百年之久。就本身而言，它代表列文痛恨的華爾街一切，包括內線消息、特殊交易、有關係就沒關係。

　　金錢、權力、大行情板（NYSE的代稱），NYSE的交易在交易大廳中進行，在一般投資人視線之外，是一群行內人士討價還價的活動。交易完成後，NYSE才會把價格公開在交易紀錄彙總單上，讓大眾知道市場目前的狀況──正確說來應該是先前的狀況。NYSE在許多方面就是個超大型暗池。

　　列文覺得應該有更好的方式。列文是電腦技客中的技客，跟波迪克一樣是1980年代長大的小孩，當時個人電腦才剛開始逐漸打進中產階級家庭。也是在那個時候，了解數位通訊的強大潛力將帶來非凡機會的科學家和電腦駭客族群，產生了這個革命性想法：**資訊想要自由**。這些社運派程式設計師自詡為受到啟發的高科技游擊隊，能運用科技改造現行體制，解放資訊的所有層面，讓大眾都能共享。而在這個解放過程中，他們必須打破菁英特權，而最能代表權力和特權的機構，莫過於NYSE。這個獨占機構把持全世界各大

企業的股票交易，包括奇異、迪士尼和IBM等藍籌股。

雖然就技術上說來，納斯達克等其他交易場所也能交易在NYSE上市的股票（反之亦然），但這種狀況極少發生，因為NYSE專業經紀人為了自己的股票，控制了市場。這個優勢地位讓他們能提供最好的價格，投資人沒什麼理由到別處交易。儘管如此，專家經紀人依然收取相當高的服務費。也有許多謠言指出，專業經紀人利用內線消息，搶在客戶委託單前交易。（富達要買100萬股IBM嗎？我想我也買一點……但我先買。）

列文本能地不相信這些。他走過這棟建築，穿過一群正痴痴地觀看、擺姿勢和用傻瓜相機拍照的遊客。當時的NYSE已經步向末日，他知道。毀滅只是時間問題。

列文一向對城市的五光十色很有興趣。1967年12月31日，他在曼哈頓一所醫院出生，父親是在紐約公園大道上開業的心理藥物學家。他在位於曼哈頓北邊半小時車程的新羅謝爾（New Rochelle）市郊的中產階級家庭長大，成長過程中經常前去紐約市，到上東城④造訪父親位於76街的辦公室，那裡只要幾分鐘就能走到中央公園和占地廣大的大都會博物館。

列文對運動不在行、對女孩子太靦覥，很早就迷上電腦。他很快就知道，電腦將會以極少人能理解的方式改變世界。他十七歲時，程式設計功力已經相當於西洋棋大師。他決定不繼續念高中，嘗試當自由程式設計師，而當時最需要程式設計師的地方，就是華爾街。

列文走在百老街上，在一般通稱為「轉角」（Corner）、模樣像堡壘的摩根大通（J. P. Morgan）舊總部大樓前轉彎。巨大的石灰岩大

門上面，還有1920年恐怖分子引爆炸彈留下的痕跡。沿這條街再過去一點就是高盛的總部，全世界最強大的民營銀行。

　　列文終於到達目的地：經紀經銷商魯索證券（Russo Securities）。列文在魯索很快就知道華爾街的種種細節。舉例來說，「經紀人」代表客戶交易，就像共同基金一樣，所以名稱中有「經紀商」，但它也代表自己的帳戶交易，所以也是「經銷商」。他剛剛接受魯索證券的傳送員工作。魯索的老闆是一個感情極好的家族，住在史泰登島（Staten Island）上，專門交易雞蛋水餃股。列文的工作包括觀察經紀商和NYSE交易廳間來往的文件和股權證書（股票）。列文經常在交易所的交易廳中狂奔，腳下踩著一堆堆作廢的成交單和揉成一團的股票行情單，尋找經紀商或專業經紀人的助理，他們手上有很多股權證明可以讓他帶回魯索。

　　現場景象相當狂亂。一大群交易員朝他們所包圍的專業經紀人喊委託單，每個人都在紙片上瘋狂地寫下數字，隨時追蹤行情。交易員用怪異手勢表達要買或賣多少股、再用其他暗號表示價格，最快打出暗號的人可以完成交易。場面一片混亂，而且沒有必要，列文這麼認為。數量龐大的文件（和垃圾）令他震驚。為什麼不透過電腦傳輸交易呢？

　　列文在魯索擁擠的辦公室裡彎來彎去，四處觀看。他看到幾台電腦終端機，但大多數員工只用電話辦公。

　　突然有個粗啞的聲音從交易台喊他。

　　「嘿，小子，過來。」薛利‧馬希勒（Shelly Maschler）坐在凌亂的桌前喊，桌上散放著一疊疊股權證明和雪茄煙灰。馬希勒穿著非常合身的深藍色外套，繫著黃色寬領帶。

列文稍微屏住呼吸說：「嗨，薛利，什麼事？」

馬希勒說：「你這個週末能去我家嗎？我的衛星天線需要修理。」

列文說：「沒問題，好，我先走了。」

馬希勒說：「沒問題，我會叫我老婆做烤牛肉給你吃。」

列文匆忙離開後，馬希勒靠在椅背上，點起抽了一半的馬卡努多雪茄，微笑著想，**我真喜歡這個小子。**

薛爾頓·馬希勒（Sheldon Maschler）身材魁梧，強壯結實，就像美式足球聯盟的鋒線球員，也同樣讓人望而生畏。馬希勒的朋友都叫他薛利，他很愛喝酒，最大的享受就是帝王蘇格蘭威士忌加冰塊，配上一根接一根的馬卡努多雪茄。他的頭很大，形狀接近煤渣塊，如果中間沒有脖子緩衝的話，看起來很像焊在他強壯的身體上。眾所周知，他打架時從不認輸，而且認為情況需要時也毫不忌諱使用下流手段。馬希勒的黑色頭髮塗了厚厚的髮油，從前額一路梳到後腦勺，跟尖端塗滿油的矛一樣，看來像是芝麻街吸血鬼伯爵和芝加哥熊隊線衛迪克·布克特斯（Dick Butkus）的混合體。

當時才十幾歲的列文沒有被這個大塊頭交易員嚇倒。列文對於馬希勒天不怕地不怕、**根本不把華爾街肥貓放在眼裡**的態度很著迷。他跟馬希勒都出身猶太家庭，知道美國銀行體系被一群擁有長春藤盟校學位的白人新教徒政治掮客把持。馬希勒喜歡一有機會就跟這些大人物嗆聲，他也讓列文知道，華爾街上的強人經常只是外強中乾，只要有腦子、有膽子、必要時還有棍子，就能打倒他們。

當時馬希勒剛離開位於紐澤西州紐華克的全國性經紀商⑤「第一澤西證券」（First Jersey Securities）。第一澤西的老闆是旁門左道天才、詐騙高手羅伯·布瑞南（Robert Brennan）。布瑞南於1980年代

以一系列廣告成名。他在廣告中乘坐Sikorsky直昇機飛過大古力水壩（Grand Coulee Dam）等美國著名地標，宣傳第一澤西為小型新創公司提供資金的優點。這些邀請觀眾「與我們一同成長」的廣告出現在晚間新聞之間，甚至還上過超級盃。馬希勒在第一澤西扶搖直上，1980年代中已經成為澤西市分公司的主管。

然而，第一澤西於1986年涉入組織犯罪和股票詐騙，面臨生存威脅時，馬希勒立刻跳船逃生。他從私下經營的運動投注公司賺到一些錢，非常不希望受到法律過度關注。為了保持和華爾街的關係，他跳槽到幾個住在史泰登島上的熟人經營的公司：魯索證券。

有個很懂科技的年輕人願意做低薪工作的消息，很快就傳到馬希勒耳中。馬希勒對電子產品很沒辦法，所以雇用列文幫他在史泰登島哈特蘭鎮（Heartland Village）的家處理一些棘手工作。為了交換烤牛肉三明治或彩色電視機，列文修好了衛星天線和馬希勒家庭辦公室裡的電腦數據機。

馬希勒很快就發現，列文的能力遠遠超過一般的華爾街傳送員。這個活潑的程式設計師一直在讀他能取得的每一本電腦說明書和市場結構技術書籍。他工作得非常認真，白天幫魯索傳送資料，晚上埋頭閱讀沉悶的技術手冊。

當然在華爾街上，年輕人的企圖心就像細條紋西裝和金色降落傘一樣司空見慣。馬希勒不知道，列文的抱負遠超過眼中閃著光芒、每年聚集在下曼哈頓打拚的年輕人夢想的的發大財。因為列文吸收市場管道的技術細節時，也開始建構革命性的願景，這個願景就是：如果用電腦來管理市場，市場將會（以及**應該**）如何運作。把數字抄在交易單上、觀察交易員忙亂地聽取電話裡的股價、看過

各種錯誤資料、老舊的資料，有時甚至不是**資料**，而是沒用的雜訊，列文已經預見一個所有資訊透過微處理機順暢流動的市場。電腦程式可以撮合買方和賣方，雙方都能輕易在螢幕上查詢想交易的股票價格，可以看到市場上有多少股，價格又是多少。最棒的是，投資人只要按個按鈕就能看到所有資料，不再被掌握所有資訊的無良行內人士宰割。

當時，全美國所有股票交易幾乎都必須透過中間人執行。理論上，投資人可以直接碰面，一手交錢、一手交股票。幾百年前，百老街上經常看到這種狀況（有時會在路邊，所以也稱為路邊市場〔Curb Market〕）。但實際上，建立一個集中地點，讓專業人士代表投資人執行交易會比較有效率，當然，這些專業人士也會從中賺取一些費用。

在納斯達克股票市場上，這些人稱為造市商或經銷商。在NYSE，他們稱為專業經紀人，是1792年的二十九名大行情板創立者的後繼者，是讓市場運作順暢的潤滑油，也是看管財富的守門人。從巴菲特、林區、梅阿姨到阿土伯，都要靠這些中間人幫他們買賣股票（當然，巴菲特和林區受到的待遇，會比梅阿姨和阿土伯好得多）。這些中間人提供服務，藉以賺取價差（spread），也就是他們買進股票的價格和他們再賣回給投資人的價格的差異。我們可以把專業經紀人想成叫做大約翰的汽車經銷商。大約翰以三萬美元向福特汽車買進一輛野馬，再以三萬五千美元賣給客戶，從中賺到的五千美元就是價差。

列文痛恨這套制度。專業經紀人和造市商像橋梁收費員一樣，把自己放在金流的中心，每次賺取幾分幾角，每年累積到幾十億美

元。這等於從努力存退休金的一般美國民眾身上，挖錢到這些金融菁英的口袋裡。

所以列文有個想法：投資人何不跳過這些中間人，直接互相交易？何不製作一個電腦程式，當委買單和委賣單的價格相符時，就能自動將它們拉在一起？

這個計畫其實就是把華爾街搬離華爾街。它很簡單，也是未來的趨勢。但聽過列文談論這個計畫的大亨都說，那行不通，甚至可說荒唐。

列文才不信他們那套。

· · ·

列文認真做的功課：熬夜苦讀電腦教科書和交易手冊，很快就有了回報。他十八歲生日後不久，通過了美國全國證券商協會（NASD）七級考試。這張執照讓他成為專業交易員，也可以擔任經紀經銷商——正是他鄙視的中間人（為了打敗這個制度，他必須先學習它的規則）。到了1987年，列文離開魯索，成立約書亞集團有限公司（Joshua Group Limited），當時他十九歲。

列文的辦公室極度精簡，只是曼哈頓市區華爾街車站中的一個私人信箱。他穿著T恤、網球鞋和牛仔褲，向幾十位半信半疑的華爾街主管暢談他的自動化電腦交易願景。他告訴他們，電腦能追蹤記錄委託單，取代大量文書工作，同時省下數百萬美元。不過他多半被笑聲送出裝潢豪華的辦公室，有時甚至連門都進不了。

但他一點一滴建立名聲，成為功力高超但收費低廉的程式設計師。邁進二十歲時，列文已經跟知名華爾街客戶建立起合作關係，

包括雷曼兄弟的前身協利證券（Shearson Lehman Hutton）、美國規模龐大的避險基金史坦哈特基金（Steinhardt Partners），以及最大的上櫃股票經銷商赫爾佐格・海涅・葛多爾德（Herzog Heine Geduld）等（上櫃股票指未在NYSE等主要交易所交易的股票）。此外，他還為王氏理財（Wang Financial）設計即時下載及顯示市場資訊的電腦介面「鯊魚市場連線」（Shark Marketlink），讓王氏理財以民間電話線路提供市場資料給理財人員。1980末，全美國有數百處辦公室使用這套軟體。

列文能爭取到這些客戶，說明他的程式設計功力有多強大，以及幾乎沒有人能跟他競爭。當時很少人相信電腦能在華爾街扮演重要角色，許多人覺得，電腦除了在螢幕上記錄或顯示股價之外，最多只能算是專家透過電話或面對面處理交易時的輔助工具。股票交易是人與人在悠閒午餐中做成的生意。

但列文不這麼想。

他曾經到匹茲堡的卡內基美侖大學修讀短期菁英電機工程學程，但他的工作實在太成功，所以很快就放棄。列文對學校反感並非因為他沒有企圖心或能力，只是因為他超越同學（通常還有老師）太多，根本不需要學位。如果他能做實際工作、賺到真金白銀，念書其實是浪費時間。列文的學校教育在1988年2月結束，當時他取得紐約州的高中同等學力證明。

他最優先的工作是為約書亞集團銷售軟體，另一項重要工作是為老虎管理公司（Tiger Management）撰寫程式的顧問。老虎管理公司是傳奇交易員朱利安・羅伯森（Julian Robertson）掌管的大型避險基金公司。列文撰寫的這個程式在老虎內部稱為JoshQuote，可

藉助電腦列印交易台和已完成交易上的股票價格。列文還設計了
JoshDOT，進行交易的券商可以使用這個程式，把委託單快速輸
入NYSE的委託單轉送及成交回報系統（DOT），這個系統會把委託
單以電子方式轉送給交易大廳裡的專業經紀人（諷刺的是，委託單
必須先交給打字員，由打字員用特殊設計的打字機打出交易。這套
系統一直沿用到2000年代中）。

列文不斷充實關於NYSE交易廳運作的知識，越發確定他正在
研究的這個機構還處在石器時代，這樣不可能長久。在交易大廳面
對面討價還價已經接近末日，他不知道末日是十年後還是三十年
後，但一定會到來。這個問題非常簡單。因為未來NYSE的股票交
易將會多到人類無法處理。1980年代，交易量因為經濟繁榮而一
飛沖天，繼續成長的機會非常大，人類最後一定應付不了。

然而，由多名交易員操作的電腦將可處理無限多的股票，遠比
某個叫威尼的人拚命將委託單抄在單子上，快速朝交易室比手勢快
得多。未來的趨勢是自動化，這點十分明顯。

列文還發現另一個問題：價差。他無法理解股票價格的價差為
何以⅛美元為單位（其實大多是¼美元）。為什麼不能跟美國其他
東西一樣以分計價呢？我們可以用2.45美元買玉米片，但沒辦法用
同樣的價格買股票。

這必須追溯到十八世紀，西班牙銀圓隨征服者來到美洲，成為
世界貨幣。西班牙商人通常把西班牙金幣（doubloon）分成八個來
支付，就是所謂的「八里亞爾」（pieces of eight）。美國股票交易時以
⅛美元為單位，是因為埃爾南多·柯提斯（Hernando Cortés）和法
蘭西斯科·皮薩羅（Francisco Pizarro）等征服者幾百年前就在南北

美洲打下了基礎。

列文覺得這個傳統不只過時,而且很賤。它刻意拉大價差,讓造市商和專業經紀人賺到過多利潤,就像汽車經銷商以三萬美元向福特買進一輛野馬,但只能賣三萬五千美元。依據華爾街數百年來的規定,另一家競爭業者想以三萬兩千五百美元賣同款野馬,是不允許的。這麼大的獲利相當於防鏽車體底漆,客戶不管想不想要都得付錢。

造市商當然自有一套理由。他們說,要以「分」來訂定他們交易的所有股票價格是不可能的,以「分數」來定價容易得多。列文則認為,電腦能輕易地以「分」來訂定股票價格。

那為什麼不改呢?

理由很簡單:貪婪。如果改成以分定價,受到影響的正是把持NYSE和納斯達克的經銷商和專業經紀人。他們或交易所考慮改以分計價的可能性絕對是0。

列文知道這樣的改變必須由外在力量促成。受影響的金額實在太龐大了,改變可能需要好幾年,但勢不可擋。當它真的成功時,經銷商和專業經紀人都將失去工作。

如果列文能想辦法讓它早點到來……那就更好了。

• • •

1987年,馬希勒離開魯索證券,掌管布魯克林小型經紀商「達提克證券」(Datek Securities)的交易部門。達提克和魯索一樣專門交易雞蛋水餃股,大型銀行經常忽視這類股票,但這家公司的創辦人艾隆・艾爾波根(Aaron Elbogen)想把版圖擴大到交易更熱絡的

納斯達克股票。艾爾波根是馬希勒在布魯克林區長大時的朋友，他問馬希勒有沒有興趣掌管達提克在曼哈頓市區的分公司，馬希勒同意了。1987年7月，他在百老街五十號成立公司，這棟馬蹄鐵型的大樓共有二十層，建造於1915年，鼠患嚴重，閒置多年之後顯得搖搖欲墜。但這個地點非常好，走幾步路就能到NYSE、高盛和摩根大通等重要據點

達提克於1971年成立，相當低調，每天為沒沒無名的客戶處理約一百筆交易，遠比馬希勒在第一澤西和魯索的繁重工作來得少。為了強化這家公司，馬希勒帶來一組經驗豐富、跟他合作多年的交易員。他們來到這家公司不久，達提克的交易量就開始衝高。馬希勒和這群不受羈絆的伙伴慢慢打出小型股的市場，開始每天完成數百筆甚至數千筆交易。

一切進行得十分順利。1987年夏末和秋天美國股市高漲時，馬希勒的進取戰術效果非常好。

後來災難降臨。1987年10月19日黑色星期一，美國股票史上最嚴重的單日崩盤來襲。達提克等券商交易的股票價格一落千丈，他們只能苟延殘喘。市場崩潰，馬希勒和其他交易員試圖挽救部位，不斷打電話給納斯達克經銷商拋售股票。但經銷商不願面對現實，不願意接電話。市場崩盤，損失難以想像。當天結束時，道瓊工業指數狂跌23%。

馬希勒和其他交易員一樣受到重擊，但沒有失去一切。但馬希勒有個商業伙伴——位於紐澤西州的經紀人哈維・霍特金（Harvey Houtkin）——就不是這樣了。

霍特金的公司「拉什摩爾證券」（Rushmore Securities）黑色星期

一時慘賠，損失兩百五十萬美元。霍特金的投資組合全滅，他問馬希勒，達提克是否應該出清手中剩餘持股，這麼做既徒勞無功，獲利又不多。馬希勒不願意放棄任何業務，所以答應了。

幾個月後重新站穩腳步後，霍特金告訴馬希勒，他發現納斯達克處理一般散戶投資人小額交易的系統有個怪異的漏洞。這套系統稱為「小額委託單執行系統」（SOES），允許小額投資人的經紀人透過電腦系統，直接把委託單投給造市商，不需要打電話。SOES是1985年建立的，剛開始很少人使用，造市商交易時大多透過電話或使用SelectNet電腦系統。SOES可以把買入價和賣出價顯示在螢幕上，同時讓交易員透過終端機上的視窗下單，相當類似原始的即時通訊系統。SelectNet雖然是在電腦網路上執行，但其實沒有進行交易，只是把買入價和賣出價傳送給真人造市商，以人工完成交易。

納斯達克經銷商在黑色星期一故意不接電話，引爆媒體大反彈。行內人士全身而退，一般投資人只能自求多福。為了避免話題延燒，納斯達克強制使用SOES。所有造市商買賣交易量最大的納斯達克股票，而且股數在1000股以下時，都必須以目前股價買賣股票。在SOES上，他們不能刻意忽略1000股的交易，轉而選擇高盛或摩根史坦利某人的交易。為了確定造市商不會跳過SOES，這套系統完全自動化，交易都在瞬間完成。

改良後的新SOES於1988年6月30日上線。1970年代霍特金就讀於柏魯克學院（Baruch College）時，曾經研究過納斯達克的電腦管道，他立刻就發現可以利用SOES牟利。納斯達克讓SOES自動化後，無意中打開了進入私人團體的後門。霍特金亟欲從黑色星

期一的重大損失翻身，因此鋌而走險。

馬希勒當然想參一腳，霍特金給了他獨門消息。他先告訴馬希勒，他需要一部配備納斯達克二級工作站軟體的電腦，以便直接連接SOES，二級只是代表它能取得造市商的最佳股價。這部電腦可監控微軟等某一檔股票的活動，列出各造市商的微軟股票買入價和賣出價，並隨時追蹤其變化。

納斯達克的股票通常有十多家造市商競逐買賣，這些造市商透過二級工作站，以人工輸入委託單，有些委託單速度較快、有些較慢。霍特金告訴馬希勒，在SOES上，有機會能利用步驟間的短暫延遲賺錢。

股市開始變動時（例如微軟的賣出價從50美元跳到50¾美元，而買進價則由49¾跳到50¼美元），某些造市商可能跟不上腳步，依然設定以50美元賣出。

因此有一段短暫的時間，有現成的錢等你去賺。某家造市商以50美元賣出微軟，另一家則以50¼美元買進。霍特金只要按幾個鍵，就能以每股50美元向慢半拍的造市商搶進1000股微軟，幾秒鐘後再以50¼美元脫手賣出，立刻賺進每股0.25美元，1000股總計就是250美元。

如此不斷反覆下去。每天幾十次這樣的交易，就可累積成大錢。因為這類交易通常是1000股，所以數字相當可觀。以每股50美元而言，1000股微軟就是5萬美元。

霍特金自己不知道，但他其實是在模仿源自芝加哥期貨交易大廳的**倒賣**策略。這個策略在許多方面，和納斯達克造市商採用的價差抓取策略相同，差別在於造市商是買進再賣出給一般投資人，霍

特金這類倒賣商則是**讓造市商賺不到錢**。

霍特金知道自己發現了金礦。這類有現成錢可賺的狀況在華爾街其實很少出現，但SOES上確實有一個，而且一再出現，**一整天、每天都有**。馬希勒當然超愛這種狀況。

納斯達克造市商則是恨死這種狀況。霍特金獲利250美元，就代表他們損失250美元，因為他們原本能以較高的價格賣出或以較低的價格買進。SOES迫使造市商必須更注意自己買賣的股票。這很不容易，因為他們同一時間處理的股票經常超過二十到三十檔。沒有精密的電腦系統，要隨時注意所有股票幾乎是不可能的。霍特金和馬希勒只能注意幾檔股票和反覆操作。造市商遭到冒犯、扒竊，開始稱呼霍特金和馬希勒為「SOES盜賊」。

這個手法起先稱為「盯螢幕」（Tube Watching），源自以往觀看行情顯示器的行為──交易員整天盯著電腦螢幕看的怪異景象。1988年底，霍特金向《巴隆週刊》（*Barron's*）記者湯瑪斯·唐蘭（Thomas Donlan）表示：「跟這個比較起來，紐約的行情顯示器⑥簡直就像昨天的舊報紙。」

唐蘭預見SOES交易遠不只是新型交易，它是「科技逐漸以機械化市場取代交易所、專業經紀人和經銷商的重大轉變。交易不再以互相信賴和良好關係為基礎，而可能由未曾謀面的交易員依據非人性的貪慾執行」。

納斯達克大咖發現這些盜賊的行為時，大感震驚。納斯達克當時已經規定，有執照的經紀經銷商不能使用這套系統代表自己交易，只能用來執行客戶的委託單。一般投資人不會先買進1000股微軟，幾分鐘（甚至幾秒鐘）後立刻賣掉。

　　但霍特金又發現另一個漏洞。他的公司在黑色星期一垮掉之後，他已經不是經紀商，只能以個人投資者身分交易，這正好符合SOES的規定。由於他的交易技巧十分高超，所以能把SOES用得出神入化，就像小提琴家用史特拉第瓦里名琴演奏一樣。

　　另一方面，馬希勒也開始使用SOES進行交易，而且遠比霍特金凶猛得多。他不需要細膩地假裝一般投資人，他只是撇開規則，放手去做，而且很快就教會達提克的團隊SOES的遊戲規則。

　　馬希勒開始這麼做之後，在華爾街樹立的敵人越來越多，包括霍特金。兩人很快就在SOES戰場上爭奪主導權，最後落敗的霍特金曾經告訴《紐約時報》記者，對馬希勒而言「規則不是規則」，他「毫不墨守成規，在他手下，達提克完全在金融業底部運作」。

　　另一場更大的爭鬥即將發生。遍布全美國的造市商聯盟控制下的納斯達克，開始準備進行一場長達十年以上的戰爭。SOES盜賊將遭到重大打擊，而且毫不意外：他們將遭遇華爾街扎根最深的勢力，他們在華爾街被視為害蟲，逐步啃食造市商的獲利，這正是納斯達克的命脈。

　　第一波攻擊幾乎立刻就開始展開。NASD（納斯達克主管機關）在1988年寄給美國證券交易委員會的信件中表示：「下單券商和客戶的行為可能嚴重影響SOES的生存……NASD認為，這些交易行為正逐漸影響體制的公正性。」

　　雙方正式開戰。

• • •

　　儘管馬希勒手下的達提克交易員非常熟悉SOES，但跟霍特金

等功力高超的競爭者相比，優勢不大。列文開始研究達提克的交易系統之後，情勢很快就改觀了。

列文還在魯索工作和自己接案，但他聽說達提克已經開始使用自動化交易系統之後，就立刻開始研究達提克在百老街50號的營運。雖然他一開始不知道SOES的細節，但很快就弄清楚了，而且相當欣賞。達提克的游擊交易員，逐步侵蝕這些貪心的肥貓行內人士的獲利。這樣真的很美，充分說明了科技能怎麼改變根深柢固的菁英人士的基礎，把權力轉移給更聰明、速度更快的對手。

達提克裡比較年長的交易員，起先不知道該怎麼看待這位不起眼的娃娃臉程式設計師列文。他們對電腦唯一的了解，是小孩花太多時間在電動玩具場玩小精靈和隕石大戰。不久之後，他們就對列文感到敬畏。他能在幾分鐘內解決電腦問題，或是調整幾下就能大大提升系統速度。每個認識他的人都覺得他是無師自通的天才，談話時永遠超前他們三步，並提出簡單的解決方法來處理最棘手的問題。

奇怪的是，列文在達提克裡是叛逆的局外人。他跟他們一樣，對那些衣著講究、主導華爾街的銀行職員沒什麼好感。他找到了一個家，身心兩方面都安頓下來。馬希勒跟列文合作初期，讓列文住在他位於布魯克林區的公寓，交換他的科技才能。

兩人合作可說如虎添翼。馬希勒不擇手段的交易員部隊，加上列文單純的科學天分，很快就把達提克變成強大的游擊交易機器，直指華爾街的核心。他們將一起對抗把持大部分市場的強大金融團隊以及大型銀行，例如高盛和摩根史坦利等。列文以電腦主控市場的願景將逼退真人交易員，讓每個人都能進入市場。

　　但多年之後，這種方式的後果在極度扭曲之下，將形成遠比列文當初所能想像更黑暗、更偷偷摸摸的市場。這個市場充斥各種神祕演算法、黑盒子、暗池、超大型電腦中心，程式設計師在十一分之一秒內算計交易。這個市場無比混亂、複雜又變化莫測，連波迪克這麼優秀的交易員都斷定，整個系統都遭到把持。

注釋

1 Joshua levine darted up Wall street：雖然我從沒見過約書亞‧列文，也沒跟他講過話，但我跟他通過幾十封電子郵件，他在郵件中提供許多關於創立孤島的資料。此外我訪問過幾十名曾經在達提克、孤島和其他券商跟他共事過的同事，包括約書亞集團的麥克唐納‧康姆瑞（McDonald Comrie），以及創辦孤島時大力協助他的彼得‧史坦。

2 〔編註〕麥可‧路易士是知名財經記者暨作家，有多本著作，早年關於股市的著作有《老千騙局》（*Liar's Poker*），近年的則有《快閃大對決》（*Flash Boys*），後者也是談交易機器人在股市中引起的現象。戈登‧蓋可是電影《華爾街》中由麥可‧道格拉斯飾演的主角。

3 Heading west toward Trinity Church：我在這裡厚臉皮地提到麥可‧路易士的《老千騙局》。大約同一時間，路易士在這個場景中首先到達所羅門兄弟，然後在華爾街上閒晃。

4 〔譯註〕上東城是奢華階級住宅區。

5 Maschler had recently left a nationwide brokerage：關於馬希勒早年職業生涯的幾個細節，是訪問曾於1970和1980年代跟他共事的同事得知的。關於他的事業的某些細節以及傑夫‧席特龍和列文的資料，則取自 "Golden Boy? He's Dazzled Wall Street, but the Ghosts of His Company May Haunt His Future," by David Barboza, *New York Times Magazine*, May 10, 1998。

6 "Compared to this, the New York ticker tape."："Terrors of the Tube—Computerized Traders vs. Market Makers," by Thomas G. Donlan, *Barron's*, November 7, 1988。

6 催生當沖客國度的「觀察者」程式

The Watcher

　　列文得知「小額委託單執行系統」（SOES）交易後不久，就開始在百老街50號達提克的全職工作。當時是1980年代末，他擔任自由顧問的約書亞集團同時執行七個專案，為NYSE的券商、雷曼兄弟等銀行，以及老虎管理公司等避險基金撰寫程式。列文對交易的執著成了馬希勒的助力，當時馬希勒捲入一場對抗納斯達克的全面戰爭，這名咬著雪茄的強壯交易員了解，遍布全美國的納斯達克造市商大軍絕對不會認輸，這場殘酷對戰將會持續多年。

　　馬希勒已經招募一群企圖心旺盛的年輕交易員，他們只有一個目標：像機器一樣整天執行SOES交易。他需要新血，需要耐力充沛、願意整天坐在終端機前不離開、張大眼睛、飢渴地由怠惰的造市商身上套利的人馬，就像屏氣凝神、緊盯目標的狙擊手。

　　傑夫·席特龍（Jeff Citron）是他找來的第一批人之一，剛從高中畢業，擁有馬希勒希望交易員具備的一切特質：實戰頭腦、聰明，而且強烈想要快速致富。席特龍頂著一頭黃棕色頭髮，來自史泰登島，個性自負，1988年7月5日開始在達提克擔任全職職員，當時他才十八歲，年收入兩萬五千美元。最初他的工作只是煮咖啡、拆信和跑腿，但他一直纏著馬希勒讓他試試交易身手。馬希勒手下其

他交易員大多相當優秀，都是1970年代市場不景氣時到華爾街初試身手，一直存活到現在。但他們都很頭痛華爾街最熱門的新交易工具：桌上型電腦。

瘦瘦高高、髮長披肩的青少年席特龍，代表新一代的交易員：電子遊戲玩家。馬希勒訓練得非常認真：他教席特龍如何留意手腳緩慢的造市商、如何趁著隔夜新聞使股市一開盤就飛漲的機會快速行動。馬希勒非常擅長觀察造市商的報價，常說他看得出螢幕另一端的人剛好去尿尿，因為他的報價都沒變。

但最後連馬希勒都比不過席特龍。

• • •

有一天上午，席特龍坐在①終端機前一邊撇著嘴笑、一邊搓著雙手，像個餓壞的饞鬼盯著美味羊排一樣。達提克的其他交易員嫉妒地看著，他們知道他找到獵物了。

當時剛剛開盤。席特龍像運動員一樣正在伸展頸部肌肉，準備行動。這是他最喜歡的小技巧，是馬希勒教他的。交易開始之前，他已經搜尋過一開盤就會大漲的股票。造成這種狀況的原因很多，包括《華爾街日報》上的大新聞，或是道聽塗說的流言等。席特龍不在意細節，只想知道這檔股票是否會漲，以及誰不知道這件事。

席特龍發現了一個目標——有一檔股票在早盤時應該會上漲大約兩美元。他的下一步是尋找沒注意到這點，或是上班途中碰到塞車、還沒更新昨天尾盤報價的經銷商。

股市一開盤，席特龍馬上行動。他使用SOES向報價沒變的造市商買進1000股，幾秒鐘後，再反過來以高出2美元的新股價賣

出股票，每次交易立刻賺到2000美元，再扣除佣金。

當天上午在這家造市商更改報價前，席特龍反覆這樣交易了大約90次，扣除手續費後，總共獲利超過15萬美元。那家造市商當然剛以超低的價格賣出一大筆股票，帳面損失超過15萬美元。

席特龍完全不可憐這家造市商。他本來就該抵達辦公室，坐在終端機前，才貼出報價。

報價就是報價。

交易結束後，席特龍關掉終端機站起來，離開辦公室，臉上燦笑著。當天稍晚他回辦公室時，開了台嶄新的賓士500SL敞篷跑車停在辦公室前。

· · ·

在席特龍這類交易員的瘋狂行動主導下，達提克很快成為全華爾街最大的SOES用戶，遠遠超過霍特金的部門。馬希勒和達提克的交易員團隊持續挑戰SOES的極限，因此成為納斯達克造市商的首要大敵。

怨恨的造市商體認到，達提克已經明顯違反華爾街物競天擇的不成文標準。這是發自內心的，而且有時相當殘酷。

傑瑞‧羅森（Jerry Rosen）就是個例子②。他是范德堡證券（Vanderbilt Securities）的造市商，這家公司就在達提克對面，百老街43號。羅森很清楚馬希勒的各種伎倆。馬希勒會不擇手段取得委託單。羅森認為，馬希勒毫不在乎其他造市商，在SOES上利用他們不屑一顧的1000股委託單，破壞所有人的遊戲規則。1970年代，馬希勒在澤西市成為嶄露頭角的雞蛋水餃股經銷商時，他就

認識馬希勒了。羅森在范德堡的老闆是莫提‧坎特羅維茲（Morty Kantrowitz），是協助馬希勒在華爾街立足的老將。

老闆和馬希勒的關係讓羅森感到恐慌。達提克的交易員彷彿知道他的部位。這很不可思議。達提克經常鎖定他正在交易的股票，侵蝕他的獲利。

羅森相信，馬希勒握有內線消息，知道他持有的部位，而且刻意攻擊他的股票。這顯然是針對個人。後來有一天上午，羅森正想出脫飛船國際（Airship International）的大量部位，這家公司的主要業務是小型飛船展示廣告。突然間，達提克下了一張比羅森低0.25美元的委賣單，只賣出1000股。這代表羅森必須以更低的價格才賣得出去。

他被SOES了。

羅森大為光火。

這筆交易出現在他的二級工作站時，他大喊：「混蛋！」之後衝出辦公室，跑過百老街，再走上幾段階梯。達提克公司大門開著，羅森怒氣沖沖地走了進去。

「你又婊我，我要宰了你！」他走過坐在桌前的馬希勒身邊，一面這樣大喊，一面衝向達提克交易員弗雷迪‧巴爾比（Freddy Balbi）。

馬希勒抓起一把拆信刀。羅森靠近巴爾比時，馬希勒衝了過去，用拆信刀捅向羅森的肩膀。羅森痛得大喊，血從他的外套流下。他雖然受傷，但覺得很幸運，因為馬希勒沒有捅向他的心臟。羅森後來總跟別人說：「那個肥仔想殺了我。」

他通報警方，馬希勒遭到逮捕後被帶到附近的警局。羅森本

來想提告,但他的老闆,也是馬希勒的老友坎特羅維茲,要他稍安勿躁。所以羅森想了個計畫。他約馬希勒在布魯克林一家大眾餐廳見面。

羅森對馬希勒說:「薛利,想息事寧人就賠償我五萬美元。否則我就提告。」

羅森不知道馬希勒已經偷偷錄音。碰面之後,馬希勒告訴羅森,如果他提告,他就反告他敲詐,還說他已經錄音了。

羅森後來沒有提告。

• • •

馬希勒顯然體認到他捅了馬蜂窩。或許是為了躲避羅森同路人的進一步動作,1990年,他把達提克的交易部門移到自己家裡:史泰登島中央破舊的社區哈特蘭村的凱利大道182號。他想盡量低調,但絲毫不打算放慢腳步。

馬希勒把公司設在地下室,這個潮濕又低矮的空間裡塞了幾張折疊牌桌、幾張灰撲撲的沙發,還有一隻大狗。一樓設了個辦公室給他的得力手下麥可・馬卡提(Mike McCarty)。馬卡提負責達提克的帳務,是可怕的馬希勒命令執行者,脾氣火爆,只要任何交易員沒有盡全力工作,他就會爆發。辦公室傳說指出,馬卡提有一次抓住達提克某個交易員的頭髮,把他拖離座位,活生生穿過交易室,丟出門外。交易員都知道絕對千萬不能惹火馬卡提。

列文留在百老街50號,偶爾從下曼哈頓坐很久的史泰登島渡輪前往馬希勒的家,修理達提克的電腦。他透過馬希勒家的衛星天線駁進標準普爾(Standard & Poor)的服務,幫交易員取得最新消息。

他跟馬希勒第一樁真正的商業交易，是一家呼叫器公司。當時呼叫器雖然已經被掌上型電腦和電話擠進歷史的資源回收筒，但在1980年代，呼叫器還是電腦科技的最尖端，能傳遞各種資訊給機主。馬希勒曾經投資一家推送運動比數給呼叫器的公司，但後來跟合作夥伴拆夥。他決定自己成立運動呼叫器公司，並且找來列文和席特龍撰寫電腦程式，讓他們擁有公司所有權。列文撰寫後端發送程式，席特龍負責收費系統。這家公司稱為「運動盒子」（Sports Box Inc.），位於百老街50號，後來成為全美國最大的運動呼叫器公司。

　　但列文處理達提克交易系統的時間越來越多。他的工作時間開始變長，通常是在公寓或百老街50號狹小的辦公室裡徹夜工作，在閃爍的終端機前打瞌睡，努力把看來像騙錢的當沖交易公司帶進資訊時代。

　　席特龍這些交易員挑戰SOES的極限，大幅提高交易量，為公司帶來重大進展。這麼大的交易量造成不少後勤壓力。每天收盤之後，達提克的交易員必須在紙上記錄所有行動，算出自己總共賺了多少錢，每筆交易都記錄在納斯達克二級工作站列印出來的資料上，所以他們經常必須在好幾百頁文件中找來找去。

　　為了簡化流程，列文開始製作系統，讓電腦在納斯達克二級工作站的交易「記事簿」（也就是交易紀錄）搜尋相關資料，並把資料輸入程式，接著這個程式會自動追蹤每個交易員的獲利和損失。他曾經為老虎和NYSE等公司撰寫過類似程式。問題是，要怎麼把資料從二級工作站輸出到桌上型電腦呢？

　　列文很快就想到一個點子。何不把訊號從工作站的印表機纜線傳給個人電腦？接下來他們只要寫個程式轉譯訊號，篩選出相關資

訊，再記錄下來就好。

嘗試幾個星期後，列文寫出專門做這件事的程式，命名為「觀察者」（Watcher）。

• • •

1990年「觀察者」剛剛完成時，只是自動化股票投資組合管理系統，它能追蹤（或「觀察」）交易員的委託單和部位，同時計算交易員賺了多少錢。在1980年代末和1990年代初的黑暗時代，這項工作大多必須依靠管理部門職員。列文把達提克的委託單管理系統自動化，讓交易員能在電腦螢幕上看到自己究竟是贏是輸。

但列文不斷改良這套系統，結果觀察者從被動的委託單追蹤系統，逐漸演化成先進的交易機器，超越大多數華爾街的精密系統。接收委託單資訊的電腦變成交易平台的「前端」，就像控制交易在市場管道中行進的方向盤。交易員不需要透過緩慢笨重的二級工作站人工輸入委託單，而可以透過觀察者程式，使用列文設計的鍵盤快速鍵買賣股票。他們只要看一眼就能觀察多檔股票，從買進價和賣出價的變化，判斷某檔股票接下來會上漲或下跌。列文優異的程式設計提升了系統速度，讓達提克的交易員能比其他人更早預見市場變化。這套系統兼具彈性與速度──而且協助我們獲得另一項更具革命性的進展。

由於有列文強大的程式設計能力，「觀察者」大幅超越造市商使用的二級工作站，讓達提克交易員得以全面了解市場上的委託單流量，下單速度也比其他人快上許多。股票市場因此全面改觀。如同《富比世》（Forbes）二十年後說的，「觀察者」問世後，「當沖客

的國度就此誕生③」。

• • •

　　但列文的目標不只是讓大眾也能進行當日沖銷交易。自從在達提克工作並且進一步了解市場運作機制，他就有了個被華爾街視為異端邪說的想法：他想運用電腦的力量，讓每一個人都能免費交易股票。

　　這個想法十分驚人。為了實現這個想法，列文全心沉浸在市場結構的學術研究中，這個新領域發源於1970和1980年代，當時金融教授正在研究市場運作的嶄新方法，同時思考如何讓市場更有效率。這些文獻往往相當複雜、難以理解、充斥晦澀難解的術語和困難的方程式，列文卻樂在其中。

　　讓他印象最深刻的書，是紐約大學伯魯克分校金融教授羅伯・史瓦茲（Robert Schwartz）的《再造股權市場：1990年代指南》（*Reshaping the Equity Markets: A Guide for the 1990s*）。史瓦茲深入研究美國以及從東京到多倫多的各地市場，給列文帶來不少啟示。他知道了早年建立電子市場的努力，例如在1977年，多倫多股票交易開始使用全球第一套全自動化電子交易系統——電腦輔助交易系統（CATS）。歐洲和日本的市場也在嘗試電子交易。當然，這些市場的規模或複雜程度都遠遠比不上美國股市，列文選擇的戰場依然是真人的天下。

　　列文在史瓦茲的書上，頭一次看到以理論性的抽象角度研究市場。唯一的問題是，他不完全同意史瓦茲的觀點。在電腦化交易方面，史瓦茲認為，雖然電腦的優點是「委託單能以電子方式快速傳

輪和執行」，但缺點是「快速如果不妥善控管，也可能帶來不利的結果」。如果「放慢事情的步調」，投資人可能獲利更佳。

對列文而言，那是胡扯。放慢交易速度是納斯達克造市商不想承認自己的報價、想要反悔時的慣用伎倆。列文的理想交易空間，主要目標之一就是快速。越快越好。快速能讓造市商不得不誠實，也能使市場上每一刻的檔位更透明。從直覺判斷，列文相信能見度越高越好。在社會上，這是理想主義者和夢想家的願景，但在華爾街，這根本是痴人說夢。

但這個瘋狂的點子很快就從列文心裡擴散到全美國，接著再擴散到全世界。的確，列文的電腦系統掀起的自由資訊洪流，將使達提克成為1990年代當沖交易爆炸的中心點。更多散戶投資人使用「觀察者」等軟體，透過網際網路進入市場，帶動當日沖銷一飛沖天。即將撼動美國股市根本的達康狂熱即將成形，列文就處於這股熱潮的中心。

當然，馬希勒完全不在意大眾，也不想使交易免費。他的目標非常簡單：盡可能不擇手段地快速賺到錢。為了充分運用新的電腦武器，馬希勒雇用更多年輕交易員，通常是來自史泰登島的年輕人，剛從高中畢業，完全沒有交易經驗。這成為馬希勒的註冊商標：從街上找來不可能成為頂尖人物，但正在努力求生的年輕人，教他們如何賺錢，讓他們有錢，使他們忠心耿耿。

跟達提克長期合作的會計師摩伊西‧澤爾瑟（Moishe Zelcer）回憶：「薛利從史泰登島找來了一大群人。他扮演父親。他很會發掘才能。即使正當時運不濟，只要他發現才能，就會好好運用。他們對他死心塌地。忠心是至高無上的原則。」

注釋

1 one morning, Citron was sitting：這個故事由達提克證券交易團隊成員提供。

2 Take Jerry Rosen：我跟羅森談過這個事件數次,現在他在佛羅里達州擔任房地產經紀人。

3 "a nation of day traders was born"："Wall Street's Speed War," by Christopher Steiner, *Forbes*, September 27, 2010.

7 「怪獸金鑰」
直通委託單佇列最前端

Monster Key

有一天，在薛利・馬希勒家的地下室——達提克的新營運中樞——一名史泰登島交易員喬・卡馬拉塔（Joe Cammarata）和另一位交易員說好互相比賽，看誰先以24美元買進1000股蘋果股票。卡馬拉塔立刻把委託單送進系統，但不小心在他的「觀察者」交易程式中輸入錯誤的股票符號。另一名交易員先馳得點，買進幾百股。卡馬拉塔沮喪之餘，另外下了以28美元買進蘋果股票的委託單。這張委託單立刻以24美元成交，讓他順利擊敗另一名交易員。

這件事令人大惑不解。卡馬拉塔想，照理說這筆交易應該不可能成交。他打電話給納斯達克的窗口，說明這個狀況。窗口解釋，28美元的委買單之所以先成交，是因為它有價格時間優先（price-time priority）協定。輸入納斯達克委託系統的所有委託單都有個時間戳記（time stamp），規範價格相同的委託單的優先順序。委託單時間越早、順序越優先。然而價格較好的委託單即使下單時間較晚，也會跳到最前端。此外由於另一位造市商願意以24美元賣出，因此卡馬拉塔就以這個價格成交。

卡馬拉塔腦中靈光一閃。他想到他可以利用委託系統中的最佳

價格,來立即買進或賣出股票。他再下了一張以每股50美元買進蘋果的委託單,希望單子能跳到佇列最前端,但單子被拒絕了。他又打電話給納斯達克的窗口,這次得知價格必須比系統中的最高買進價高20%以內、或是比最低賣出價低20%以內才有效。

卡馬拉塔無意間發現了SOES中不為人知的漏洞:**價格優於時間**。如果他想超越某個買進價或賣出價,只要輸入比它高或低20%的價格,就能立刻成交。如果某家造市商下單以每股24美元買進蘋果,再以24¼美元賣出蘋果,這是典型的¼點價差,而卡馬拉塔想買進的話,他就會以比24美元高20%的價格買進1000股,大約是29美元。如果他想賣出,就會以19⅛美元賣出,大約比原本賣出價低20%。

這種方式的優點很簡單:在SOES中,對同一支股票提出相同的買進價和賣出價的交易員會排在佇列中,最先下單的券商可以成交。卡馬拉塔發現了直接跳到佇列最前端的方法,提出離譜的買進價,但**仍然以最佳價格成交**。他可用高出現價許多的29美元掛進蘋果股票,但最後以24美元成交。

為了把這個過程自動化,他製作了鍵盤快速鍵,以便立即跳到佇列最前端。幾星期後,他已經勝過達提克所有交易員。有些交易員甚至懷疑他作弊。但他對這個快速成交祕訣一直保密到家。最後,另一位交易員發現他的把戲,卡馬拉塔決定把這個技巧告訴列文。

1990年代最強大的股票交易工具「怪獸金鑰」(Monster Key)就此問世。列文在「觀察者」中製作這個程式,讓交易員能在SOES中像機關槍一樣大量下單。交易員若發現想立刻完成的交易,只要輸入委託單,再叫出Monster Key就好。卡馬拉塔原本得自己估算

20%的差異，但Monster Key程式會以演算法自動計算價格。

有了Monster Key，交易員可使用「觀察者」以前所未有的速度買賣股票。交易員只要在「觀察者」中敲進一個符號，再按Shift加B，就能買進1000股，或是按Shift加S賣出1000股。按鍵背後的演算法，可以自動算出提高或降低20%的價格。

Monster Key是歷史極為悠久的交易演算法，後來這些數位武器在虛擬世界中不斷增加，也把許多精密技術帶進電腦科學。Monster Key可能十分危險，導致魯莽的交易員損失大筆資金。然而，優秀的交易員則可藉此攫取大筆利潤。

許多交易演算法後來陸續誕生。列文設計了炸彈（Bombs），接著又設計超級炸彈（SuperBombs）。從這些演算法出發，其後十年的演算法戰爭中又陸續出現游擊隊（Guerilla）、祕密行動（Stealth）和狙擊手（Sniper）等高科技演算法。

當時列文不需要擔憂競爭者。他領先其他人一大截，早在許多人還不知道時就加入了這個遊戲。Monster Key雖然簡陋，但當時已經算是威力強大。席特龍、卡馬拉塔和達提克其他交易員開始在SOES上賺到大筆獲利。1996年參與設立達提克線上（Datek Online）的彼得・史坦（Peter Stern）表示，使用Monster Key時，「可以讓來自貧民區的高中退學生，在一個月後變成百萬富翁」。達提克線上是達提克專供當沖客交易的低收費經紀商。

• • •

列文、席特龍和馬希勒在達提克建立的游擊交易部門有個重大問題。納斯達克設計SOES的對象是個別投資人，而不是專業交易

員。為了讓達提克的委託單看來似乎來自一般投資人，馬希勒為公司建立代理帳戶（nominee account），並向代理人取得小筆投資。達提克承諾給予代理人固定的投資報酬率，例如12％。每個交易日結束時，達提克會把SOES委託單指定給代理人帳戶，超過固定報酬率的獲利就歸給公司，也就是達提克自己。

很快地，達提克所有員工都把親朋好友找來開戶。這個錢賺得很輕鬆，真的太輕鬆了。有個人還記得席特龍告訴他，達提克保證每年獲利30％。達提克實際上已經成為擁有數百名小額投資人的仿避險基金（後來著手調查達提克的美國證交會官員指出，這些投資人包括住在紐約皇后區的老奶奶）。問題是，SOES的使用對象不是避險基金，而且有嚴格規定禁止這類濫用行為。馬希勒毫不在乎。在他眼中，納斯達克本來就很腐敗，他這麼做只是剛好而已。

達提克的代理人制度要能發揮作用，必須克服一些技術障礙。由於每個交易都有時間戳記，標記交易何時執行，所以很難反過來把交易指定給客戶帳戶。起初交易員必須以人工把時間戳記時鐘轉回交易發生的時間，標上客戶的姓名。

達提克使用「觀察者」和Monster Key等創新工具，交易量大增時，這個程序顯得太過繁瑣。為了解決這個問題，列文設計了自動化電腦系統「線路」（Wire），把交易分配給代理人帳戶，同時標上時間戳記，超過固定報酬率的獲利直接轉入達提克的帳戶。

馬希勒等人還有其他問題需要處理，包括納斯達克造市商、以及納斯達克本身的反彈越來越大。

• • •

「你在威脅我嗎？」明尼亞波里斯投資銀行派普・傑福瑞（Piper Jaffray）的造市商彼得喊道。

他正在跟馬希勒講電話。馬希勒在抱怨彼得對一筆只有五股的交易處理不當。

馬希勒吼道：「你是什麼意思？我在威脅你？我已經威脅過你了，你這個愚蠢的明尼亞波里斯混蛋！」

馬希勒厭惡地重重摔下電話。又有一個造市商拒絕他提出的股票交易。

達提克的交易員越來越常遭遇這類問題。由於NASD的限制，交易員每天可在SOES下單的數量有限，因此部分交易必須移到SelectNet上進行。SelectNet是納斯達克營運的系統，讓交易員在二級工作站上的視窗下單。

由於SelectNet沒有自動化，因此造市商有機會選擇。他們可以忽略交易或是拒絕交易（依據法令，如果此交易是市場上的最佳價格，造市商必須完成交易，但納斯達克造市商不一定遵循法令）。更糟的是，在SOES之外，造市商依照本身報價完成交易的義務只有一百股。

因此達提克的交易員在SelectNet下單委託買進一檔股票後，越來越常生氣地看著委託單遭到忽視，莫可奈何。他們抄起電話問造市商，全世界都看得到買進價就掛在螢幕上，他們為什麼不賣出時，造市商往往回答：「一百股，已經賣一百股了。」意思是經銷商已經賣了一百股，報價已經作廢──這可能只是託詞。

達提克的交易員很清楚他們被呼嚨了，經常因此發生衝突，就像馬希勒對彼得大發雷霆一樣。

馬希勒知道NASD想執行規定時就會認真執行。管理當局越來越把達提克當成目標。1991年，NASD重罰達提克一萬美元，同時判決馬希勒個人違反SOES規則，罰款五萬美元。1993年5月，NASD罰馬希勒五千美元，同時禁止交易一天，罰款的罪名是「言語粗魯無禮」。在一個從來不以言詞高雅聞名的業界，這個罪名相當匪夷所思。NASD的說法並未明確提出對話例證，但堆砌了許多形容詞批評這些言語「故意」、「鉅細靡遺而且沒完沒了」、「滿口髒話」、「粗俗、汙穢又噁心」。

馬希勒為自己辯護時表示，這些言詞都出於對交易的爭執。他主張自己有言論自由，而且每個人都會這樣。他對《華爾街日報》（The Wall Street Journal）表示：「交易員沒有哪句話不帶髒字的。」

還有更嚴重的指控。1993年，NASD發現達提克把SOES委託單分配到不同的交易帳戶，以規避SOES的限制。NASD處分馬希勒和整個史泰登島分公司暫停執行NASD交易六個月。

在答辯會上，馬希勒對主管機關極端無禮。有一天，他穿著海灘褲和T恤出席，T恤上寫著「納斯達克爛透了」。審查員非常生氣，把他趕出答辯會，要他隔天穿其他衣服來。馬希勒照辦了——他穿來寫著「納斯達克爛透了」的T恤，但顏色不一樣。

主管機關很快就來到馬希勒雜亂的辦公室。有一天，對達提克而言市場上很普通的一天，每個交易員都在馬希勒家的地下室盯著自己的「觀察者」，每個人都穿著標準工作服：寬鬆的短褲、T恤、網球鞋或脫鞋。突然間，他們都發現房間裡出現奇怪的東西：兩個穿著俐落西裝的人出現在樓梯間門口。

馬希勒像手榴彈一樣爆了開來。

他從椅子上跳起來，用手上的馬卡努多雪茄指著：「幹……你們是誰！」

一個穿西裝的說：「我們是證交會的，要找薛爾登·馬希勒。」

「幹！是誰讓你們進來的！」

「門沒關。」

「如果我的石門水庫沒關，你們也要幫我吸嗎？」

達提克的交易員都在座位上不動，拚命忍著笑。

馬希勒大吼：「現在給我上樓他——媽——的按門鈴！」

證交會人員乖乖回頭上樓，按了門鈴。馬希勒按下對講機按鈕。

他平靜地說：「喂，哪位？」

對講機安靜了一下，接著傳來：「我們是證交會。」

「請下樓！」

馬希勒親切地招呼他們，滿臉微笑，展現友好風度。他拿著馬卡努多雪茄，把煙噴到他們臉上，說：「你看，這樣不是好多了嗎？」

• • •

1994年，達提克還在成長時，馬希勒結束地下室裡的部門，搬回百老街50號。他知道他跟SOES的對抗逐漸白熱化，最好進駐活動的中心，同時盡可能接近列文。他在十樓辦公室設立公司，跟程式設計人員在同一條走廊上。不久之後，列文寧靜的研究實驗室就變成吵鬧的聚會所。他的辦公室擁擠又狹小，裡面塞滿電腦設備，抹上一層砂礫的小窗戶正對著百老街，層架從上到下擺滿整個牆面。架子塞著二十多部閃爍的電腦螢幕，顯示著一排排發出亮光的數字。一卷卷的纜線、網路線和電源線四處延伸，通往地板上、

牆上和天花板的怪異開口，有時直接消失在一堆堆垃圾中。

到處是垃圾。架子上、桌上、放在電腦上，大部分當然都在地上，地板本身也是垃圾。擺很久的糖果條、蘋果核、黑掉的橘子皮、咖啡渣。一疊疊《大眾電子》（*Popular Electronics*）和《投資者商業日報》（*Investors Business Daily*）。示波器、牛奶盒、快喝完的可樂保特瓶。還有電腦鍵盤，有幾個已經壞了。一隻名叫喬治的十八英寸蜥蜴坐在龐大的空調飼養箱裡。到處是東西，所以辦公室門通常沒辦法關。空間真的很小，所以列文通常站著，在連接戴爾桌上型電腦的幾把鍵盤上瘋狂打著字。

辦公室十分混亂，但對列文而言一切都有條不紊。如果有人問某個文件或研究報告在哪，他會把手伸進某個看來都一樣的垃圾堆，信心滿滿地掏出那個物品。

列文的巢穴外面是另一種幾乎無法控制的混亂：達提克的交易室。持續不斷的咔啦咔啦聲，加上反覆不停的咒罵聲。幾十名達提克的當沖交易員坐在長牌桌前，一臉緊張地盯著電腦螢幕，看著「觀察者」、敲著鍵盤：咔啦咔啦咔啦，一面大喊、咒罵、叫著：「快看微軟！」或者：「快看英特爾！」或是：「快看他媽的蘋果！」

有些時候，房間裡又一片死寂，交易員似乎都被不斷變化的螢幕催眠了，打破寂靜只有敲鍵盤的咔啦聲，以及老鼠被地上的黏鼠板黏住時發出的尖叫。香菸和雪茄的煙盤旋在交易室的天花板，慢慢流近列文排滿電腦的洞穴，一直擾亂著他（因為他不抽菸）。這群人一直在爭鬥，但他們飢渴、年輕，工作又認真。這些經驗豐富的交易員帶著新人練習，告訴他們何時出價、何時應該等待，市場對他們不利時何時要趕快出場。他們藉助 Monster Key 提出的「觀

察者」委託單，以極速進入市場，從他們的電腦透過T1連線噴出。這條高速網路連線傳輸資料的速度，高達一般電話線的五十倍。

他們是馬希勒的盜賊軍團，是華爾街拒於門外的人。這些城市大學畢業生來自史泰登島、皇后區和布朗克斯區，他們沒有機會進入高盛或摩根等大銀行，他們是愚蠢的鍋爐室騙局走狗，但他們有祕密武器———列文。有了列文開發的「觀察者」和Monster Key等工具在手，他們就能勝過業界最強的公司，能把高盛碾成渣滓，讓摩根氣到大哭。

馬希勒咬著雪茄，在辦公室裡踱著步，像一頭狼正在獵取鮮肉，不斷催促交易員挑戰極限，交易得更快、更狠辣、打垮他痛恨的納斯達克造市商。他不停地吼著：「幹掉他們，幹掉這些混蛋！」

新人跟著席特龍（當時才二十幾歲）和馬希勒的大兒子艾瑞克這些頂尖交易員學習，幾星期後他們就能有三、四十萬美元可以操作。本金可能提高到一百萬美元以上，交易員可以取得一部分獲利，其餘則歸達提克所有（還有一部分要歸回「代理人」）。

大多數交易員以微軟和英特爾等高交易量股票為目標，因為這類股票上下起伏較大，容易進出。它們開盤和收盤時大多是平盤，換句話說，大家都不會持有這些部位到隔天，因為收盤後或一大早時的新聞可能會使部位大跌。

當然，所有交易都逃不過華爾街或華府的耳目。

・・・

達提克現在已經被證交會和NASD等全美國權力最大的證券主管機關盯上。在主管機關眼中，SOES盜賊像病毒一樣四處蔓延。

1992年NASD的一項研究發現，以納斯達克最活躍的五十檔股票而言，有80％的SOES成交量出自這些盜賊。

納斯達克為了保護自己，開始實施防衛措施。它著手把交易員單次買賣量從1000股降低到500股，同時限制造市商必須完成交易的SOES委託單數量為每15秒一筆。此外它還試圖完全廢除SOES機制，以新系統取代。新系統給造市商20秒猶豫期來決定是否依報價成交，這使盜賊更難遂行他們瘋狂的「賺了就跑」策略。

納斯達克的努力後來大多無疾而終。它不知道有一位獨行電腦天才正在百老街50號十樓雜亂的辦公室裡推著納斯達克步向末路。永遠無所畏懼的列文知道事實。這些老頭還留在過去，「觀察者」等同類型的工具才是未來。

後來列文取得的奧援來自意想不到的領域：學術界。

· · ·

1994年，比爾‧克利斯提（Bill Christie）和保羅‧舒茲（Paul Schultz）兩位金融教授依據蘋果和英特爾等公司的納斯達克股票交易資料，發表極具開創性的研究論文。

這兩位教授發現資料中有個非常奇怪的現象：納斯達克造市商極少、甚至不曾以「八分之奇數」價格提出委託單，例如10⅛、10⅜、10⅝ 和10⅞ 美元等（請注意當時股價還是以分數定價，而不是以小數定價）。此外他們還發現，以蘋果等交易量龐大的股票而言，造市商以八分之奇數提出的報價只占1％。

相較之下，他們觀察NYSE或美國股票交易所的價差，卻發現八分之奇數經常出現。這代表納斯達克造市商一定已經講好，刻意

拉大價差空間，因此最小價差不是0.0125美元（⅛美元），而是0.25或0.5美元，多出來的0.0125美元直接來自投資者的口袋。累積起來，納斯達克的造市商每年從投資者口袋掏取了數十億美元。

1994年年初，兩位教授在論文《納斯達克造市商為何避免八分之奇數報價？》（*Why Do Nasdaq Market Makers Avoid Odd-Eighth Quotes?*）發表了這項發現。他們在論文中指出，他們的發現將引起人們質疑「納斯達克經銷商是否有默契地串通，拉大價差空間」。

《洛杉磯時報》（*Los Angeles Times*）很快就取得這份研究論文。5月26日，這家報社發表文章指出，克利斯提和舒茲的研究「有力地指出美國的經紀商互相勾結，操縱上櫃交易，以人為方式取得過高的交易獲利，損害投資人權益」。

在SEC內部，這項研究就像炸彈一樣爆發開來。執法機關一位穩重低調的檢察官王里歐（Leo Wang）受指派調查納斯達克。王檢察官拙於社交，但執法宛如凶猛的比特犬，曾經於1990年代初受到指派，偵辦轟動一時的所羅門兄弟（Salomon Brothers）證券操縱案。

1994年10月，美國司法部著手調查造市商是否違反「反壟斷法」。王檢察官於十一月開始展開調查。

他首先傳喚納斯達克經銷商，取得交易紀錄。他要求券商交出多年來的大批錄音帶紀錄時，出現重大斬獲。這些錄音的用意，是在交易細節出現爭議時作為依據，交易員一向對它們不以為意。在SEC內部，聽取錄音帶的繁重作業起初看來相當嚇人，至少需要好幾個星期才能找到串通股價的證據。

但結果出奇地簡單：王檢察官播放的**第一卷錄音帶**就揭發兩個

經銷商串通股價。

　　磁帶中第一位交易員說：「我能幫什麼忙嗎？」

　　第二位用交易員術語說：「你能幫我給買進價0.25嗎？」意思是把股價提高0.25美元。

　　「好，沒問題。」

　　「我以0.25賣你200，就到那裡，可以嗎？」

　　第一位交易員用行話說：「兄弟，我會推一下。」意思是他要刻意抬高股價。

　　「謝謝。」

　　交易完成後，其中一名交易員，可能因為亟欲順利完成工作，因此透過電話敲定另外一筆交易：毒品。

　　法律即將像大錘一般打向納斯達克。SEC和司法部進行的調查，將為股市帶來翻天覆地的變化，使真人造市商成為配角，同時為電子交易池的崛起打下基礎。的確，從許多方面為機器鋪下坦途，協助機器在華爾街崛起的主要因素，就是人類長年以來的弱點：貪婪。

　　列文和達提克蓄勢待發，準備反擊。

• • •

　　列文挺直地坐在電腦螢幕前面，興奮地看著「觀察者」說：「英特爾現在是111元了。」

　　席特龍舒服地靠在看來像壓扁的大皮椅上，雙腳架在牌桌上，桌上堆著電腦硬體、發黃的雜誌、食物包裝紙、喝一半的可樂罐。他得意地笑著，一隻手順著又細又長的頭髮。

他知道列文在想什麼。

列文說：「看我的。」

席特龍很有興趣地在旁邊看著列文。這個企圖心極強的伙伴永遠讓他感到驚奇。當時是1996年年初，他倆從1993年正式開始合作，成立自己的經紀商。列文也成立自己的經紀經銷商「大J證券」（Big J Securities）。另一家史密斯華爾聯合公司（Smith Wall Associates）銷售他們的「觀察者」等電腦交易軟體。達提克當然是他們的第一號客戶。以上這些公司都位於百老街50號。

儘管擁有這些新公司，列文和席特龍依然對達提克和馬希勒忠心耿耿。席特龍個人負責達提克證券的管理和政策。列文從來沒有被達提克正式雇用過，但大部分時間他都用來製作達提克的交易機器賴以運行的軟體。

列文不停地修改「觀察者」，為它增添新把戲。他決心找出更多方法來包圍納斯達克造市商，至少要讓他們不好過。

那一天，列文開始打字時，辦公室一切都變得比較安靜。由於買進英特爾的最佳出價是111美元，所以他猜想，如果他在數字上多加一位，有些粗心的造市商應該不會注意到。他吸了一口氣，輸入以1111¼美元賣出1000股英特爾的委託單。

有一家造市商上鉤了。他立刻跳起舞來。

「我賺了一百萬元！」列文高舉雙手大喊：「我賺了一百萬元！」

席特龍搖著頭說：「這真的很蠢。你知道接下來會怎麼樣。」

列文知道。

造市商通常只注意委託單的右半邊，也就是分數部分，所以可能會中招，以過高的價格買進或以過低的價格賣出。馬希勒喜歡這

種招數，因為這能讓納斯達克經銷商知道自己有多蠢，他曉得這幫人的腦袋跟猿猴沒兩樣。

列文喜歡這種招數則是因為它使造市商不得不更誠實、更小心。這是自律。當天，他逮到了絕佳的機會。

電話響了。一位達提克交易員接了電話，他大喊：「是英特C的事情！」他用的是交易員對英特爾的股票代號INTC的簡稱。

席特龍接過電話。

他說：「你是主任交易員？你很喜歡那筆交易吧？還不錯駒？」

他知道這筆交易已經歸零，同時議定以111⅞美元賣出1000股英特爾。這下沒有賺進一百萬，但還是小賺一些。列文不在乎。他一直知道他其實沒有真的賺到一百萬美元，這類錯誤交易慣例上會被取消。但在他腦海中的另一部分，一個流動的虛擬世界中，螢幕上的數字都是真的，他已經**賺了一百萬元**。

· · ·

達提克十分成功，同時開始改變。馬希勒直接到長春藤盟校招募新人，試圖提升公司形象，幸運的話還可透過這些人脈，跟具影響力的大咖經紀商建立關係。許多人每年賺進數十萬甚至數百萬美元。華爾街的夢幻工作不再是傳統投資銀行裡的舒適職位，現在的年輕新血已經被快速致富的避險基金，以及達提克這類當日沖銷公司吸引走了。

訓練快速且切中要害。馬希勒的目的是在機會消失之前，盡量在SOES上多賺到錢。1995年，馬希勒對一名記者說：「我們技術熟練、動作迅速①、反應敏捷，而且偶爾會利用系統，沒錯。我注

意灰色地帶，就會發現一些漏洞。」

　　而席特龍則已經成為百萬富翁好多次了。他找到了許多方法花掉這些剛剛賺到的錢，包括高級紅酒、豪宅、噴射機和直昇機等。

　　令人驚訝的，不是席特龍才二十多歲就生活得像1990年代的商場大亨霍華・休斯（Howard Hughes），而是他的新玩具來源：惡名昭彰的第一澤西雞蛋水餃股操縱者，1980年代曾經雇用馬希勒的羅伯・布瑞南。布瑞南因為規模龐大的證券詐騙案，而被罰款七千五百萬美元，於1995年宣告破產，同時賣出他多年來以不法所得收藏的好東西。

　　馬希勒告訴席特龍這次跳樓大拍賣的消息。1996年席特龍剛結婚，剛好撿到布瑞南位於紐澤西州布里勒馬納斯寬河上的豪宅，這裡是華爾街大亨的熱門旅遊地點。他立刻拆掉布瑞南的豪宅，花費三百萬美元蓋新房子，其中包含一座容量特大的酒窖。此外他還買下布瑞南的灣流型噴射機。

　　雖然馬希勒已經和布瑞南撇清關係，但席特龍和布瑞南之間仍然糾纏不清。這兩人之間的緊密連結，為達提克帶來不小的陰影。醜聞纏身的布瑞南跟華爾街名聲最差的公司牽扯不清。席特龍高調取得布瑞南的奢華財產，對達提克的名聲沒有絲毫助益。

　　主管機關也注意到了。他們已經暗地調查達提克多年，認為它旗下的交易員透過SOES操縱股票市場。馬希勒一向位在NASD的顯微鏡下，甚至還吸引了司法部的注意。SEC還沒有像對付哈維・霍特金一樣，前往達提克搜查關於納斯達克造市商操縱的資料，是因為顧慮它可能牽涉組織犯罪。這些顧慮無論是否有理，在聲譽重於一切的商業界都重創達提克的形象。達提克在市場上能見度逐漸

提高，調查重點逐漸轉向馬希勒的當沖交易大將：席特龍。

列文不太看重金錢，至少他不像華爾街那樣一切向錢看。他似乎很滿足於規模較小的生活，在曼哈頓的砲台公園城（Battery Park）租房子，走路十分鐘就到辦公室。他沒興趣坐噴射機到巴哈馬群島過週末，只在曼哈頓街上或康妮島漫步。他的目標不是賺幾百萬美元，而是透過電腦改變市場。

他盡可能和馬希勒公司的黑暗面保持距離。列文對達提克唯一的興趣是利用它當木馬，滲透並從內部攻擊華爾街。而且這個方法**相當有效**。他用英特爾股票對付造市商的把戲，證明人類不善於撮合買方和賣方的委託單。他們除了收取完全不合理的價差，還很容易犯愚蠢的錯誤。

電腦可以做得更快、成本更低，而且毫無錯誤。人類只會造成妨礙。電腦能使資訊自由，讓投資者自由交易，不受中間人干擾。

萬事都已具備。列文的夢想即將實現：讓投資者齊聚一堂，沒有中間人的電子交易池。這個交易池公開、整合、快速，而且免費。

是個孤島。

注釋

1 "We are slick, we are quick"： "Maschler Hits Heart of Wall Street," by Robert B. Cox, Loren Steffy, and Hui-yong Yu, *Bloomberg News*, January 26, 1995.

8 孤島——史上第一個道地的明池

The Island

鈴聲響起。

一瞬間,列文就跳到他在百老街50號凌亂的辦公室中央,在攝影機前搖擺起來。

這是列文展現透明性的特殊方式。1995年,這個程式設計師在辦公室一角安裝攝影機,把辦公室裡的即時影像傳到他的網站josh.com上。網站上寫著「網路攝影機即時影像。全世界只有少數人有幸看到這裡的人在挖鼻孔,想成為其中一個幸運兒嗎?來試試看,免費的喲!」

觀看者通常會看到列文的三分尖頭橫過鍵盤上方,手上正在打字,眼睛盯著螢幕,穿著破牛仔褲、T恤和拖鞋,後面是一堆皺巴巴的垃圾和疊在一起的電腦設備。如果看得仔細一點,或許還會看到有隻大蜥蜴靜靜地坐在龐大的飼養箱裡。

他們或許不知道,列文能依據觀看者電腦獨一無二的網際網路通信協定編號,得知是誰在看即時影像。他的頭號粉絲是紐澤西州的一名當沖交易員。第二號和第三號則關係密切,分別是SEC和NASD。

列文似乎是在問主管機關:「如果我們這麼不正當,怎麼會願

意讓別人24小時都看得到我們？」

　　這個網站裡還有個按鈕寫著：「請按鈴叫他們跳舞。」如果觀看者按下按鈕，列文辦公室裡的電子鈴聲就會響起，提醒列文從椅子上跳起，像瘋狂的數位木偶一樣手舞足蹈。網站裡的即時訊息寫道：「他們聽到鈴聲了。」同時模糊地提到「新的新鮮空氣附加條款」。

　　觀看這個即時影像的人只會得到一個結論：這不是一般的華爾街公司。百老街50號做的事很不一樣，極具革命性。

　　列文怪異的舞姿雖然是達提克歡樂的泉源，但交易員都非常尊敬這位調皮的程式設計師。他們大多認為，列文是他們目前、甚至可能是這輩子見過最聰明的人，並且感謝上帝把列文賜給他們。

　　但也有連列文都解決不了的難題。納斯達克造市商，以及NASD不斷推送的一波波新規定和障礙，一直讓達提克感到焦慮和憤怒。造市商不斷忽視達提克的SelectNet委託單，拒絕履行他們自己提出的報價，經常讓交易員在變幻莫測的市場中亟欲出脫部位時晾在那裡，錯失大好機會，甚至損失大筆資金。

　　解決這個問題的方法之一是：尋找新的交易池進行交易，這個深度市場裡有足夠的委託單，讓達提克的交易員買賣。除了完全無從了解的NYSE，只有一個交易場所符合這個條件：Instinet。

　　Instinet是幾家券商為了逃離老人把持的紐約證券交易所，努力數十年的成果。許多經紀商持有在NYSE上市的股票，但想直接互相交易或與投資人交易，以避免NYSE中間人收取高額費用。但他們很難無視於一個事實，就是NYSE依然是在此上市的股票以及世界最大的公開上市公司股票的主要匯集處。此外，NYSE強大的影響力樹立各種障礙，其中包括提出訴訟，防止經紀商彼此互相交

易。然而這些券商依然不願放棄，包括馬多夫的經紀經銷商「馬多夫投資證券」（Bernard L. Madoff Investment Securities）。

Instinet原先是1967年成立的Institutional Network（原本專供富達和美林等法人券商使用），用於交易NYSE股票。它沒有達成原本的設立目標，但最後成為世界上規模最大的上櫃股票（也就是非NYSE股票）電子交易網路。它於1980年代改名為Instinet，英國媒體巨頭路透社（Reuters）於1987年以一億一千萬美元買下它。

Instinet其實就是個巨大的暗池，在當中進行的交易完全匿名，而且通常透過專用的Instinet電腦。要在Instinet上交易，券商必須支付大約一千美元的月租費租用電腦，此外還必須通過信用委員會審核。這個委員會只允許擁有大量資金的特定成員進入Instinet交易池。基本上如果沒有好幾百萬美元投在炫目的科技上，是沒辦法加入的。換句話說，這也是列文瞧不起的封閉式交易池。

Instinet電腦和納斯達克的SelectNet一樣，允許券商把委買單和委賣單顯示在電腦螢幕上。一般大眾看不到這些委託單，等到交易完成，Instinet才會公開交易內容。同樣重要的是，撮合過程沒有自動化，而是由Instinet曼哈頓中城總部中的真人交易員，負責撮合委買單和委賣單以及處理交易這類基本工作，通常是跟法人本身打幾個電話（例如富達證券想以100美元買進五萬股IBM股票，但是高盛想以100¼美元賣出十萬股，如果富達最後買了七萬五千股，高盛就會以100⅛賣出。交易完成）。

造市商逐漸侵入原本為法人進行大額交易而成立的Instinet。1990年代中，Instinet成為規模僅次於納斯達克的納斯達克股票交

易處，交易量約占⅙。

這就是列文對Instinet感興趣的原因。如果「觀察者」的用戶可以進入Instinet的交易流，許多交易就能完全跳過納斯達克。以後不會再被拒絕交易，不會再有討厭的納斯達克技術問題，不用再聽納斯達克胡說八道。列文瞧不起Instinet的封閉式系統，但他更討厭納斯達克。此外，Instinet的科技比較新。

因此不久之後，他和席特龍就到曼哈頓中城第三街875號的Instinet總部，跟他們的高階主管開會。

列文說明來自「觀察者」的交易流和每天進入Instinet的法人委託單是絕配。它可以提升Instinet的流動性，而且沒有額外成本。由於「觀察者」將大幅提高Instinet的交易量，所以列文和席特龍希望Instinet向一般客戶收取費用時，能打個小小的折扣。

Instinet直截了當地拒絕了。

席特龍起身離開時說：「好吧。我們會建立自己的系統，以後要正面對決了。」

Instinet的回應是：一連串閒談時發出的笑聲。

· · ·

列文一點也不覺得好笑。他知道一些Instinet大亨不知道的事。透過「觀察者」進行的交易正快速增加。席特龍聲稱要自己建立交易池，對Instinet而言或許像是玩笑話，因為全美國規模最大的交易機構是他們的客戶，實際狀況是在1990年代中，交易所中成長最多的市場是當沖交易員，也就是「觀察者」的領域。

競爭越來越激烈，當沖交易變得越來越殘酷無情。美國各地都

開設SOES交易室，拓展者是哈維・霍特金等當沖先知。在當時，透過電腦直接進入市場，點幾下滑鼠就能快速買賣股票，對未來許多炒股高手而言還是天方夜譚。當然，E*Trade和德美利等線上交易公司這時都還沒有家喻戶曉，天天放送不勝其擾的廣告。大多數人若想參與華爾街的遊戲，唯一方法是透過自家附近的經紀商。SOES改變了一切。市場當時有微軟、思科、蘋果和英特爾等高科技巨頭在後猛推，像蠻牛一般向前直衝，不會有什麼傷害。

而在達提克，實際經驗不足的SOES交易員──以及霍特金等經驗豐富的老手──正在攻擊這頭巨獸。他們使用的軟體跟「觀察者」相比之下慢得可憐。但這不代表會很輕鬆。其他老練的交易公司也開始加入。納斯達克造市商正在學習如何閃避SOES盜賊用來毀滅他們的陷阱和騙局。

達提克的交易員越來越多，然而隨著狀況變得更加艱困，這些交易員承受的壓力也變得極大。席特龍和馬希勒在交易廳走來走去，一區區擁擠的牌桌，滿頭大汗的交易員靠速食、咖啡因和買得到的各種提神劑維持體力。他們縮著身體坐在螢幕前面，咬牙切齒，專心看著跳動的資料，棒球帽壓得很低，蓋住快速移動的充血雙眼。交易室裡充滿雄性荷爾蒙，好勝的年輕男性整天近距離盯著螢幕，上面是判別他們是否成功的標準：當天的獲利和損失。

一旦做成不良交易，往往有人喝令交易員趴在地上做五十個伏地挺身，雙方立刻拳腳相向。電腦設備像兒童玩具一樣丟來丟去。從「觀察者」抬頭往上看，或許會看到鍵盤或螢幕像砲彈一樣越過房間，打到坑坑疤疤的牆上，原本的使用者趴在桌上，氣惱另一單交易搞砸了。管理單位後來規定，弄壞鍵盤罰一百元，弄壞螢幕罰

五百，但大家照砸不誤。

這種狀況對生理和心理都是極大的負擔。特別專注的交易員每天早上八點半坐下之後，下午四點收盤之前不會站起來、也不喝水，這樣就不需要上廁所了。

市場也變得更變幻莫測。上上下下的科技股可以讓當沖交易員上天堂，也可能住套房。交易員談論著整天起伏不定、沒有明確走向的**漂浮股**，談論可惡的避險基金、討厭的摩根、高盛和貝爾斯登這些大戶交易員製造振盪所做的**假動作**，它們的用意是愚弄市場，再反向洗盤，使恐慌的大眾因為害怕而拋售部位，他們就眼睜睜看自己的**血汗錢跌掉**。幾分鐘內就可能損失數萬美元，再過幾分鐘又賺回來。有個人滿臉慘白地在垃圾桶前彎下身，突然吐了出來，沒有人眨一下眼睛，他們絕不離開座位，繼續執行自己的交易。

這些瘋狂行為正對範圍更大的市場造成影響。追逐市場的SOES交易員越來越多，**市場本身隨之改變**。納斯達克造市商開始在發現成群SOES交易員湧入時，採取防衛措施。他們發展出低調隱匿，同時伺機反擊的戰術。

這是一個新的市場。這個市場永遠動個不停，有起有落、有詭計也有策略。為了躲避盜賊劫掠，經銷商和基金經理人開始把委託單化整為零，分拆成更小批的股票，玩起捉迷藏。買進50000股IBM股票的委託單，可能分成每筆1000股（或500甚至200股）的「子委託單」，背後是「母委託單」或「冰山委託單」，這是盜賊們最期待的大鯨魚。

未來幾年，這個搜獵與躲避的交易模式將成為主要市場結構，規則編寫在名為短劍（Dagger）、狙擊手（Sniper）、劫掠者（Raider）、

雷神索爾（Thor）、Stealth（秘密行動）和冰山（Iceberg）的複雜演算法中。這些演算法將創造許多電子交易池，讓各路程式藉助以超級電腦為後盾的尖端人工智慧互相對抗。

1990年代在達提克，一切都在馬希勒手下使用「觀察者」交易的盜賊大軍腦中。有了「觀察者」，交易員可以建立熱門股票清單，把這幾檔股票的活動顯示在單一視窗。色彩變化代表某檔股票上漲或下跌、誰有動作，以及這個動作是否改變價差。更小的視窗顯示各種指數，讓交易員感覺得到整個市場的大方向。

達提克的新交易員起初可以收取12%的獲利，取得Series 7執照後可以收取15%，取得Series 24執照（持照者具有管理其他交易員的能力）時可收取20%。菜鳥容許損失的空間相當小，他們必須在幾個星期內開始每天賺進數千美元，畢竟他們操作的是公司的錢。

像席特龍這類大贏家有很多：有天分的交易員能藉由「觀察者」撈到龐大獲利。據說達提克的王牌交易員一天可以獲利兩萬五千到三萬五千美元，而且是每天、一連好幾個月都如此。「百老匯交易」（Broadway Trading）這家同樣位於百老街50號的SOES券商也使用「觀察者」，它的共同創辦人喬治‧威斯特（George West）據說**每天**可以賺進五到十萬美元。威斯特做交易同樣會賠，但一天下來大多有獲利。在各路盜賊中，人們常形容威斯特很噁（sick）。

比席特龍更可怕的交易員不多。但到了1990年代中期，席特龍已經幾乎不做交易。當時他才二十幾歲，已經是**高階主管**，帝國的建立者。他穿著俐落的西裝、到很貴的地方剪頭髮，負責指揮周圍的人。達提克裡，在券商的時間跟他相同或更久的交易員，都很討厭他。但他是馬希勒的愛將，**沒有人會反對馬希勒。**

有什麼好抱怨的？大家賺得口袋麥克麥克。每個月，達提克的管理階層都會在距離辦公室幾條街的地方租用大廳辦派對。明星交易員依據這個月的獲利排名，上台接受祝賀，馬希勒會用健壯的手臂搭著該交易員的肩膀，大聲說：「這個月幹得好！」一手拿著帝王威士忌，另一手夾著馬卡努多雪茄。

接著大夥兒會到當地的俱樂部續攤。席特龍會拿出一千元鈔票拍在桌上，跟大家說：「今晚喝的都算我的。」

. . .

儘管源源不絕的財富讓大家意氣風發且荷包滿滿，但達提克每個人內心深處都知道，他們成功的關鍵是「觀察者」。是列文的這個程式讓他們得以同時追蹤一百檔以上的股票，納斯達克造市商通常只能追蹤十到三十檔不等。另外，達提克交易員使用Monster Key，能立即跳到佇列最前端，擠掉所有人。

交易量極為龐大。1995年9月底某一天，達提克送出的委託單多到使納斯達克的電腦系統停擺，委託單延後十七分鐘之久。這個高科技股指數瞬間跌落3%，交易量多達五億兩千三百萬股，差點打破紀錄。

納斯達克市場部門主管約翰‧沃爾（John Wall）拿起電話，氣沖沖地打給列文。

他大吼：「如果你們再這樣，我就禁止你們交易！」

列文也吼道：「約翰！這樣不公平！是你們太慢了！」

列文生氣的是納斯達克無法處理他的委託單。達提克送出大約三萬四千筆交易到納斯達克，但只執行了九千筆。許多委託單在市

場大跌後才完成,導致達提克交易員損失慘重,他們無法接受。

• • •

1995年底,除了達提克以外,百老匯交易等幾家券商也開始使用「觀察者」。越來越多交易員使用「觀察者」,列文發現這些交易員經常買賣相同的股票,**而且連價格都一樣**。席特龍可能認為英特爾會上漲,因此開始買進,而旁邊的交易員可能認為英特爾會下跌,因此開始賣出。判斷正確的一方就能獲利。

這可能導致一種奇怪的狀況。有時候,某個使用「觀察者」的交易員要賣出某檔股票時,提出的賣價比另一位交易員想買進的價格更低。這種反常現象稱為交叉市場(crossed market)。舉例來說,某交易員提出以10美元賣出英特爾,另一位則想以10½美元買進,但他們不能互相交易,而必須透過中介────也就是經常拒絕交易的納斯達克造市商。

列文心想,**如果這些交易可以互動的話,會怎麼樣呢?**他可以**擺脫這些中間人**。更棒的是,如果這些交易出現在以快速為目標的電子網路上,將能執行得更快。

所以從1995年開始,列文採用稱為「組合、C與FoxPro」的複合電腦語言,製作出「孤島」(Island)交易池的第一個疊代作業前身。他把這些疊代作業稱為跳躍交易(Jump Trades)。「觀察者」用戶可藉由跳躍交易直接互相交易,不需要造市商。「觀察者」能自動記錄交易,回報給交易紀錄匯總單。1995年11月13日,列文在達提克交易員和其他「觀察者」交易系統用戶使用的內部電子郵件系統「觀察者新聞」(Watcher News)中宣布,跳躍交易正

式上線。

他在郵件中寫道：「自動即時跳躍交易！現在各位可以跟其他交易員即時執行跳躍交易，而且讓交易**自痛**出現在你和對方的『觀察者』系統、P&L系統和Wire Confirm上。」

但是有個問題。某個「觀察者」交易員很難知道另一個「觀察者」交易員有價格相符的委託單。

因此出現了青苗（Greenies）。列文寫了一個程式，讓「觀察者」交易員能在螢幕上看到其他「觀察者」用戶提出的公開SelectNet委託單（也就是尚未執行的交易）。系統會以閃爍的綠色顯示這些委託單，把它們跟非「觀察者」委託單區別開來。使用「觀察者」的交易員輸入委託單，執行與青苗報價不同的交易時，列文的系統就會自動取消SelectNet的委託單，並透過「跳躍交易」在內部撮合這兩張委託單。

跳躍跟青苗兩者結合，在「觀察者」中創造出如同內部撮合引擎的系統。

這就是剛萌芽的「孤島」交易池。

1996年2月9日，列文透過「觀察者」新聞送出一則訊息，提醒用戶有些狀況即將改變。

訊息寫道：「『觀察者』的一小步，是所有『觀察者』的一大步。這一步就是**孤島**。」

● ● ●

另一個酷寒的紐約清晨，天還沒亮之前，列文很快地穿好衣服，離開他在砲台公園旁雙子星大樓陰影中的公寓。他辛苦地走過

街區，街區裡滿是夾雜塵土的雪堆，都是當年破紀錄的連串暴風雪的傑作。當天是1996年2月16日星期五。那個星期稍早，IBM的人工智慧超級電腦「深藍」（Deep Blue），首次擊敗世界西洋棋冠軍加瑞・卡斯帕洛夫（Garry Kasparov）。美國總統柯林頓的第二次任期剛開始。美國經濟正在強勢成長，最後發展成巨大的高科技股泡沫，列文和達提克的交易員大軍正處於泡沫中心。

列文向東走在華爾街上，再轉向南走百老街，經過紐約證券交易所的大理石立面。他在百老街50號搭上電梯，上了六樓，走過幾個早鳥身邊──那些亢奮又兩眼凹陷的達提克當沖交易員。他們盯著電腦螢幕，手上握著冒著水汽的咖啡，不耐煩地等著開盤鈴聲響起好開始動作，列文經過時，他們默默地對他點了點頭。

幾個月前，列文才從百老街50號十樓擁擠的小房間，搬到六樓比較大的房間。房間面積雖然變大，但很快又變成列文比較習慣的那麼亂。他帶來一組充氣式兒童泳池，用它來養烏龜。他用玻璃罐養海猴，牆角擺著一支以色列陸軍火箭筒。到處是垃圾堆，PC World等科技雜誌、一疊疊的電腦書、披薩盒、雜誌、捏扁的可樂罐、皺巴巴的電腦報表紙、還有像熱帶植物一樣快碰到天花板的糖果紙，跟一架架電腦、一排排放在牌桌上的電腦終端機、電線和從地板爬到天花板再跑出去的纜線爭奪空間。

列文脫下外套，坐在終端機前，按下按鈕。他的電腦發出哼聲動了起來。時間到了。所有條件都已經就緒。1980年代他十幾歲在魯索當傳送員時就懷抱至今的大膽想法即將實現。

他飛快地打著字，叫出程式。輸入幾個指令，深呼吸一下後，他打開了它，「孤島」上線了。

列文在「觀察者新聞」上寫道：「孤島上線了！現在各位可以用自己的『觀察者』安全舒適地執行孤島委託單。」

華爾街從此大為改觀。

・ ・ ・

列文很清楚，孤島造成的影響可能改變遊戲規則。孤島問世之前，他曾經在「觀察者新聞」上發出一封內部電子郵件，宣稱「孤島是即將改變世界的新交易系統」。

列文像個新手爸爸一樣高興，但他說的沒錯。

孤島的核心是個電腦程式，功能就是跳過造市商撮合委買單和委賣單。孤島撮合交易之後，會回報給納斯達克。顧名思義，「孤島」是投資人轉進委託單的地方，是納斯達克扒手絕跡的數位避難空間（當時NYSE股票大多因為法規問題而不得進入孤島）。

這個概念雖然簡單但極富革命性。孤島速度極快、費用低廉，後來成為培育新一代交易機器的電子交易池，這些交易機器將在下一個十年主導市場。自動化交易演算法能在孤島上面對面交易，排除緩慢又難以預料的人類造成的影響，得以成長、適應、突變和演化。弱小演算法賴以為生的資金流失，最後遭到淘汰。強大演算法繼續成長興盛。

・ ・ ・

孤島系統很簡單，至少表面看來是如此。付費使用孤島的交易員透過稱為IHOST的電子專線取得資料。這個專線後來改名為ITCH，它會把孤島中所有委買單和委賣單資訊散播開來，包括最

新股價、撮合成功的委託單和某檔股票的狀況等。用戶可能會看到螢幕上某檔股價旁有個H在跳動，這代表這檔股票因為某些可能影響市場的新聞等原因，而暫停交易。W代表歡迎（Welcome），告知用戶已經進入孤島系統。N代表晚安（列文在TITCH使用手冊上寫N代表「該回家了，孤島即將關閉過夜。明天一大早見」。）

另一個稱為OUCH的通信協定，為用戶提供超高速方式進入孤島和輸入委託單（ITCH和OUCH其實沒有意義，只是用來嘲笑納斯達克喜歡使用四字母縮寫的習慣，例如以NQDS代表納斯達克報價發布系統）。

這套系統既簡潔又快速。此外，孤島也用BookViewer程式把所有交易公布在網站上，**而且完全免費**。除了系統中所有價格最佳的買進和賣出委託單，其他**在後面**的委託單也都查得到。如果某個交易員以50美元買進200股英特爾，另一個交易員以50¼美元買進500股，另一個交易員以50½買進100股，所有委託單都可以在螢幕上看到。整個紀錄本都是機器可讀取格式，也就是說，具有適當編碼的電腦就能立即讀取紀錄本，同時快速反應。

這些全是前所未聞。當時，投資人可取得的即時股市資料都是天價，這些資料被納斯達克、NYSE和大型券商緊緊把持。雅虎金融或TheStreet.com等網站會發布股價，但會晚十五分鐘。自重的交易員不會以十五分鐘前的資訊來下單。有了孤島之後，人人都能使用BookViewer看到幾百檔股票的即時買進價和賣出價在螢幕上跳動。

列文著迷於禁忌的透明性，他破除資訊的祕密性，把資訊帶給大眾。駭客有一句格言：**資訊想要自由**。列文也考慮到實際層面，

發布這些資訊可以宣傳孤島驚人的速度，帶來更多用戶。但他的第一要務是用光明破除黑暗。

孤島就是史上第一個道地的**明池**。

這聽起來相當諷刺：促成孤島的推手是**盜賊**、快閃套利高手、利用法規漏洞的職業倒賣商、馬希勒和席特龍這類尋找市場灰色地帶的無良交易員。達提克的核心交易策略講究速度，列文就提供極快的速度。孤島的**目標對象是盜賊**。這些高速交易人士唯一的目標，是在幾分鐘甚至幾秒鐘內進場和出場。速度是孤島系統的關鍵要素，是它的基本原則。這套系統未來十年將主導美國股市，甚至全球股票市場。

• • •

除了速度和單純，孤島的主要賣點是價格。在孤島上交易的費用出奇地低，每次交易收取1美元，納斯達克則收取2.5美元。雖然進入孤島的交易有時會因為沒有符合的委託單，而在納斯達克成交（此時孤島必需支付1.5美元），但大多數交易是由孤島本身撮合的。

最後的結論是，在孤島交易費用最低，速度最快。列文在「觀察者新聞」的電子郵件中表示，孤島領先其他交易所。

他寫道：「孤島的經營者是我們。我們希望孤島優良、公平、便宜又快速。我們關心客戶、十分友善。SelectNet的經營者是納斯達克，他們不在乎客戶。Instinet的經營者是路透社，他們不友善……各位只需要一條電話線以及有意願改變。各位必須踏出第一步，何不給孤島一個機會？」

列文想改變世界的企圖心十分清楚，他在自己的網站josh.

com（Monster Key的發源地）上寫道：「請按此進一步了解孤島，這是我最新的交易系統，用意是取代納斯達克的SelectNet和路透社的Instinet。」

• • •

當年春天，列文開始巡迴行銷活動，把訊息散播出去。他參加一連串商展，和彭博、納斯達克和Instinet等巨頭平起平坐。

他在行銷方面要學的東西很多。在商展中設立展示攤位，有一項重要工作是和商會主管協調，主管手下的人員協助許多重要工作，例如取得電源等。列文得知這些事情居然通常得私下支付多達二十美元，他認為這簡直是勒索，所以立刻拒絕了。他絕對不會為了一場商展破壞他的原則。

結果就是，孤島在商展中的攤位看來像中小學科展成果發表一樣。一條輕薄的草裙圍著搖搖晃晃的牌桌。因為無電可用，所以列文坐在陰影中，周圍是Instinet等有錢競爭對手明亮的攤位和閃爍的螢幕。列文試著發送印有孤島圖案的一美元鈔票或有蘇珊・安東尼頭像的一美元硬幣，代表只要一美元就能在孤島進行交易。大多數參展者，例如穿著亞曼尼西裝、戴著勞力士手錶、梳著蓋柯油頭的交易員，都不屑免費發送的一美元。列文決定回歸程式設計。他要找其他方法來宣傳孤島。

更棒的是，孤島可以宣傳自己。

• • •

從一開始，列文的交易池就像一級方程式賽車一樣高速衝刺。

在孤島中,「觀察者」的用戶能以前所未有的速度完成交易。造市商只能自嘆不如。

孤島有許多委託單來自「觀察者」交易員和少數SOES券商,但還不足以使它成為有規模的機構。孤島需要穩定充足的交易流,提供龐大的交易量。

它很快就如願了。

1996年孤島開業後不久,一家不知名的券商「自動交易台」(ATD)設立帳戶,成為使用列文這套系統的非「觀察者」公司。

ATD設立於1988年,是位於南卡羅萊納州快樂山的尖端電腦交易公司,這家公司是高速自動化交易領域的先鋒,多年之後將對華爾街造成重大影響。1980年代,任教於南卡羅萊納州卡爾斯頓大學的金融教授大衛・惠特康(David Whitcomb),與電腦工程師詹姆斯・霍克斯(James Hawkes)合作設計出一套演算法來預測賽馬結果。他們甚至用這個演算法預測股票市場,並且在霍克斯位於快樂山的家中成立ATD。

ATD後來設計出角色類似造市商的人工智慧程式,觀察追蹤數十個市場因素,例如交易量和股價動量,藉以預測大約三十秒到兩分鐘內股價的變化。ATD把它的定價「引擎」命名為BORG,這個名稱是經紀商委託單轉送閘道的縮寫,剛好和電視影集《星際爭霸戰:下一代》(Star Trek: The Next Generation)中的反派生化人族相同。

1996年,惠特康到百老街50號拜訪列文。ATD當時一向在Instinet上交易,但他們希望擴大範圍。這位ATD創辦人立刻就被列文吸引,不久之後,他的公司就開始在孤島上交易。①出乎意料地,ATD很快就成為獲利極豐的SOES盜賊,而且是孤島的頭號資

料客戶,然而它沒有手心出汗的交易員盯著「觀察者」,而是用電腦觀察市場,高速買進或賣出股票。ATD系統完全自動化,遠比真人快上許多。

最後,有幾名ATD員工加入孤島,後來又到其他高頻券商工作,把這類技術拓展開來。爾後幾年,ATD等自動化交易商將在孤島的交易量中占大宗,最後更將占全美國股票交易量的大宗。

最為成功但名聲最差的自動化交易商,是位於長島的祕密避險基金「文藝復興科技公司」(Renaissance Technologies)。這家公司完全由數學家、科學家和電腦高手組成,起初它的程式設計師不大信任孤島,所持的理由是達提克。他們懷疑達提克盜賊會偷偷觀察孤島的交易流,並搶先交易。

但是孤島目標太大,很難忽視。1990年代末的某一天,文藝復興幾名高階主管,包括曾經任職於IBM的人工智慧專家彼得‧布朗(Peter Brown)和鮑伯‧梅瑟(Bob Mercer)拜訪百老街50號。他們對大蜥蜴、滿是烏龜的游泳池和垃圾感到大惑不解。文藝復興的總部在長島的東錫托基特(East Setauket),那裡乾淨得跟長春藤盟校校園一樣。布朗和梅瑟同樣被列文深深吸引,立刻就知道他是程式設計天才,非常了解市場管道。

文藝復興跟ATD一樣,採用尖端人工智慧程式建立模型和指揮交易,但文藝復興人工智慧比其他券商更進步,創造的策略使文藝復興成為全世界獲利最高的交易機器,平均年報酬率超過40%以上。孤島的高速交易平台跟他們的策略可以說是絕配。

孤島－ATD－文藝復興三者結合是未來的願景,高速人工智慧機器程式在超高速電子交易池中運作,控制市場每天的起伏。人

工智慧機器人程式為孤島注入珍貴的流動性,孤島則讓機器人程式以高頻率運作,它們彼此互相依賴,創造難以停止的正向循環。Timber Hill、Tradebot、RGM和Getco等不知名的券商不久後也開始在孤島上交易,意外形成以電腦為主的太空時代新交易機構的聚集地。這些系統大多採用先進的人工智慧系統,在市場中尋找隱藏的獲利點,以便不斷交易。

在這個過程中,美國股票市場本身的結構也將改變,以符合機器人程式永無止境的需求。中間人雖然自己不知道,但他們即將退場,像恐龍一樣漸漸滅絕。機器將在永不停止的創新循環下,創造更多的機器,程式設計師比奧運短跑選手更強勁地不斷挑戰速度極限。交易演算法將會突變、成長和演化,宛如在不斷擴大的數位交易池中演化的動物一樣,互相餵養。

1990年代,只有少數有遠見的夢想家看得見未來,例如從高處鳥瞰市場演化的列文。1996年底,納斯達克的SelectNet大約有一半交易來自孤島——來自百老街50號一間塞滿垃圾的辦公室裡的一台戴爾電腦(孤島中沒有在內部完成的交易會轉送到SelectNet)。1996年7月1日到9月30日之間,經過孤島的交易流共有五十六億股,總值高達兩百二十一億美元。

非常諷刺的是,孤島成為納斯達克最大的客戶。

注釋

1 in short order, his firm started trading on Island : "Hyper-Aggressive Day Trading Firm Wants to Take On Third Market Giants," by Heike Wipperfurth, *Investment Dealers Digest*, October 25, 1999.

9 綠色機器

The Green Machine

珍妮特‧雷諾（Janet Reno）在華府踏上美國司法部中的講台時，臉上浮起一抹微笑。西洋梨大小的眼鏡不時反射出相機的閃光。

這位柯林頓時期的司法部長十分激動。當天是1996年7月17日。雷諾即將宣布的重大和解案在政治上意義非凡，代表小人物重重打擊華爾街肥貓。二十三家納斯達克券商遭到起訴，罪名是浮報納斯達克股票的價差，損害散戶投資人權益，如同1994年比爾‧克利斯提和保羅‧舒茲在「八分之奇數價差」研究首次揭露的狀況（編註：參見第七章）。

雷諾以平板的語調說：「美國投資人買賣股票時，即使無人競爭，也必須和有人競爭時一樣付出較多費用。我們握有金融業強迫付費和其他不當行為的確實證據。」

這次調查長達兩年，暗中協助者包括霍特金和馬希勒等SOES盜賊。和解案中列名的券商（沒有一家認罪）包括：華爾街巨頭雷曼兄弟、高盛、貝爾斯登、摩根史坦利、花旗美邦（Smith Barney）和普惠（Paine Webber）。集體訴訟隨即展開，最後議定的和解金高達十億美元，是當時史上金額最高的反壟斷和解金。

美國司法部發表調查結果後不久，美國證券交易委員會（SEC）

隨之採取嚴厲措施。1996年8月7日，一份SEC報告成為致命的一擊。這份報告是王里歐不眠不休調查納斯達克暗地行為的成果，報告中指出：「調查發現，NASD和納斯達克市場的營運及架構有多項基本問題。委員會方面相信，NASD和納斯達克市場有必要大幅改革。」

除了造市商普遍限定價格這項最具殺傷力的發現，這份報告還指出列文最不滿的地方，也就是拒絕交易機制：「某些造市商有時因為不想與某些對象交易，而不履行報價，從而拒絕交易。」此外，經銷商也經常抱怨遭到拒絕交易（其中許多交易由列文提出）。

NASD經常忽視這類抱怨，SEC發現，許多NASD高階人員似乎特別注意某一群交易員：SOES盜賊。這份報告指出，追逐SOES交易員成為NASD執法的優先事項。

這份報告是盜賊的重大勝利。指標性的克利斯提－舒茲研究指出納斯達克造市商忽略八分之奇數報價，加上SEC和司法部中幾位盟友的協助，這群雜牌軍交易員在重要戰役中，贏了NASD這個負責監督5400多檔證券及50多萬個經紀商的龐大機構。

故事遠不只如此。SEC發表這份報告後不久就頒布多項規定，重重打擊納斯達克造市商大亨，並為機器興起鋪下坦途，其中也包括孤島。

SEC頒布的新規定稱為「委託單處理規則」（Order-Handling Rules），規範造市商應該如何「處理」客戶的委託單，例如納斯達克必須在全美系統中，同時列出競爭券商的報價與造市商的報價。

如果一名達提克交易員提出以22美元買進英特爾，而造市商最佳報價是以21.9美元買進，則達提克的報價也會出現在納斯達

克的系統上，供整個市場參考。以往，達提克的委託單如果沒有在SOES上執行，就會轉給造市商，造市商可以直接拒絕交易。除了封閉的納斯達克市場，沒有人看得到這些委託單，因此投資人也沒有機會以更低的價格買進英特爾，或以更高價格賣出。

這些規則對納斯達克造市商造成更大的競爭，也提升了整個系統的紀律，但它們有另一個整頓目標，就是列文成立孤島前想合作的非公開市場：Instinet。

Instinet是納斯達克本身以外，規模最大的納斯達克股票交易場所，當時已經成為法人投資人和造市商的私人遊樂園。造市商利用Instinet的手法相當多。他們可以幫客戶買進某檔股票，同時以更好的價格在Instinet上賣出。對市場其餘部分而言，Instinet這邊的賣價是隱形的，因為它是暗池。

比較有創意的造市商想買進一檔股票時，會先在納斯達克或NYSE上賣出這檔股票，誘使其他交易員也賣出，藉以壓低股價。在此同時，他們又偷偷在Instinet上大舉買進這檔股票。這些手法效果一向很好……對華爾街行內人士而言。

Instinet報價只能透過專用電腦查閱，這種電腦的螢幕是顯眼的綠色，所以在交易廳中稱為「綠色機器」（Green Machine）。要取得Instinet的報價，一定要有綠色機器。納斯達克造市商當然都有這種電腦，許多法人投資人也有。一般投資人沒有這種電腦，也買不到，因為這種系統是專用的，這也是它的賣點。

證券交易委員會出手阻止這類遊戲，規定Instinet的報價必須公開。為了達到這個目的，SEC設計出全新的交易實體，稱為電子通訊網路（ECN）。只要具備相關技術，任何人都能建立ECN。

ECN是電腦交易程式的聚集處，在內部撮合交易或把報價送往納斯達克。在ECN上沒有撮合成功的買進價和賣出價，會直接出現在納斯達克系統上，和造市商的報價並列。

Instinet確實符合ECN的所有技術條件，它是供買賣股票使用的電子通訊網路，因此Instinet上的報價從此不再是祕密。

孤島同樣符合這些技術條件。

這些規定不僅改變遊戲規則，還創造了新遊戲。市場即將發生轉變。這些規定頒布之前，納斯達克經銷商控制市場的起落。有了委託單處理規則之後，整個納斯達克市場將變成對電腦交易廣開大門的電子平台。使用孤島這類電子系統的當沖交易員動作非常迅速，可能突然跟高盛或摩根史坦利等大咖造市券商正面對決，就像小聯盟的明日之星突然被主管機關大筆一揮，就上到大聯盟一樣。

少數大券商對股票市場的束縛即將瓦解；真人交易員透過電話交易的系統，很快就要變成在孤島等電子交易池出生長大的電腦程式透過電腦螢幕交易的系統。

老邁的造市商退到一旁，人工智慧交易系統即將成真。數學和電腦高手已在華爾街上運用人工智慧多年，但大多不成功。在芝加哥的霍爾交易，波迪克經常使用機器學習，但這類交易管道當時還沒有到位。的確，文藝復興和ATD已經使用人工智慧產生交易模型，但人工智慧並沒有參與實際交易過程，也就是委託單在市場中的處理過程（至少在ECN問世之前沒有）。能隨市場變化改變步調的動態人工智慧演算法講求精準掌握瞬間，但只要有人參與其中，就不可能做到。這些古怪的造市商太人類，可能犯錯、延遲，有時

就只是太貪心。

促進人工智慧發展的因素還有一個，就是四處流動的數位資料。孤島藉助ITCH專線，釋出大量可機讀股票交易資料（以電腦程式可理解的方式編寫的資訊），甚至超過納斯達克和NYSE的資料量總和。最近交易、買進價和賣出價、交易量、市場價格深度……等，全都有數位資料。對於具備足夠頻寬來處理這些資料的電腦，這就像用3D特藝七彩技術觀看市場，跟使用古老又接收不良的黑白映像管電視觀看市場是天差地遠。

真人交易員遇上崛起中的超級電腦搭配尖端人工智慧時，毫無勝算。IBM的深藍擊敗世界西洋棋冠軍卡斯帕洛夫時，華爾街的科學家正致力於設計人類無法招架的交易機器──連巴菲特都不是它們的對手。

許多新進展依然非常有用，但機器已經取得重大勝利。委託單處理規則實施之後，暴紅的交易池將和大市場正面對決。

其他交易池的速度難以和孤島相比，流動性起伏也沒有它那麼頻繁。Instinet雖然是規模最大的替代網路，但它和納斯達克與NYSE一樣還停留在過去，依靠真人交易員撮合交易。

而在這些背後的是：離群索居的電腦天才列文，在百老街50號擁擠的辦公室裡，對著一台戴爾電腦不停地敲敲打打。

• • •

委託單處理規則頒布後那幾天，列文日夜工作，瘋狂地更新孤島的程式。這是一場對抗時間的競賽，他要趕在1997年1月規則正式實施前完成。

　　為了讓達提克交易員了解最新狀況，列文接連寄出電子郵件，說明如何下載孤島的軟體以及怎麼使用它。

　　他寫道：「我該如何取得孤島？」只要寄一封電子郵件，內文寫：「孤島讓我發大財！」列文開玩笑地說，這封電子郵件「一定要誠心誠意，否則我不一定會回」。

　　他還幫孤島想了一句標語：「改變市場的力量！」它傳遞的訊息非常清楚：在孤島和SEC新規則協助下，一般投資人將可得知買進價和賣出價，和納斯達克造市商直接競爭，同時藉此改變市場。

　　納斯達克對市場的未來不表樂觀，對自己的未來也是。它暗地裡告訴SEC，新規則將帶來重大災難。如果全世界每個交易員都能和造市商正面競爭，將會亂成一團，市場本身也會因為新的電子系統流出大量資料而崩潰。

　　馬克·泰里尼（Mark Tellini）是SEC委託單處理規則的主要擬定者之一，他對納斯達克宣稱災難即將來臨十分存疑。他在1996年年初擬定這些規則後，聽說有一群科技高手聚集在「孤島」這個地方，在一部戴爾電腦上以電子方式撮合交易。納斯達克造市商則完全無從尋找。泰里尼很快就發現，孤島根本不是一群科技高手，它背後只有一個二十多歲的電腦程式設計師。

　　泰里尼打電話給列文進一步了解。他告訴列文，納斯達克聲稱新規則會使他們的市場崩潰。列文直截了當地回答，納斯達克是在放煙幕，用意是盡可能讓規則延後實施。列文說，市場可能崩潰的威脅純屬放話，甚至應該說是厚顏無恥的謊言。如果孤島能以電子方式撮合交易，納斯達克為何不能？

　　他們安排三方一起開會。1996年10月23日，列文與NASD首

席經濟學家約翰・沃爾（John Wall）和納斯達克資深技術專家馬克・迪納特（Mark Denat）在SEC位於華府的辦公室見面，出席的還有泰里尼和SEC另外幾位官員。

談話一展開就十分熱烈。沃爾儀容整潔，戴著粗框眼鏡，看起來相當慈祥。他已經知道孤島的能力。納斯達克已經不只一次因為孤島火力全開，送出大量委託單，灌滿它的管道而停擺。他表示，他擔心孤島如果獲得充分許可，將會天天造成納斯達克的電腦系統癱瘓。

列文把銳利的目光轉向沃爾和迪納特時，眼睛瞇了一下，表達不屑。他從個人經驗知道，納斯達克可以建立網路來處理這些流量。他說：「如果你們的系統可以自動化，就不會有問題了。只要執行SelectNet上所有相符的委託單就好，很簡單。」

沃爾說：「沒那麼容易。」

「為什麼？」

沃爾沒有回答。納斯達克科技專家迪納特則是不信任列文。他自己跟馬希勒在SOES上打了許多年的仗，覺得這整件事只是為了快速賺錢。迪納特完全不相信列文感興趣的其實是**讓市場變得更好**。

不過泰里尼被說服了。接下來列文一項項破解納斯達克的主張時，他和其他SEC人員驚訝地對看。列文表現得真的很精彩。很快地，這名娃娃臉程式設計師了解納斯達克管道的程度，顯然超過納斯達克自己的專家。

最後，列文下了簡單的結論：納斯達克應該**效法孤島**，進行系統自動化，即刻執行所有相符的委託單。如果不貪，就沒有理由不

這麼做。

這個構想行不通，談話到此為止。如果納斯達克電腦化，那些造市商該怎麼辦？這是異端邪說，納斯達克將繼續對抗這個想法好幾年。

更重要的是，列文精彩地攻擊納斯達克的頑固態度，讓SEC相信這個做法是正確的。沒有列文和孤島當成範例，說明電子網路如何快速撮合委買單和委賣單，納斯達克或許就能慢慢削弱新規則，最後使它們失去效果，一切回到原點。

但現在一切都改變了。

• • •

即使納斯達克的老班底不願面對現實，但一些比較年輕的納斯達克人員了解，世界正在慢慢改變。ECN將會逐漸普及。新規則將在1997年1月10日實施，納斯達克手忙腳亂地開始準備，成立專家小組，研究新規則可能對業務造成什麼衝擊。

專家小組由經濟學家狄恩・佛布希（Dean Furbush）領軍。1987年的黑色星期一，當時佛布希在SEC擔任經濟學家，從那時候開始，他就一直忙於研究難解的市場結構問題。他於1990年代初離開政府單位之後，在華府智庫Economist Inc.工作三年。當時他的第一件工作，是詢問納斯達克對於克利斯提－舒茲研究的回應。最後，納斯達克聘請他全職研究SOES問題。

佛布希到納斯達克就任後不久，從Economist Inc.聘請了年輕的研究人員傑米・塞爾威（Jamie Selway），他告訴塞爾威，他想跟孤島建立非正式關係，要塞爾威去探路。

佛布希跟他講：「小心，這件事非常敏感，我們跟他們對槓很多年了。」

1996年8月，塞爾威先跟列文聯絡。但納斯達克不願面對現實的主事者聽到風聲，命令他打住。他們還是希望說服SEC收回成命。當年十一月，大家都清楚委託單處理規則已是箭在弦上，塞爾威的噤口令隨之解除。

11月21日，塞爾威發了一封電子郵件給列文。

他寫道：「前陣子跟您聊過一下。狄恩和我很想向您討教，請教您對一些議題的看法。其中有些議題相當緊急，因為1月10日已經迫在眉睫（而且一些事情即將全盤改變）。我想這對您應該也很重要。在我的印象中，您對敝機構感受不佳，我想這對雙方都不好。」

塞爾威表示希望跟列文見面：「如果您知道我的意思，我希望能透過非正式管道做些事情。我想解決一些問題，不知道您意下如何？」

列文回信了，但有點諷刺的是他拖到第二天。

列文寫道：「嗨傑米，我不討厭NASD。我很樂意聊聊，想知道些什麼都可以跟我講。」

他們排定十二月初碰面。塞爾威和佛布希搭上火車前往紐約，到百老街50號跟列文和席特龍見面。

儘管有些實際問題需要解決，但初步會談主要是彼此互相觀察。席特龍一如往常負責主談，列文舒服地靠在椅子上，沒有出聲，雙眼朦朧。

他跟塞爾威說：「我累壞了。我連續寫了三十六小時的程式。」

　　會議結束後，塞爾威和佛布希參觀列文的辦公室。游泳池裡擠滿烏龜，一支火箭筒斜靠在角落。塞爾威很驚訝，孤島這個毫無組織的公司，竟然能讓納斯達克這樣的大公司如此頭痛。他想，**這是什麼怪地方**？

　　席特龍得意地介紹孤島的「資料中心」。置物架上塞滿戴爾桌上型電腦，令人眼花繚亂的纜線從四面八方連到電腦。納斯達克先進的資料中心位於康乃迪克州特蘭伯爾，員工必須刷識別證才能進入擺滿昇陽（Sun Microsystems）伺服器的房間，孤島跟它比較起來簡陋得可笑。纜線從牆上冒出來，再鑽進天花板。電線在地上四處迂迴。然後……那是**蜥蜴**嗎？

　　佛布希問道：「是不是我踢到這條電線，你的市場就會停止運作？」

　　雖然孤島看來跟用泡泡糖跟膠帶組裝的科展作品差不多，但列文這套系統其實比納斯達克的系統強固得多。他採用了相當新的電腦科學技術，稱為**分散式運算**（distributed computing）。列文不是以一部龐大的主機當成整個網路的中心，而是把孤島系統分散在許多部硬碟中，如果有一部硬碟損壞，可能會有一、兩個客戶短暫受到影響，但整個網路會照常運作。佛布希可能會同時踢到好幾條電線，但孤島仍繼續運轉。列文需要更大的運算能力時，只要再買一部電腦接上去就好，如果電腦硬體故障，也只需要換新電腦上去。

　　納斯達克位於特蘭伯爾的太空時代網路，雖然擁有最尖端的硬體，但整個系統停擺和資料遭遇瓶頸的風險更高，只要一部伺服器當機，整個系統就會停擺。這種網路龐大、遲鈍、複雜又緩慢；孤

島簡單、維修容易、非常容易擴充,而且速度極快(關於孤島的系統強大又耐用的傳言早已傳遍金融界。雅虎創辦人楊致遠和大衛・菲勒〔David Filo〕曾經造訪孤島,學習列文的系統如何運作)。

佛布希對列文印象十分深刻,他認為席特龍只是靠列文的天才騙吃騙喝的丑角。他回憶道:「列文非常開放①而且絕頂聰明。設計出這個優秀系統的是這個年輕人,他看得出未來世界會如何演變。」

塞爾威也跟列文和他朋友彼得・史坦一見如故。當年稍早,史坦成立達提克線上,這是史上第一個為一般投資人設計的個人電腦當沖交易平台。列文和史坦是1980年代末在卡內基美侖大學認識的。1995年,史坦原本在華府為設計直昇機的軍火商工作,列文說服史坦搬到紐約跟他一起開拓市場。達提克線上每筆交易收9.99美元,是當時全美國收費最低的線上交易平台。此外它的速度最快,使用它的當沖交易員越來越多,為孤島帶來珍貴的流動性。

塞爾威拜訪後幾個星期,列文和史坦邀請他來參加他們在佛蒙特州史特拉登一處滑雪山莊舉行的除夕派對。塞爾威和女朋友到紐約,在市區的直升機場跟這兩名程式設計師碰面。席特龍聽說他們要來,因此慷慨出借他的直昇機。

直昇機離開曼哈頓市區高低不平的天際線後,史坦藉助他跟直昇機設計人員一起工作的經驗,介紹直昇機能在空中飛行應該算是奇蹟,塞爾威的女友本來就很緊張,聽他這麼說更加害怕了。到達山莊之後,列文一直斟給他們貝禮詩奶酒和卡魯哇咖啡酒調成的泥流雞尾酒(Mudslide)。

對於塞爾威這樣正直坦率、認為工作的第一要務是在體制內當

個忠誠工作者的人，這個經驗有點奇怪。但這些年輕、有錢、放浪不羈、取代市場強權的行外人士有些東西很吸引人，而且看來應該會成功。

不久之後，塞爾威就加入了他們。

. . .

就在孤島即將取得最大的勝利之際，烏雲逐漸籠罩達提克。1996年底，SEC判決馬希勒違反SOES規則，處以六十七萬五千美元罰款，同時裁罰席特龍兩萬美元。馬希勒一年內不准與任何NASD成員往來；他離開達提克的主管職位，但仍然經常出現在辦公室裡。席特龍依然堅守自己在達提克的要職，而且這是有理由的。達提克獲利持續成長，1996年獲利高達九千五百萬美元（1992年時僅三百八十萬美元）。

在列文靈活的頭腦推動下，孤島不斷向前推進。挑戰十分巨大。全華爾街似乎都站在同一陣線，對抗達提克和孤島。但列文相信自己站在對的一方。在他的心目中，這個市場剝削散戶投資人，圖利肥貓銀行家和交易員。遊戲已經遭到不正當的操縱。

孤島要打破現狀。孤島要**改變世界**。

革命的代價當然沒什麼好笑的。

1996年，達提克證券支付席特龍和列文②將近一億四千五百萬美元，作為使用孤島和觀察者等軟體和服務的費用（席特龍是CEO，因此取得大部分收益）。

當然，有許多競爭者站在同一陣線。一段時間之後，最成功的競爭者，也是日後將與孤島正面對決的競爭者，將出現在中西部的

交易聖地芝加哥。為了向列文等人致敬，同時表達公開叫陣之意，這家公司取名「群島」（Archipelago）。該公司創辦人是個性反覆無常的企業家，未來十年內將成為股票市場的要角。他和馬希勒和列文一樣，準備和納斯達克、NYSE和其他華爾街傳統勢力正面對決。他會在對決中獲勝，而且是大勝。

注釋

1 "Josh was incredibly open"：訪問佛布希的內容。

2 In 1996, Datek Securities paid Citron and Levin："Free Enterprise Comes to Wall Street," by Matthew Schifrin, *Forbes*, April 6, 1998.

10 群島——與孤島亦敵亦友的勢力

Archipelago

在芝加哥南華克街100號的辦公室裡，傑瑞‧普南（Jerry Putnam）接起電話①。電話另一頭是Instinet的代表、孤島的列文，還有納斯達克市場服務總監尤金‧羅佩茲（Eugene Lopez）。當時是1996年12月底，這次討論提到委託單處理規則實施的具體細節，以及新的電子通訊網路（ECN）的某些技術層面。

普南難掩興奮之情。普南高大健壯、面貌友善開朗，經常大笑或講有色笑話，在高額金融領域的低階職位耕耘多年，希望出人頭地。他覺得自己終於成功了。他成立新的電子交易網路「群島控股」（Archipelago Holdings），相信它能和孤島及Instinet正面競爭。儘管新規則讓任何人都能設立ECN並與納斯達克連線，但真正付諸行動的人不多。那年秋天，普南花了幾個月設計和建立這套系統。事實上在許多方面，群島不像科技產物，反而更像思想實驗。

但普南即將面臨重大打擊。這次電話快結束時，羅佩茲說：「傑瑞，我需要跟你談一下。」

普南回答：「當然沒問題，尤金。」

羅佩茲要講的是壞消息。納斯達克先前表示，新ECN必須提供七十五萬美元設立帳戶，支付交易活動費用。如果使用ECN的

交易員損失一大筆錢但付不出來，ECN 就必須幫忙支付這筆錢。

羅佩茲說：「我們改變主意了，現在要一百萬美元。」

普南的胃揪在一起。

他說：「尤金，我沒有這麼多錢，你知道的。」

羅佩茲冷漠地回答：「那真糟糕。」就掛了電話。

普南感到一陣暈眩。幾個星期之內，SEC 的委託單處理規則，就開始要對交易量最大的五十檔納斯達克股票實施，只讓少數 ECN 和原有的造市商一同張貼報價。這些股票包括微軟、甲骨文和全食超市（Whold Foods）等熱門股。普南擔憂，SEC 可能會在他們的 ECN 實驗剛完成測試就凍結它。要參與競爭，唯一的方法是站上起點。

納斯達克不準備鬆手。羅佩茲告訴普南，他必須準備更多錢——七十五萬美元。這對 Instinet 來說只是小錢，席特龍等人在背後撐腰的孤島本錢也很雄厚。但普南光是設立群島就已經兩手空空。他非常氣憤。**他們想在最後一分鐘打死我。**

普南的結算券商西南證券（Southwest Securities）同樣位在南華克街上，這通電話過後他立刻趕到那裡。普南說明，除非他現在就有這筆錢，否則群島永遠無法開始運作，所幸西南證券同意提供七十五萬美元交換他公司的股票，讓他大大鬆了一口氣。

延宕幾個星期後，1997 年 1 月 20 日，委託單處理規則正式實施，比原先預計的日期晚了十天。普南打開機器開關，透過他的系統產生的報價立刻出現，並列在孤島、Instinet 和另一個 ECN 彭博交易簿（Bloomberg Tradebook）的報價旁。

普南差點功敗垂成，但他已經在市場取得立足之地，這下他不

會輕言放棄了。

• • •

普南這輩子一直在追逐他的美國夢的遠景。也就是說，他想發財、而且要發大財。但在委託單處理規則實施之前，他好像永遠不會成功。普南出生於1958年，父親是職業軍人，他在費城西部的中產階級住宅區長大，這裡是電視綜藝節目《美國舞台》(*American Bandstand*)的發源地。1970年代，普南就讀於西天主教高中，會計科目成績非常好，但他真正的興趣是雙槳賽艇。他是私人俱樂部船隊的槳手，初中和高中時曾經參加全美錦標賽。

普南在金融界起初不算順遂。1981年在賓州華頓商學院取得學士學位後，在迪恩維特(Dean Witter)找到一份工作。他拉到的業務不多，後來被資遣。後來十年，他在多家券商間轉來轉去，包括普惠和保德信金融集團(Prudential Financial)等，成績普普通通。他在這段過程中，認識了石油或糖等商品期貨合約的交易高手保羅・艾德柯克(Paul Adcock)，朋友都叫他「保哥」。艾德柯克是伊利諾州中部的農場子弟，後來是群島團隊中最忠誠、待得也最久的成員。

1994年，普南事業遭逢重重打擊。他的現金不多，又剛買下豪宅，別無退路，因此決定自己成立經紀商「新世界交易」(Terra Nova Trading)。Terra Nova是拉丁文，意思是「新土地」，代表普南對未來的期望，同時渴望自己時來運轉。

但運氣並未眷顧他。新世界交易成立後不久，普南很想簽下的某個大型避險基金客戶關門大吉；他有一家經紀經銷商，但幾乎沒

有業務。

他的金融事業似乎就此告終。他跟加入新世界的艾德柯克談的時候，開玩笑說他正考慮到他常去釣魚的威斯康辛州開一家魚餌店，艾德柯克則說要回父親的農場工作。

後來普南認識了交易軟體開發公司「湯森分析」（Townsend Analytics）創辦人史都華・湯森（Stuart Townsend）。湯森建立了Windows股票即時報價系統即時檔位（RealTick），這套軟體能追蹤記錄證券價格上下起伏的檔位，很快就打進華爾街的各個交易廳。即時檔位類似列文的「觀察者」，讓交易員能運用納斯達克原始資料，追蹤股票的買進價和賣出價。這套軟體在Windows下運作，所以很有機會像搭配微軟視窗系統的個人電腦一樣，打進更多交易室。

普南相信即時檔位潛力無窮。市場電子化程度越來越深，電腦正以許多人無法想像的方式改變交易，即時檔位可能成為這場革命的先頭部隊，同時掌握無數財富的關鍵。

後來普南得知，芝加哥有些交易員使用電腦系統，速度極快地在納斯達克上買賣小量股票。這套系統當然就是SOES。

故事可以追溯到當初介紹馬希勒到SOES的紐澤西州交易員哈維・霍特金（Harvey Houtkin）。霍特金很早就在芝加哥開設SOES交易機構，這是有理由的。風城芝加哥很快就成為電子交易重鎮。芝加哥商品交易所（Chicago Mercantile Exchange）開發自動撮合系統，交易各類期貨合約，連結標的從金價、石油到S&P 500股價指數等，不一而足。芝加哥期貨交易所（Chicago Board of Trade）則在建置系統，以電子方式追蹤和交易股票選擇權。

　　關於SOES的傳言已經傳遍全芝加哥，普南和湯森開始討論自己開設SOES交易公司。這是讓新世界實際運作的機會，也能刺激即時檔位的需求。

　　為了了解SOES，普南和幾名同事於1995年2月前往紐澤西，參與霍特金的SOES訓練計畫。普南想知道的不是在SOES上交易的基本概念，而比較想學習如何成立自己的交易公司。需要哪些設備？如何跟納斯達克連線？可以收取哪些費用？

　　不久之後，普南在芝加哥洛普區西亞當斯街318號的舊AT&T大樓十五樓成立公司，距離芝加哥期貨交易所只有幾條街。他買了幾部安裝納斯達克二級工作站軟體和即時檔位的電腦，並且在交易刊物上刊登公司的廣告。他把這家公司命名為「芝加哥交易套利」（Chicago Trading & Arbitrage）。

滑一滑、點一點，交易完成！
您想成為**當沖交易員**嗎？
SOES等各種最先進的交易方式
專用的動量與搜尋演算法軟體
cTa……芝加哥交易套利
地址：芝加哥西亞當斯街318號，IL 60606
電話：1（888）U-SELL-HI

　　來開戶的交易員大概有十幾個。跟百老街50號的達提克相比，這家公司簡陋得多。這裡沒有使用列文的觀察者和Monster Key的交易機器，交易員在自己的螢幕上觀察機會，再向職員大聲喊出

委託單，職員再透過二級工作站輸入委託單，有時普南得校長兼撞鐘。這項工作十分乏味又耗費時間。

普南和湯森認為必須想出更好的方法。他們發現，如果即時檔位具備滑鼠點擊功能，就能更快輸入委託單。交易員行動可以更快，委託單數量隨之增加，從而為芝加哥交易賺取更多費用。根據這個想法，湯森把即時檔位改成直接存取的委託單輸入系統。

這套系統於七月上線，很快就紅了起來。芝加哥交易每天送出數百筆SOES委託單給納斯達克，後來更提升到數千筆。但普南希望再多一點。

因此他們必須在芝加哥之外開設新的交易室，但這有個重要障礙：每個交易室必須有一台納斯達克二級工作站。這組電腦非常昂貴，普南沒那個預算。

後來他有個主意：既然芝加哥交易的做法，是使用西亞當斯街總公司裡配備點擊式即時檔位軟體的電腦製作委託單，再傳給二級工作站，那其他地方的交易室為何不能透過網際網路連接**那台電腦**？這樣他就不用再買電腦，只要在衛星交易室和芝加哥總公司之間建立轉送系統就好。

普南很快就建立好五個當沖交易分公司的連線，這五個城市包括白原市（White Plains）、紐約和加州聖荷西等。委託單經由「交易沙龍」（trading salon）轉送到西亞當斯街318號的中央電腦，為新世界賺取費用。

普南工作時像頭騾子一樣，他在辦公室待到很晚，天濛濛亮就進辦公室，有時甚至沒回家，週末也在工作。但獲利相當大，1996年年中，他覺得自己重新站起來了。

　　但他已經筋疲力盡，被他的當沖帝國瘋狂擴張壓垮了。到了八月，他被病毒擊倒，躺了好幾天。他在休養時開始閱讀SEC一份厚達三千頁的文件———委託單處理規則。

　　普南一頭栽進規則，從頭到尾讀了好幾次，越讀越覺得興奮。他開始發現，這些規則將為電子通訊網路創造難以置信的潛力。

　　普南心裡的疑問是：納斯達克是是否打算自己建立ECN？納斯達克可以自己建造電子交易系統，不需要讓其他人搶走業務。如果他們這麼做，大多數交易員就會把委託單送進納斯達克的交易池。有些交易員或許會繼續使用孤島和Instinet，但新參與者就沒有希望了。這個想法非常合理。的確，普南想，納斯達克不這麼做**真的很奇怪**，但他從沒聽說過納斯達克自己有ECN。

　　後來他聽說，納斯達克在芝加哥市區舉辦委託單處理規則的說明會。他坐在聽眾席，同樣完全沒聽到納斯達克的ECN。

　　他大力舉起手。

　　他問道：「你們打算自己建立這種網路，對吧？」

　　納斯達克的講師說：「沒有，我們不準備這麼做。」

　　普南驚呆了。說明會結束後，他立刻衝到前面。

　　他說：「我搞不懂，你們為什麼不這麼做？」

　　那名納斯達克高階人員開玩笑說：「如果你對這點有疑問，請寫信問國會議員。」

　　普南立刻理解，納斯達克要保護既得利益者，也就是它的造市商。列文的反應會被冷處理也是因為如此。納斯達克不想鼓勵電子交易，只想維持以電話進行交易的系統，好讓經銷商控制市場的起伏。普南想，這真是大錯特錯。這樣會讓納斯達克更容易受害。

他說：「嗯，或許我該自己建立網路。」

那位高階人員說：「我想你可以試試。」

普南知道這件事希望不大。他相當熟悉孤島，因為芝加哥交易跟他們有往來。他和達提克一樣聘請一群當沖交易員，可以為自己的交易池提供流動性，但他的交易量遠遠不如達提克。孤島擁有自動交易台（Automated Trading Desk）這些強大的外部使用者。芝加哥交易沒辦法產生足夠的流動性，為動作迅速的交易員提供穩定可靠的撮合功能。

普南的解決方案有點違反直覺，而且相當巧妙。我們何不建立一個電子轉送系統，把委託單送到**其他交易池**？如果某個芝加哥交易的客戶，下了一張以20美元買進英特爾的委託單，系統會先檢視內部有沒有符合的委託單。如果沒有，就會立刻把這張送到有符合委託單的交易池，無論是納斯達克、孤島或Instinet都好。

這套系統是導管，負責分配**整個**市場產生的交易量。普南的交易池不是孤立的流動性「孤島」，而是**一連串以電子方式連結的島嶼**，是**一群**相連的交易池。其他交易池，包括孤島在內，必須先在內部撮合委託單，才會轉送到納斯達克。

新規則實施在即，普南很快展開行動。他匆忙研究程式碼，經常打電話問列文相關資訊。這位孤島的程式設計師提供非常多的協助，甚至還傳了一些孤島的程式碼給普南。列文甚至向普南示範他如何讓孤島和群島直接連線，避免經過納斯達克老舊的系統。

1996年12月27日，普南和湯森成立群島控股公司（Archipelago Holdings），雙方各持有公司50%股份。普南把相關文件送往伊利諾州和SEC，在納斯達克設立經紀商帳戶。

　　同一天，列文傳了一封電子郵件給普南，回覆普南詢問要在新規則正式實施前測試系統間連線的事。列文告訴普南，他會在孤島和群島間「建立連線」，從而建立管道連結兩個主要部分，它們日後將成為全世界規模最大的交易所。

　　「我很樂意跟你見面。」列文在郵件中說：「老實講我短期內不會去芝加哥，但如果你到紐約市來，我很樂意跟你一起吃個飯，帶你參觀我們的辦公室。」

注釋

1 Jerry Putnam picked up the phone：本書中許多關於群島的故事，來自普南、
　歐哈拉、柴伊、塞爾威和其他幾名群島前員工。

11 每個人都在乎

Everyone Cares

　　SOES盜賊不斷在擴散、成長、突變。起先是「黑色星期一」來襲時，跟霍特金合作的伙伴薛利・馬希勒。馬希勒悉心培植的約書亞・列文打造出「觀察者」，後來又開發Monster Key和「孤島」。接著傑瑞・普南向霍特金學習SOES交易，成立了「群島」。

　　此外還有布洛克交易（Block Trading），這家位於休士頓的SOES券商成立於1992年，創辦人是前雷曼兄弟股票經紀人克里斯・布洛克（Chris Block）和傑夫・柏克（Jeff Burke）。布洛克跟柏克和普南一樣，到紐澤西州參加過霍特金的SOES訓練課程。他們使用的交易軟體是觀察者。

　　他們知道交易軟體可能價值連城，因此著手自己製作。在位於休士頓的布洛克交易總部之外，愛爾蘭裔電腦程式設計師菲利普・巴柏（Philip Berber）開始撰寫交易系統的程式碼。這套交易系統跟觀察者非常相似，這項計畫的成果是「虛擬交易員」（CyberTrader）。未來幾年，虛擬交易員將成為全美國最普及的當沖交易程式，使用者包括在家交易的阿伯、醫師和家庭主婦、青少年和無所事事的退休銀髮族，為後來的網路泡沫提供強大的能量。2000年嘉信集團以將近五億美元買下巴柏的公司後，虛擬交易員變得家喻戶曉，幾

乎可說是線上投資的同義詞。

虛擬交易員和達提克線上這些性質相同的公司，代表當沖交易現象的演變。使用虛擬交易員的交易者，不需要在幾秒鐘內進場出場，試圖攫取稍縱即逝的價差，只要跟著動量操作就好。他們會追蹤圖表、找尋固定模式、畫出圖形、執行方程式和程式，抓準股票劇烈上下的時刻，然後大舉出手，運用的槓桿通常非常大。這些交易員不是使用遲緩的E*Trade帳戶，購買IBM或英特爾股票當作退休基金的業餘人士，而是選定某個標的（通常是容易受單一交易操縱的小型股票），一次砸下數萬美元。

其他當沖交易券商也開始模仿這種方式，網路泡沫開始膨脹時，這種方式越來越受歡迎，同時把泡沫撐得更大。

SOES盜賊收盤時絕對不會把資金留在市場，但這些動量高手經常持有部位好幾天。新的電子市場提供收盤後交易功能時，許多高手還會在晚上加碼。

當沖交易員越來越多時，動量交易的命脈，也就是波動幅度，隨之大幅提高。英特爾、思科和eBay等科技股大幅變化，產生極大動量，吸引更多交易員隨波逐流。

這些凶狠的新高手湧向科技股和IPO，把納斯達克變成瘋狂的美國西部，把股價拱到完全脫離基本面。獲利不重要，重要的是在他們的虛擬交易員、觀察者和即時檔位軟體上閃動的數字，重要的是股票價格、它改變了多少，以及它即將改變多少。

市場也變成龐大的線上賭場、讓少數幸運兒一夜致富的電子彩券。連一向逃避風險、沉著穩重的基金經理人也開始進場，因為爆炸的網路股價使他們每年10％的報酬率顯得好笑。不久之後，這

股風潮成為席捲全美國的狂熱，最後步向災難。

· · ·

在紐約，獨力經營全美國成長最快的交易中心，列文一直覺得壓力沉重。那些工作二十小時的日子，那些維持孤島運作的沉重工作，都一點一滴地損耗著他。他第一次感受到強烈的疲勞和壓力，讓他知道失去熱情是什麼感覺。他不想再去那裡，他需要協助。

幸運的是，他即將獲得許多助力。的確，孤島後來幾年內聘請的幾位交易員、程式設計師和律師，將成為精英前鋒部隊，把列文對電子交易的信念傳播到整個市場。他們將登上美國交易所的最高位置，在全世界所見最先進的交易機構幕後工作。

列文第一個聘請的人是他自己的小型複製品。1995年夏天，來自德州大學的十八歲學生威爾・史特林（Will Sterling）接受了布洛克交易休士頓總部的工作。史特林打算秋天再回學校唸書，但布洛克提供機會，讓他負責布洛克在德州泰勒市的第一家分公司時，他立刻放棄學業，再也沒有回去。

史特林在泰勒市開始跟巴柏合作開發虛擬交易員，過程中他經常跟列文通電話，因為孤島是布洛克的主要交易池。1997年夏天的某一天，史特林前往紐約市成立布洛克分公司途中，他打電話給列文。

他說：「你知道嗎？我現在在紐約。」

列文說：「太棒了，想見面吃個飯嗎？」

他們在西村一家小墨西哥餐廳多提亞公寓（Tortilla Flats）碰面，兩個人都覺得自己好像站在哈哈鏡前面。他們都長得不高、瘦削，

而且都是棕色的三分頭。不過他們的個性天差地遠。列文輕鬆悠閒、喜歡惡作劇，史特林比較像商務人士、比較華爾街。他們一邊享用塔可餅和莎莎醬，一邊討論新的委託單處理規則將對當沖交易產生什麼影響，以及對孤島有何影響。列文認為會有更多委託單進入他的交易池。

他看得出史特林很了解電子交易的商業面，而且很了解技術細節。

「你應該來跟我們認識一下，」列文提議，「你應該見見傑夫。」他還提到當時擔任孤島管理人的席特龍（列文本身沒有正式職銜）。史特林微笑點頭。他知道列文的意思，列文要找他到孤島工作。

他說：「我很樂意跟你們聊聊。」

幾個星期後，史特林成為孤島除了列文和席特龍之外，第一個全職員工。接下來孤島聘請的人極為重要：企圖心強、講話很快、極富魅力的交易員麥特・安德森（Matt Andresen）。

• • •

安德森就讀於杜克大學時，沒有花多少時間讀書。他身高一九三公分，身形瘦高，大部分時間都花在擊劍上，四年都把進入美國代表隊當成他的大學事業。1993年他畢業取得經濟學位後，前往紐約爭取進入1996年奧運擊劍代表隊。他跟大學時的朋友一起，住在紐約上東城77街一棟狹小陰暗的公寓裡，晚上到紐約運動俱樂部練劍，平常日在雷曼兄弟擔任交易員助理，在那裡學到送咖啡的技巧比實際交易還多。他很快就厭倦了這個工作。他想做事，但雷曼兄弟不讓他發揮。

1995年，安德森就任達提克的交易職缺。他相當嫻熟SOES盜賊凶惡狂暴的交易風格。他是擊劍好手，多年來不斷磨練集中力量、一擊取勝，以及提前好幾步想好如何應對的能力。他一看到交易出現，立刻抓住機會，低價買進大筆股票，幾秒鐘後立刻賣掉。他進入奧運擊劍代表隊的機會越來越渺茫，成為交易員的前景則一片光明。

安德森亟欲提升能力，開始經常找一個在達提克交易廳外狹小房間工作、個性沉默的同事講話——就是列文。安德森很快就看出列文是公司背後的推手，所以經常在交易時間後晃到列文的運算中心，問他關於觀察者或市場結構的問題。列文的辦公室亂成一團又塞滿垃圾，這讓講求整潔的安德森有點恐慌。電線從牆壁冒出來，纜線在一堆堆垃圾間穿來穿去，還有烏龜、蜥蜴和火箭筒……

列文總是耐心地回答安德森的問題，而且很快就發現，安德森也是麻煩又討厭的當沖交易員。他將成為交易室裡的主角，教導其他交易員觀察者的細節，即使有些交易員可能比他經驗豐富。當時二十七歲的安德森是天生的領袖，列文需要一個能信任的人。避世的駭客喜歡單獨工作、解決問題，列文不想負擔執行長或宣傳者的責任。

而席特龍則在SEC深入調查達提克的交易過程時官司纏身。史特林頭腦靈活，了解他的規矩，但他才二十多歲，連大學都沒畢業。比較之下，安德森有杜克大學學歷，又在雷曼兄弟待過一年，是優秀的華爾街老手。他的禿頭無關緊要，只讓他看起來更成熟。

1997年底有一天，列文要安德森到他的辦公室。列文對他說：「孤島需要一個執行長，必須升一個人。麥特，我覺得你應該可以

勝任。」

安德森嚇了一跳，說：「不過列文，我沒有管理經驗，完全沒有。」

列文說：「這沒有關係。你夠聰明，誰會在乎。」

安德森說：「怎麼可能，每個人都在乎。」

列文搖了搖頭。他這幾年看多了華爾街的黑暗面，所以比較了解。

他說：「不會，他們才不會在乎。」

• • •

安德森立刻展現他的獨特風格。接下管理職後不久，他就開始網羅程式設計師。他找的第一個人，是俄羅斯出生的電腦程式設計師麥可・拉扎列夫（Mike Lazarev），幾年之後他將在交易機器跟波迪克一起工作。拉扎列夫當時在高科技通訊公司工作，同時在羅格斯大學攻讀人文。他在網站上看到孤島的尋人廣告後，應徵了程式設計職缺。

他跟安德森第一次面談時就發現，孤島不是一般的公司。問過幾個問題後，孤島執行長決定錄取他。

安德森說：「就在這裡、就是現在。你要來嗎？」

拉扎列夫有點困惑：「沒有人資流程要跑嗎？」

安德森說：「那什麼鬼，不用管流程，就這麼說定了！」

幾天之內，拉扎列夫知道自己是跟列文一起工作，但他在面談過程中沒見過列文（列文從不跟人面談）。他不大知道列文是孤島背後的推手。史特林和安德森比較像是主事者。列文每天早上穿著

破牛仔褲或休閒褲踱進辦公室，一屁股坐在電腦前面，打字、講幾個笑話、分發貝果，然後開始工作。他穿著破襪子、髒髒的運動鞋跟舊拖鞋、鼠灰色的羊毛衫和破T恤，看來無比閒散，不可能是撼動整個華爾街的強大券商背後的推手。

但只要孤島的系統出現棘手問題，拉扎列夫就會看到每個人都跑來找列文。他慢慢發現，這個跟他一起工作的程式設計師雖然沉默又矮小，但他才是整個公司最重要的角色。

．．．

1998年，列文持續改良孤島，同時訓練一批年輕程式設計師。達提克最重要的財產，顯然已經不再是交易部門，而是科技基礎架構。

孤島當然還在，另外還有達提克線上①，它很快就成為全美國最普及的線上交易處所，用戶接近二十萬，交易總額約為二十億美元。使用者最稱道的是它執行速度極快，主要助力是它能直接存取孤島的交易池。

但孤島上空漸漸籠罩烏雲。SEC分別對馬希勒、席特龍和達提克其他成員處以巨額罰款，許多徵兆顯示麻煩將接踵而來。SEC正在調查達提克以代理人的名義進行交易時，支付給代理人的固定費用，因為此舉可能有違反舞弊條款。

1998年春天，公司決定調整架構。新公司達提克線上成立，包含線上交易網站和孤島。席特龍擔任這家公司的執行長，列文一如往常，沒有職銜。

SOES交易部門被分到另一家公司。馬希勒的大兒子艾瑞克和

幾個伙伴成立哈特蘭證券（Heartland Securities），會取這名字是因為馬希勒家族住過史泰登島的哈特蘭村。哈特蘭買下當沖業務部門，這個部門仍然留在百老街50號。孤島的電腦周圍安裝鐵絲網，跟哈特蘭的電腦隔開。

在此同時，孤島繼續以驚人的速度成長。1998年，孤島已經握有納斯達克所有股票交易量的 1/10。在一小群追逐動量的瘋狂當沖交易員和ATD等尖端電腦化公司的推動下，孤島成為雅虎和亞馬遜等熱門網路股最大的納斯達克經銷商。

孤島面臨瘋狂湧入 ECN 空間的熱潮。傑瑞·普南的「群島」在芝加哥成長得很快。1997年11月，規模最大的專業經紀人公司推出 REDIBook（轉送及執行點介面簿）。第二年二月，霍特金以當沖交易部隊的交易網路和流量為基礎，成立 Attain ECN。

1998年4月，金融軟體巨頭 SunGard Data Systems 執行長羅伯·葛瑞菲爾德（Robert Greifeld，後來成為納斯達克執行長）成立一個 ECN，稱為 BRUT，獲利來源是透過 SunGard 的 BRASS 電腦系統買賣納斯達克股票的交易（BRUT 為 BRASS 工具程式的縮寫）。另一家公司 Strike Technologies，則是由（當時剛剛雇用資料探勘專家波迪克的）芝加哥量化交易巨頭霍爾交易的高速交易量獲利。後來設下龐茲騙局的伯納德·馬多夫（Bernard Madoff），當時主持馬多夫投資證券（Bernard L. Madoff Investment Securities），協助成立普萊美克斯交易（Primex Trading），支持者包括美林證券和高盛等，他們的電子交易觸角突然遍及各處。日後當選紐約市長的彭博擁有的金融資料公司彭博社，也以彭博交易簿（Bloomberg Tradebook，簡稱為 B-Trade）跳進這個領域。

大筆資金──史上最大筆的資金──滾滾湧進交易池，猶如夏威夷北岸的巨浪。嘉信集團、雷曼兄弟和美國銀行都支持REDI-Book。高盛大舉投下數百萬美元在普南的「群島」上。馬多夫在全華爾街都有口袋極深的支持者。

其他ECN投資者包括貝爾斯登、摩根史坦利、所羅門美邦、普惠和瑞士信貸第一波士頓（Credit Suisse First Boston）等。華爾街的巨頭，也就是規模最大的納斯達克造市商業務的幾家券商，則把數億美元投入正在起飛的交易網路。

在委託單處理規則協助下，電子交易池顯然將改變遊戲。再也無法藉由造市輕鬆賺錢了。突然之間，電子交易的新疆界出現激烈競爭。對於首先進入者而言，大筆財富正等著他們。SEC於1998年實施新法規Reg ATS（替代交易系統），整頓數量不斷增加的電子交易池。這些電子交易池必須在納斯達克登錄為經紀商，成為正式交易所，否則交易量必須在一定限度以下。

規模最大的ECN依然是Instinet，1998年時大約擁有70%的上櫃市場。孤島位居第二但正急起直追，市場占有率大約是20%，普南的群島大約為6%，剩下的市場由BRUT、REDIBook、彭博的B-Trade和霍特金的Attain瓜分。

但Instinet依然雇用了幾十名經紀人，採用老派交易方式：電話。這方式費用較高，每股大約是美元2分，ECN則大多不到1分。

Instinet被自己的規模和龐大的現金儲備所蒙蔽。公司晚餐花費沒有上限。Instinet一名前員工回憶：「只要是跟客戶一起，沒有人會過問帳單金額。我們會去超高級的莫爾頓牛排館，直接包下包廂。拿起酒單，想點什麼就點。沒有人在乎。」

　　華爾街各個交易廳都有追蹤Instinet委託單的綠色機器，但眾所周知這套系統經常有小問題，也常當機，隨時需要知道狀況的交易員很受不了。

　　的確，Instinet搶走華爾街經紀商的造市台許多業務，所以經紀商大多痛恨它。共同基金想買進十萬股IBM時，越來越常跳過美林、高盛或摩根史坦利這些大銀行，直接到Instinet買進（這三家大銀行的造市利益十分密切，所以在華爾街經常統稱為MGM）。

　　多年以來，Instinet完全控制股票暗市。它擁有流動性，流動性再增殖和控制其他流動性（無論交易員喜不喜歡，他們都必須前往活動發生處所）。Instinet的業務員經常到各個交易廳，拿出飛盤和抒壓球丟給交易員，交易員有的歡呼，有的則噓他們。

　　ECN問世之後，MGM認為是大好機會。如果經過他們的電子網路的交易流夠大，Instinet的實力將大打折扣。寶貴的流動性將轉到其他地方，使Instinet的交易池縮小。這些銀行想控制交易流，也就是每天在市場中流通的委託單。

　　一場激烈的地盤爭奪戰就此開始，目標是Instinet。

　　Instinet剛上任的道格‧艾特金（Doug Atkin）經常故做熱情，他似乎還沒意識到即將面臨什麼威脅。他率先行動，把大筆金錢投入零售經紀服務（retail brokerage service）和固定收益交易（fixed income trading）等一項又一項計畫。他還花下大錢做廣告和設計新的公司商標（原本沒有），新商標是一個鬥牛士揮著紅布。他甚至讓CNBC在Instinet的交易廳做現場節目。對於一直自視為華爾街最大祕密的Instinet，這個舉動令人擔憂。艾特金到處花錢，就是

不花錢在Instinet最重要的股票交易上。這家公司口袋似乎深不見底，又統治市場太久，已經對自己的弱點視而不見。

這家公司似乎還不知道，它的業務正遭受攻擊。1998年底，在位於中城的總部舉行的公司大會中，艾特金向全公司致詞。他談到各項新計畫，包括經紀業務、債券交易、新商標等。他說，現在時機正好，而且會越來越好。

接著他拿出一把剪刀。

「我們要改走休閒路線！」他一邊宣布、一邊抓起領帶，咔嚓一聲剪斷。全場爆出歡呼聲。

列文對Instinet遭遇的麻煩一點也不意外。1995年，他已經給這家公司機會跟達提克合作，整合兩個系統的流動性。當時他在笑聲中被送出會議室。為了回應他們，他成立了孤島，孤島現在每天都在蠶食Instinet的業務。

群島（交易員通常簡稱為Arca）也在快速崛起。普南和列文雖然互通了幾十封電子郵件，也講過很多次電話，但兩人從沒見過面。1998年某一天在百老街50號，列文正在電腦上打著字時，一個他從沒見過的人走進他的辦公室。

「嗨，列文，我是傑瑞·普南。」這個人說道，同時伸出手準備跟他握手。

讓普南驚訝的是，列文沒有跟他握手。他從椅子上跳了起來，一把抱住普南，把他舉了起來。普南嚇了一跳，他身高183公分，相當健壯，列文才167公分，相比之下矮小得多。他把列文當成競爭者，但這位程式設計師把他當成失聯多年的兄弟。其實列文把普南視為擊垮華爾街傳統勢力的親近盟友。他覺得，電子交易選擇越

多越好。

列文放開手之後，普南參觀了這個房間。他全看到了，包括烏龜和大蜥蜴。電子設備像不玩的玩具一樣亂丟，四處是一堆堆戴爾電腦、一捆捆纜線。

他非常讚賞。

很少人比普南了解孤島變得多麼強大。群島透過委託單轉送系統，把大部分交易流轉送到外部交易池，所以其實是孤島最大的用戶。列文、安德森、史特林和這幾個二十多歲的特級宅男日夜工作，提升孤島的速度，帶來更多使用者，當然也帶來更多獲利。

這段期間很讓人陶醉。滾滾流進孤島的現金非常多，多到辦公室裡真的有金條。列文開始把金條和白金條帶到辦公室，隨意放著不管。有時史特林或安德森早上踱進辦公室時，會看到每人桌上有一條閃亮亮的金條，那是那個心不在焉的程式設計師前一天晚上放的。

· · ·

列文從來不想坐著不動。他還有一招沒使出來。這次行動將從根本改變美國股市的運作方式。

孤島獲利的方式，是向在平台上執行的每筆委託單收取一美元。雖然比納斯達克對SelectNet交易收取的2.5美元少得多，但有幾個問題。好比說，它沒有任何規模限制，一次交易可能只有一百股，也可能是一千或一萬股。每筆交易都是一美元。

它沒有誘因讓ATD和文藝復興等高額交易員想使用孤島。對這些每天進行幾千筆交易的券商而言，每筆一美元很快就會累積成

大錢。沒錯，他們還是會使用孤島，因為它比納斯達克或Instinet來得便宜，但畢竟還是要花錢。

列文想，如果孤島出錢請他們來交易呢？

流動性將會爆炸性成長。

因此1998年，列文開始構思方法，吸引大交易員進入他的交易池。他的方法是提供合法回扣給他們。他想到他前一年收到孤島用戶傳來的電子郵件，建議孤島付錢給在系統上執行某幾種交易的券商。

列文當時想都沒想就拋開這個點子，但現在他開始重新考慮。不久之後，他坐在飛機上，翻閱他從1990年代初就奉為圭臬的羅伯‧史瓦茲市場結構教科書《再造股權市場》。他在這本書的第八章突然讀到造市商的無知成本（cost of ignorance）。史瓦茲說無知成本是「經銷商與消息靈通的投資人交易時的成本」。

雖然造市商掌握的資訊遠比一般投資人來得多，但經常遜於比較老練的交易員、避險基金王牌高手或巴菲特之流。為這類交易員造市往往很危險。他們或許知道造市商不清楚的某些消息，例如英特爾可能發布獲利大幅成長的消息，或是西爾斯將發布驚人的銷售數字等。碰到這類委託單將造成重大損失。

為了因應準備充足的槍手有可能傷害造市商，造市商通常會拉大報價範圍，壓低買進價或提高賣出價。

這導致價差擴大。而列文最痛恨的就是價差過大。何不對券商交易的每一股支付一點點錢，用來彌補無知成本？這個點子可以吸引券商來到孤島的交易池，面對這些槍手。

這個模式稱為「掛單－吃單」，是市場管道的特殊習慣。十多

年後，這個特殊習慣，將成為毀滅波迪克「交易機器」的關鍵因素之一。請回想一下雜貨店老闆打算以1美元賣出的蘋果。我們不想花那麼多錢，所以提出買進價0.95美元。如果雜貨店老闆讓步，願意以0.95美元賣給我們，他必須支付吃單費，而我們賺到掛單費。這套制度鼓勵耐心等待，等到最後才達成交易的人就能贏得這筆錢。

跟史特林、安德森和席特龍討論過這個點子之後，列文決定試著實行「掛單－吃單」概念。1998年6月1日，針對提供流動性（也就是成交）的委託單，孤島支付每100股美元1分。吃單的客戶支付每100股美元2½分。孤島賺到1½分的價差（「吃單」的定義是消去價差，接受委託單）。這種方式可以支付費用給在孤島交易池中活動、進而提供流動性的客戶，同時向只想在交易池中獲利但不想活動的客戶收費。

這樣的金額表面看來非常小。如果一家券商進行10萬筆交易，只能賺到10美元回饋。「吃下」這些委託單（消去價差，完成交易）的券商則必須支付25美元。1990年代末，交易量還沒大到能累積成很多錢。

2000年代高頻率交易興起時，狀況隨之改變。每天進出幾億股的高速交易員很擅於賺取回饋，他們形成全新的「回饋交易員」。對許多券商而言，交易變成完成交易的競賽，要站在佇列最前端買進和取得回饋，不到一秒內再度賣出，賺到另一筆回饋。速度和高交易量是最高目標。交易次數越多、速度越快，賺到越多回饋。

不久之後，其他交易池幾乎也都複製這套模式。掛單－吃單制將繼續主導美國股票市場，採用者包括NYSE、納斯達克和全球各

地其他大型交易所。當然，**吃單**的一方，包括基金經理人和一般投資人等，全都為此付出大筆金錢。

掛單－吃單制說來有點諷刺。列文當初成立孤島的主要理由是消除中間人，讓一般投資人直接互相買賣。掛單－接單制實施之後，孤島反而創造新的中間人，就是高頻率交易員。日後，列文將會後悔採用掛單－接單制。曾經和列文在孤島共事過的同事說：「我們覺得自己創造了一頭怪獸。」

但當時效果相當不錯。越來越多快動作交易員開始把委託單送到孤島來，使流動性暴增，然後**流動性再帶來更多流動性**。本質上這就是供給與需求定律。交易池需要有買方和賣方才能運作，買方越多，賣方就會越多。

在許多方面，這種狀況就像2000年代的社群網路戰爭。由於每個人都會去朋友常去的網站，拉到比較多用戶的網站就能取得勝利。社群網站一開始時有好幾個，包括MySpace、Friendster和Facebook等。2006年時最大的是MySpace，有七千萬個使用者，Facebook只有七百萬。但後來狀況開始改變，越來越多人改去臉書，主要原因是幾項創新功能，例如讓好友到自己的「塗鴉牆」上留下公開訊息，以及讓其他人留言，或是讓幾個好友一起玩拼字遊戲等，因此拉來一群年紀較長的使用者。這些好友就是臉書贏得競爭所需的流動性，最後使臉書成為全世界最大的社群網路。

對孤島而言，掛單－吃單這類創新措施，是他們甩開競爭者、拉來更多買方和賣方的關鍵。

列文當然不是馬克・祖克柏（Mark Zuckerberg）。他沒有成為大人物、擁有私人噴射機和超級豪宅的遠大志向（席特龍才有）。列

文打心底相信他有個獨特任務要完成，就是讓市場自由。財富只是這個任務的副產品。即使沒有那些錢，他也會盡力完成這件事。

　　意志和理想的力量，是華爾街其他競爭者難以揣摩的。納斯達克正為了維護現狀而戰，努力保護它的領土。NYSE依然是獨一無二的巨頭，孤島似乎只是在它耳邊不斷騷擾的小咖。Instinet也把注意力放在改走休閒路線，最後變得行動遲緩，無法適應新的超電子世界。

　　要不了多久，它就會面臨跟納斯達克相同的命運：在孤島努力前衝時，市場不斷縮小。

注釋

1 There was also Datek online："Some Clouds Dim a Star of On-Line Trading," by David Barboza, *New York Times*, July 8, 1998.

12 逼宮

Palace Coup

　　1998年11月冷颼颼的一天，一對年輕夫妻沿著刮著強風的康尼島海濱散步。遠處地平線隱約可見世界貿易中心灰色的影子，遊樂園裡的設施已經停止運行，納森熱狗前面沒幾個人在排隊。但海灘上充滿興奮之情，因為約書亞·列文難得一見地慎重打扮，穿上黑色西裝跟領帶，跟梅芮迪絲·莫瑞爾（Meredith Murrell）結婚。莫瑞爾身材嬌小、深色頭髮，來自緬因州波蘭市。列文在對抗納斯達克和處理孤島事務間抽出時間，跟莫瑞爾交往。

　　康尼島是列文在紐約市最喜歡的地方。他很喜歡這裡只要坐地鐵就能到海灘，遠處可以看到曼哈頓朦朧的輪廓。他喜歡帶著小黑狗莫沙過來，沿著海岸線或廣闊的木棧道跑來跑去，通常會在淡季遊客比較少的時候去。

　　列文已經開始發現百老街50號神祕基地之外的生活，此外有其他跡象顯示，他漸漸不那麼熱愛這個遊戲了。1999年初，列文、席特龍和彼得·史坦都被告上法庭，原告是在達提克線上交易時虧損的個人用戶。這場小官司讓列文心煩意亂。他把自己的網站josh.com上面與交易有關的資訊全部撤除。

　　他寫道：「這個網站原本有一些有用和有趣的東西，內容和

SOES、ECNS和當沖交易等好玩的主題有關。在納斯達克市場上完成大量交易的軟體是我做的。我覺得我對這些主題有些特別的觀點和珍貴的深入觀察可以分享給大眾，但最近的事件讓我打算放棄。我放棄了，我這麼做真的不值得。」

讓列文得以脫離孤島日復一日辛苦工作的重要行動，是請到麥特・安德森擔任執行長。安德森擔起重擔，全力衝刺。在這個過程中，孤島開始逐漸從宅男溫室新創公司，轉變成目標明確、正式老派的公司。

在此同時，列文多年來的合作夥伴傑夫・席特龍，也遭遇了麻煩。

• • •

1999年7月，達提克線上收到美國司法部公文，索取過去數年的交易活動紀錄。這件事非同小可。這項調查可能導致他們遭到刑事指控。達提克線上雖然已經把SOES交易部門分到哈特蘭，但這兩家公司關係依然極度密切。哈特蘭位於百老街50號11樓，隔幾層樓下就是孤島和達提克線上，還有專線直通孤島的撮合引擎。

1999年初，達提克線上聘請銀行業務資深高手艾德・尼可爾（Ed Nicoll）擔任總裁和營運長，藉以提升形象。46歲的尼可爾高大整潔，是渥特豪斯證券（Waterhouse Securities，1995年被多倫多銀行收購後改名TD渥特豪斯）的共同創辦人，完全符合華爾街高階主管端莊穩重的形象。

尼可爾的業務生涯極具個人特質。他原本是養羊業者和商品經紀人，是史上第一個沒有大學學歷就獲准進入耶魯法律學院的人，

1997年畢業於耶魯後兩年，他來到達提克，想搭上這股線上交易的熱潮。

尼可爾快速整併他的權力。他和聯邦準備理事會主席艾倫・葛林斯潘與華爾街許多金融界人士一樣，相信小說家艾茵・蘭德（Ayn Rand）的自由市場哲學。尼可爾是冷靜的營運者，很快就發現他在達提克挖到寶了。即使團隊完全沒有商業背景，達提克線上仍然極為成功。孤島掌握納斯達克股票交易中相當大的比例。線上交易網站成長迅速。尼可爾相信，有了經驗豐富的高階主管來領導，整間公司的潛力不可限量。

大筆財富已經湧到門前。微軟共同創辦人保羅・艾倫（Paul Allen）的海鷹創投（Vulcan Ventures）承諾投資達提克線上一億美元。法國銀行業巨頭貝爾納・阿爾諾（Bernard Arnault）的家族控股公司阿爾諾集團（Groupe Arnault）以及波士頓創投公司TA Associates，也同意投資高達兩億五千萬美元。

尼可爾和先前許多人一樣，非常欣賞經常傳達自由市場理念的列文。他們兩人都深信，全世界最需要大力改革的就是股票市場。但尼可爾擔憂，達提克線上跟馬希勒和惡名昭彰的SOES交易部門關係密切，可能形成道德瑕疵。他知道，經紀商一旦遭到刑事起訴，就等於被宣告死刑。1999年7月達提克線上一收到法院公文時，他立刻著手控管損害。

他首先判斷這項調查對海鷹、阿爾諾集團和TA的投資承諾是「顯著不利事件」。這類事件讓投資者有權收回承諾，不需承擔任何後果。席特龍不同意這點，但尼可爾否決了他的意見。刑事起訴將使達提克線上元氣大傷。艾倫的海鷹創投立刻收手；TA和阿爾諾

集團則把最高投資金額從兩億五千萬美元，縮水到一億九千五百萬美元。

尼可爾認為，達提克線上必須發表明確聲明，表明自己早已不是惡質交易公司。要做到這一點，最直截了當的方法就是斬除禍首。

這代表席特龍必須離開①，而且要快。尼可爾知道這麼做相當痛苦。席特龍是達提克的創設推手，他聰明積極，精力無窮，對熱門的年輕科技新創公司而言非常重要。

但這麼做的風險太大。於是尼可爾找來達提克線上所有資深高階主管開會，但席特龍除外（列文名義上不是公司高階主管，而且從不參與公司決策）。八月一個炎熱的早晨，尼可爾跟史坦和達提克線上策略長艾力克斯・古爾（Alex Goor）在百老街50號一間會議室見面，他說明開這場會的用意：席特龍繼續待著會對公司不利，如果調查層級升高，可能對公司造成損害。

尼可爾解釋：「可能造成的危害太大，席特龍必須離開。」

史坦和古爾同意。取得團隊其他成員支持後，尼可爾不想浪費時間。他立刻打電話給席特龍，當時席特龍正在紐澤西州愛迪生的達提克線上分公司工作。

「席特龍，我們得談談。」

「好，什麼時候？」

「今天。」

尼可爾、史坦和古爾上車前往愛迪生分公司，途中他們既緊張又沉默。史坦的胃揪在一起。多年以來，他們跟席特龍在百老街50號擁擠的辦公室裡並肩作戰，但他也覺得，席特龍可能毀掉他多年來的心血。每個星期工作一百個小時，經常沒日沒夜的，都是

為了建立他心目中全世界最好的線上交易平台。

會談起初有點緊繃。席特龍知道尼可爾一直視他為眼中釘，但他不知道接下來會怎麼樣。與會者還有達提克線上的財務長約翰·葛瑞佛涅第（John Grifonetti），他也在愛迪生分公司工作。

尼可爾首先開口。

他說：「席特龍，我們全都認為你得下台，同時交出股份的表決控制權。你可以保留股份，但對公司不具任何控制權。一切到此為止。」

席特龍的臉瞬間轉白。他大吃一驚，無法相信他出力創立的公司要把他掃地出門。如果放棄表決控制權，他對公司未來就沒有任何發言權了。

席特龍開始講話，而且講個不停，以他著名的瑞特泰特風格滔滔不絕地講著。他承認他應該離開，但他不要由別人逼他。他說：「我會離開，但不會就這樣走。給我一點時間，我們耐心等待，等風頭過去，我會在我想離開時離開。」

他想把古爾和史坦拉到他這邊，但他們拒絕了。會談結束時，席特龍氣沖沖地走出會議室。

接下來幾天，雙方劍拔弩張。尼可爾聽說席特龍打電話給史坦和古爾，所以他把所有人召集到百老街50號以便看管。管理階層找好律師，席特龍當然也是。

尼可爾覺得沒辦法再等下去。如果公司內部分裂的風聲傳出去，可能引發媒體爭相報導。10月6日早上，他傳給席特龍兩份新聞稿。他跟席特龍說，其中一份新聞稿將在下午四點發佈，要席特龍決定發布哪一份。

其中一份指出，達提克線上控股公司執行長傑佛瑞・席特龍即將離職，改由艾德華・J・尼可爾接任執行長一職。另一份新聞稿指出，達提克線上所有高階管理人員，與現任執行長傑佛瑞・席特龍理念不合，因此全數求去，當然席特龍不包括在內。

這根本是逼宮。尼可爾把這件事做得完美無瑕。

席特龍別無選擇。他百般不願地同意發布第一份新聞稿，對尼可爾十分氣憤。他在華爾街曇花一現的事業就此告終。

席特龍沒有從此一蹶不振。他當時才29歲，擁有該公司30％股權，帳面價值超過十億美元。他另尋其他產業發展，注意力很快轉移到另一個不斷起伏的破壞性科技：電訊。幾年之後，他協助創立網際網路電話服務公司Vonage，他相信這家公司在電訊業將和孤島在金融業一樣，成為創新者。他仿照列文宣傳孤島的口吻告訴彭博新聞：「它將會改變世界。」

馬希勒和席特龍最後決定釋出達提克股份。尼可爾協助該公司的私募股權投資人談成金額龐大的聯合貸款，買下這些股份，這些投資人總共付出七億美元，買下他們兩人共52％的股權。

・・・

在此同時，孤島持續推行多項計畫，日後這些計畫對市場帶來了深遠影響。1999年9月，孤島引進十二小時交易日，從美國東部時間上午八點到晚上八點。既然交易已經完全透過電子方式進行，就沒有必要把交易時間限縮在NYSE堅守的傳統六小時半交易日。因為孤島這項舉動，達提克線上成為第一家為客戶提供延長交易時間的線上經紀商。競爭者立刻跟進。

在不斷增加的達提克線上當沖交易員大軍推波助瀾下，孤島的交易量持續衝高。1999年第一季，孤島平均每日交易量為9000萬股，1997年底時為1700萬股。相較之下，群島一個月的交易量僅7000萬股。1999年一整年，孤島的總交易量為270億股，總交易金額為1.6兆美元。

交易量在2000年再度暴增。當年第一季，即使網路泡沫已經開始爆破，交易量依然躍升到200億股，總交易金額超過8000億美元。單單4月4日一天，孤島就交易了1億2680萬股，總交易金額為183億美元。

最後到2000年12月，孤島由達提克線上分拆出來，成為獨立公司。尼可爾擔任董事長，安德森繼續擔任總裁及執行長。

列文沒有職銜，他也不想要。在達提克線上，財務長葛瑞佛涅第曾經給列文執行副總裁的職稱。列文發現時打電話給葛瑞佛涅第，要他拿掉職銜。

「我不要職銜，我不想管人。」列文說，「我只想做我自己的事，好嗎？」

葛瑞佛涅第吃了一驚，只得照辦。

• • •

2000年2月，奈特瑞德報業（Knight Ridder）發表一篇孤島的簡介，文章的焦點是安德森。

文章開頭寫道：「如果這場席捲美國證券業的革命有個起點，它應該就在安德森位於曼哈頓簡樸的辦公室裡。」

記者似乎非常讚賞孤島，對安德森和「他的科技高手伙伴正在

改變美國股票交易方式」的行動驚歎不已。

安德森陪同記者到百老街50號地下室，裡面原本的戴爾電腦已經移走，他指著一部跟公事包差不多的電腦說：「那就是孤島。」

安德森說明，孤島要使股票交易「民主化」，同時消除「中間剝削者」。當然，他沒有提到孤島交易池裡有許多快手快腳的電腦交易機器人，它們其實是新的中間人。這篇文章僅不經意地提到列文一次。這名隱遁的電腦程式設計師即使看到自己的創作一如預期，已經成為市場中改變世界的力量，依然躲在聚光燈外。

然而，懷疑者還在朝孤島和ECN潑冷水。當時擔任巴伯森大學金融教授，後來成為SEC市場監督部門主管的艾瑞克・希瑞（Erik Sirri）表示，安德森等人「如果認為自己有一天能取代納斯達克，就是自欺欺人。納斯達克的造市商和NYSE的專業經紀人，是維持流動市場的重要關鍵」。

孤島和電腦系統也曾數度面臨危機。2000年初，網路熱潮崩潰時，股票市場開始搖搖欲墜。交易量暴增到歷史紀錄，尤其是美國線上、Pets.com和eBay等科技公司雲集的納斯達克。當時將近有15%的納斯達克股票流過孤島的管道。

納斯達克在3月10日衝到史上最高的5049點，當天是星期五。接下來的星期一，交易開始前，一波賣出思科和戴爾等指標性科技股的委託單湧入市場，其中許多流進孤島，這裡是開盤前交易的避風港。納斯達克以4879點開盤時，大跌170點嚇壞全美國的投資人。幾天之內，納斯達克下跌將近10%。

賣出股票的投資人越來越多。當沖交易員為了避免這一年來賺到的錢付諸流水，急忙拋售股票。孤島的交易量直線上升，每天多

達150億股。

2000年3月24日，賣壓越來越大，孤島又經歷嚴重硬體損壞，備份電腦有一半損毀。備份電腦沒有回應，系統眼看就要撐不住了。主系統一旦出問題，整個系統就會停擺。

更糟的是，百老街50號地下室的空調系統損壞，威脅電腦安全。溫度上升到攝氏38度。他們叫來一輛十八輪大貨車載著空調系統，把一條管子拉到地下室，讓孤島的技術團隊趕緊讓備用系統上線。

這場風暴或許難以抵擋，但孤島依然持續交易，用戶也深深嘆服。他們看到其他ECN好像窒息一樣行動變得遲緩，孤島卻像噴射機一樣嗡嗡嗡地向前衝。

馬多夫投資證券公司也是孤島的大客戶，擔任該公司高階主管的伯尼・馬多夫長子安迪・馬多夫（Andy Madoff），曾在2000年4月7日的電子郵件中，盛讚列文的系統：「你的系統運轉順暢、沒有當機的日子每多一天，我就益發敬佩你。近兩個星期以來，REDI、ARCA、B-Trade都因為經常在緊要關頭發生問題，而困擾不已。」

孤島逐漸成為股票市場中最可靠的交易池。交易員需要立即行動時，都知道該去哪裡──肯定不是NYSE或納斯達克。在與新型高速交易服務商競爭的過程中，兩大股票市場巨頭不僅被超越，還落後不只一圈。孤島的衝勁無人能比。不過，立刻就有勁敵緊追而來──就是群島。

注釋

1 **Citron had to go**：席特龍被逼走的故事，來自艾德‧尼可爾、彼得‧史坦和約翰‧葛瑞佛涅第。我沒有為撰寫本書訪問過席特龍，他也拒絕證實任何細節。

13 | 芒刺在背

Bad Pennies

傑瑞・普南坐在房間裡，面對群島的董事會成員。他似乎可以看到自己的未來就在面前。

他的未來有個名字，叫做高盛。

當時是1999年夏天，接近網路泡沫的全盛時期。董事會成員聚集在芝加哥希爾斯大樓48樓廣闊的高盛會議室。普南環視這個會議室，給自己片刻好好欣賞，讓自己相信，從走進這行以來渴望已久的重大成就即將成真。他已經瀕臨失敗好多年，現在他感覺到，成功已經近在咫尺。

他向高盛的電子市場大師約翰・休伊特（John Hewitt）眨了眨眼睛。休伊特外型極像《星際爭霸戰》裡頭腦極好的瓦肯人，所以外號「史巴克」。他現在的任務是為高盛建立電子交易系統，準備邁進二十一世紀。他挑選了意料之外的伙伴協助他們達成目標，這個伙伴就是群島。當年稍早，他在普南的交易池首先投資兩千五百萬美元，不僅提供群島需要的資金，也代表全美國最具份量的銀行肯定了群島。

代表高盛的還有電子交易專家，鄧肯・尼德奧爾（Duncan Niederauer），灰色眼珠、精明幹練，是高盛的明日之星。尼德奧爾

日後將成為華爾街權傾一時的人物，最後更接掌紐約證券交易所。1990年代末，他在幕後使整個市場轉變成由科技推動的高速機器。要推動這些改變，最好的地方莫過於高盛，當時它正迅速把觸角延伸到電子交易領域。同一年（1999年），高盛以五億美元收購霍爾交易。霍爾是高盛自誇的高頻率交易平台的先行者，曾經是波迪克的老闆，而且是精密電腦交易策略的先鋒。

　　高盛砸下數十億美元①，投資科技公司並且擴充自己的電腦基礎設施。接近2000年時，高盛已經擁有兩萬台個人電腦和工作站，總儲存容量高達八兆位元組。蜿蜒在高盛百老街總部內的纜線總長一萬八千英里、電話線總長三萬英里，相連的光纖網路每秒可傳送六十一億位元組資料到世界各地的分公司。有高盛相挺，群島將可取得自有造市商和霍爾的超高速交易台產生的流動性。對電子通訊網路（ECN）而言，如此持續穩定的交易流十分重要。現在最新的格言是：流動性帶來更多流動性。

　　這是市場基本定律，就像重力一樣。交易流越大，力道越強。

　　休伊特和尼德奧爾在會議室裡，對普南而言就像吃了定心丸，讓他感到分外安心。

　　但會議室裡其他人心中的遠景，遠超過普南的想像。他簡短致詞，謝謝大家前來之後，請尼德奧爾講話。

　　尼德奧爾高大健壯，留著花白的短髮。他走到會議室前方，拿起白板筆，說明幾句後走到白板前，寫下NYSE，並在周圍畫了個圓圈。

　　尼德奧爾說：「我們將成為紐約證券交易所的電子交易機構。」

　　整間會議室深吸了一口氣。

如同列文以達提克顛覆納斯達克，高盛即將改變NYSE，用群島當成它的特洛伊木馬。

普南的麻煩是，NYSE不僅在群島被視為頭號大敵，也被視為堅不可破的勢力。「大行情板」曾經是體制，所以被稱為大行情板。NYSE竟然想跟群島這樣只有五萬個用戶，每天交易幾百萬股，剛剛起步的小交易池合作，聽起來跟詐騙沒兩樣。

但尼德奧爾知道，未來將朝高速電腦交易發展。群島已經吸引到幾個重量級支持者，帳面價值超過兩億美元。尼德奧爾在當天的簡報中指出，普南的公司已經懷有電子網路未來將主宰市場的願景。

因此普南決定採取前所未有的大動作。群島不再當個單純的ECN，而要成為功能完整的交易所，要有能力交易奇異和IBM等藍籌股。

這只意味著一件事：現在要跟大魔王紐約證券交易所正面對決了。

．　．　．

普南不知道自己比較討厭納斯達克，還是NYSE。他發自內心鄙視納斯達克。群島內部經常嘲笑納斯達克，他們在辦公室裡用納斯達克毛巾（納斯達克客戶的耶誕節禮物）當成腳踏墊，員工喜歡在上面擦鞋底，最後這條毛巾被芝加哥馬路上的沙子染得黝黑。

但普南也從五臟六腑深深憎惡NYSE。有一次他跟NYSE高階人員講電話時，說這個交易所是壟斷者。

那名NYSE高階人員說：「不要這樣講。」

普南大吼：「你就是壟斷者！」

「別說了！」

「你就是壟斷者！壟斷者！」普南再次大吼。

他很喜歡惹他們生氣，而且相信自己是對的。

對抗大行情板的宣傳活動大舉展開。群島租下布林克保全（Brink）的保全車，停在百老街的 NYSE 前面，分送包成一條條的一分錢硬幣。該公司在交易所周圍放了很多標誌，上寫著「別被搶先」，意思是專業經紀人往往會搶在客戶前面交易，買得比較低或賣得比較高。他們還雇用假示威者，手上拿著「別被搶先！」的牌子，在 NYSE 周圍走來走去。最後紐約警方要求他們停手。

普南甚至考慮，用直昇機在 NYSE 上空丟下印有群島標誌的衛生紙，這是個更衣室笑話，象徵紐約證券交易所以往的股票行情紙帶。他打電話給群島的行銷大師瑪格麗特・奈格爾（Margaret Nagle），請她看看這個花招有沒有什麼法律問題。

普南問道：「請問您能否判定，在紐約證券交易所撒衛生紙，是輕罪還是重罪？」

奈格爾回答：「你說什麼？」

雖然普南最後放棄了撒衛生紙的計畫，但他時刻不忘宣揚，NYSE 交易廳是行內人士利用小人物牟利的神祕世界。群島採用「一切公開透明」和「市場是開放的」這些格言。

當然，這意味 NYSE 是封閉的，而且想掩蓋些什麼。

普南有個堅強無比的盟友跟他並肩作戰，對抗 NYSE。這個盟友不是別人，就是它最強的競爭者：孤島。

・・・

2000年7月3日，安德森走上②華府美國國會的雷伯恩辦公大樓前方平台。他後面是鮮明的林肯側影，印在八英尺高的青銅色紙製一分硬幣上。

安德森對一群記者和旁觀人士說：「投資人現在不需勉強接受業界預設的檔位，這麼做可能限制投資人取得最佳價格。美國國會下令市場於7月3日開始實施小數制時，我們就非常認真看待這個期限。」

他說的，是美國股市有史以來最具爭議、也最多人恐懼的改革：小數制。

多年以來，美國主管機關和國會議員一直在催促納斯達克和NYSE，交易股票時改為以分計價，放棄以往採用的分數制（源自以西班牙的八里亞爾當成通用貨幣的傳統），納斯達克和NYSE一再延宕，而且態度相當強硬。如果股價單位從分數（最小單位是 $1/16$ 美元，也就是6.25美分）改成小數，價差將大幅縮小，從而壓縮獲利。他們無法以20美元買進英特爾，再以 $20\frac{1}{16}$ 美元賣出，而必須以20.05美元買進，再以20.10美元賣出，價差只剩下5美分。

早在1980年代中期，列文還是十八歲的高中輟學生，向華爾街券商宣傳軟體時，他就預見了這個改變。他為什麼能用2.45美元買一盒早餐穀片，但一定要以2.5美元買股票？他想，顯然造市商在搞些什麼鬼。

從1990年代中期起，SEC就一直在考慮改為以分計價。1997年3月，俄亥俄州共和黨國會議員，也是權力極大的美國眾議院能源與商務委員會主席麥可・奧克斯利（Mike Oxley），提出了「美分

股票計價法案」，要求SEC改用一美分為單位。後來NYSE搶在華
盛頓採取行動之前，保證會在2000年時改以分計價，納斯達克立
刻跟進，這項法案因而遭到擱置。

　　但NYSE和納斯達克不斷拖延。2000年初，NYSE和納斯達
克顯然都無意改成以分計價，直到美國政府採取措施才有所回
應。SEC依據預定時程，要求納斯達克股票必須在2000年7月改
採小數計價。不難預料，納斯達克大動作反彈之後，SEC再度延
後行動。

　　當時安德森在華盛頓，打算通知市場，孤島不會再等下去。不
久之後就發生了歷史事件──美國股票交易史上第一筆以分計價的
交易。

　　這次行動的發起人是列文。他對納斯達克一再延遲小數化十分
不滿，為了證明以分進行交易多麼容易，他決定搶在納斯達克之前
出手。孤島準備自己開始，以分為單位計算股價。當然，其他交易
處所不是以分計價，因此這樣的交易只能在孤島中進行，不過孤島
的流動性夠大，所以沒有問題。

　　這次行動激怒了業界中許多認為孤島破壞規矩的人。馬多夫在
一封電子郵件中告訴列文：「它告訴全世界，還沒有準備好前進的
人都是在拖延。如果有智慧的美國國會要求納斯達克還沒準備好就
實施小數制，對各方都將帶來大災難，包括孤島在內。」

　　列文回給馬多夫的信非常簡短：「就我看來，納斯達克已經作
賤自己，甘為交易資料集中者和廠商。很難想像還有什麼情況比這
更糟糕。」

　　為了讓更多人知道列文的計畫，安德森到美國首都召開記者

會，並且進行史上第一筆以分計價的交易。

這個榮譽落在維吉尼亞州共和黨人士湯姆·布利雷（Tom Bliley）身上。他下了一筆委託單，買進維吉尼亞州電訊業者Nextel Communications的股票，以分計價。

後來幾個月，孤島的委託單中，以小數計價的比例超過10％。

施壓果然奏效。其後一年，全美國的股票市場全都改以小數計價，價差也大幅縮小。正面對決的交易員，每次調整股價的幅度只有一分，最後，交易量龐大的熱門股票，買賣價差是……一分。某個造市商可能提出，以20.10美元買進英特爾並以20.20美元賣出，另一個可能以20.11美元買進、20.19美元賣出，最後的買進價是20.15美元，賣出價為20.16美元。如此細碎漸進的方式，對真人交易員太過辛苦，但電腦則能勝任愉快。

列文當然樂見其成，但他還是認為主管機關做得不夠到位。他相信市場應該有足夠的彈性，讓股票交易時每次的調整幅度小於一分。他在2001年12月寫給SEC的信中建議，股票交易價格可到小數點以下四位，也就是價格由20.01美元，改成20.0099美元。當時SEC限制這類交易（現在大多數狀況依然不允許）。

他在信中寫道：「身為孤島ECN市場結構與系統軟體的設計者，我想我自己的次分交易經驗，應該可以為這類議題提供一些意見。」

列文認為這個規定太過專斷。就像美國政府通過一條法律，強迫車商賣車時價差必須以一千美元為單位。

SEC沒聽進列文的建議。

然而大環境已經鬆動，「以分計價」這個趨勢已經難以遏抑。

這次變革將超越列文於1980年代末發起的行動，最後的結果是：真人造市商開始大量離開這一行。紐約證券交易所中的專業經紀人也開始收手，由於獲利大幅縮水，他們大多轉往其他工作，取而代之的，是高頻率交易員。

注釋

1 Goldman was spending billions："Fear, Greed and Technology," by Neil Weinberg, *Forbes*, May 15, 2000.

2 On July 3, 2000, Matt Andresen mounted a platform：這幾章中的幾則軼事，出自我訪問麥特‧安德森以及與他通信的內容。

14 笨錢──把小股民餵給鯊魚

Dumb Money

　　在百老街50號，麥特‧安德森靠坐在桌前，翻閱孤島最近一份交易量報告。當天是2000年初某個星期一。即使窗戶關著，冷冽的微風仍然鑽進辦公室。辦公室的窗戶薄得像紙一樣，難以阻擋從哈德遜河吹向百老街的冬季刺骨強風。天氣非常冷，孤島有幾個程式設計師甚至開始戴起露指手套工作。

　　安德森不在乎寒冷。他正全神貫注。他很愛每星期一次的交易量報告儀式，這一刻是個好機會，可以一窺指出列文的電子交易池呈指數成長的資料。這天他掃視用戶名單時，看到某個人名時驚訝得睜大眼睛。有個新用戶開始把一大堆委託單倒進孤島，每天交易幾百萬股。

　　他從來沒聽過這個用戶，唯一的線索是這家券商的代碼：IBKR，但他依然激動不已。無論這個用戶是誰，孤島都極度歡迎。每天幾百萬新股流進孤島的系統，孤島只需要像張開嘴巴一樣打開OUCH通信埠，盡量大口吞食就行了。

　　安德森很清楚：流動性帶來更多流動性。

　　他的歡欣持續沒多久。下星期一，他掃視交易量報告時，發現IBKR幾乎完全消失。

安德森大吃一驚。怎麼回事？他覺得可能是技術問題，因此要求客戶小組調查。他們跟 IBKR 聯絡之後，發現不是技術問題。客戶小組回報：「麥特，這是商業決策，你要不要去拜訪他們一下？」

他得知這家券商是盈透證券（Interactive Brokers），位於康乃迪克州格林威治。盈透是規模頗大的經紀商，服務對象是一般及精明投資人，此外它旗下還有一家不為人知、但相當成功的電子交易公司 Timber Hill。

安德森跟對方約好見面。幾天後，他開車到紐約市北邊大約四十英里的格林威治。他從來沒來過這個時髦的小城，也不知道這裡有數百家實力強大的避險基金。在這之後數年，他還會多次前來這裡。

他走進盈透證券的總部大門，有人領著他進等待區。盈透的總部位於皮克威克廣場 1 號，這個辦公園區在格林威治市區，感覺很難形容。幾分鐘後，又有人帶他進入一個面積廣闊、天花板低矮、家具稀少的辦公室。辦公室裡燈光昏暗，只有大型電腦螢幕發出的光，螢幕上流過以超小字形顯示的幾百條報價。安德森看了一眼匆匆流過的數字，覺得有點頭暈。

螢幕前面，坐著一個頭髮灰白、留著短短鬍鬚，穿著黑色高領衫的苗條男子。他站起來自我介紹。

他以濃濃的匈牙利腔說：「你好，我是湯瑪斯·彼得菲（Thomas Peterffy），盈透證券執行長，非常高興認識你。」

彼得菲坐回他在桃花心木大桌後面的位子，同時示意安德森坐下。這位孤島的執行長不知道，彼得菲是匈牙利移民，1960 年代來到美國時身無分文，可以說是電子交易界的傳奇人物。

1970年代，他是全世界最先用電腦訂定股票選擇權價格的交易員。1980年代，彼得菲最先在Amex交易廳使用掌上型電腦。他安裝複雜的裝置，以彩色燈泡在NYSE交易廳顯示交易信號，這具神祕的機器競爭者稱為HAL，跟《2001：太空漫遊》（*2001: A Space Odyssey*）中發狂的人工智慧電腦相同。彼得菲一手建立總值數十億美元的全球交易帝國，全由他自己設計的精密複雜、快如閃電的定價系統掌管。換句話說，Timber Hill正是最符合孤島設計的客戶：聰明、懂科技，而且握有大量流動性。但因為某些原因，彼得菲決定不再使用孤島。

彼得菲和交易機器的波迪克一樣，專精選擇權交易。波迪克在金融界初試啼聲的霍爾交易，則是Timber Hill最主要的競爭對手。彼得菲是選擇權交易員，經常必須進入股票市場保護自己的投資（多年之後，這類舉動將為波迪克的公司帶來大麻煩）。他剛剛試用過孤島，但出了一些問題。

安德森開始行銷宣傳。他特別強調孤島的速度和藍光特別費率。

他說：「我們比競爭者快十倍，但收費只有他們的一成。」

彼得菲點了點頭。「沒錯，安德森。孤島確實又快又便宜。」

「那麼您為什麼不用呢？」

「因為我在孤島賺不到錢！」

安德森嚇呆了。他沒有回話，滿心疑惑地離開彼得菲的辦公室。開車回紐約途中，他試著探究彼得菲剛剛說的是什麼意思。彼得菲說他在孤島上賺不到錢，這究竟是什麼意思？

安德森覺得胃好沉，他想到彼得菲的意思是：他在孤島上交手的交易員都太厲害了。他們厲害到其他人沒辦法經常賺到錢，尤其

是盈透這類對股票不專精的選擇權公司。這是高手跟高手對決。有觀察者槍手，有ATD等超高速避險基金，有銀行交易台，還有剛剛興起的高頻率交易機器人。

這是個啟示。安德森發現，孤島犯了一個簡單但相當嚴重的錯誤。孤島是速度最快、收費最低又最可靠的電子交易網路，這招來了許多動作最快、最老練的交易員。

結果是：孤島交易池裡滿是互相撕咬的鯊魚。

安德森的解決方法，預示美國股市未來十年內即將出現的重大改變。孤島將不再單純吸引最厲害的投資人，例如鯊魚和行動如美洲豹一樣迅疾的避險基金。他將開始追逐華爾街所謂的**笨錢**（dumb money）。

換句話說就是**零售**投資人，意思是 E*Trade、嘉信、德美利，甚至盈透證券的客戶。無論當沖交易員或是菜籃族散戶，大多會在市場投下不夠精明的委託單，讓電腦高手有機會吞吃。

這都要歸因於列文研究過的無知成本問題，這問題最後讓他創造出掛單－吃單制。造市商通常不知道自己跟誰交易，可能是已經得到消息、知道某檔股票即將大漲（或大跌）的避險基金經理人，也可能是什麼都不知道的當沖交易員隨便亂賭。因為這樣的無知，造市商通常只在低價買進股票，或在高價時賣出，藉以保護自己。

至於德美利這類折扣經紀商（discount broker）提出的零售委託單，狀況就不一樣了。造市商知道這些不是聰明但不懷好意、可能造成損失的避險基金，而是消息不怎麼靈通，甚至有點笨的投資人。郭媽媽買了100股變化很快的微軟股票。韓叔叔則因為看到《商業

週刊》（*BusinessWeek*）的一篇文章，就驚慌地拋掉50股奇異股票。

這樣的動態能**降低**無知成本，讓造市商更容易賺到錢。許多使用孤島的精明券商，他們有許多方面做法類似造市商，先買進股票，然後在幾分鐘甚至幾秒鐘內再賣出。但安德森跟彼得菲見過面後發現，鯊魚都餓壞了，得吃點什麼好活下來。當然，解決方法就是把郭媽媽和韓叔叔餵給這些鯊魚。

安德森當時不知道，但這個啟示後來為電腦主導的市場促成新演變，並在下個十年改變交易。這是演算法戰爭的濫觴。股票市場（以及其他各種市場），都將成為電腦券商的搜獵場，他們在其中獵取笨錢，或者探尋共同基金釋出的大鯨委託單。一段時間之後，基金開始反擊，自己製作聰明的演算法，或者轉進暗池。

安德森回到百老街50號後，立刻聯絡德美利公司交易主管克里斯‧納吉（Chris Nagy）。德美利與巴菲特的波克夏‧海瑟威（Berkshire Hathaway）公司一樣，都位於內布拉斯加州的奧馬哈。納吉是中西部人，穿著時髦、儀容整潔，在德美利負責獲利極豐的委託單流，也就是笨錢。德美利是全美國數一數二的線上經紀商，換句話說，他們有很多跟郭媽媽和韓叔叔一樣的客戶。

安德森希望德美利把一些交易流轉到孤島。這是強迫推銷。德美利已經約定，把大部分委託單傳到澤西市的電腦高手經紀經銷商騎士證券。騎士支付費用給德美利取得委託單，同時同意提供良好的交易執行服務，在金融界，這稱為委託單流量報酬（payment for order flow），正是多年前馬多夫率先採用的方法。

孤島不玩委託單流量報酬這種遊戲（但掛單－吃單制提供誘因，鼓勵交易員提出委託單，其實也有點類似），因此安德森除了

同意快速執行之外，沒什麼籌碼可以談。對納吉而言，執行速度仍然打不過騎士支付給德美利的真金白銀。

孤島必須從其他地方，取得可以獲利的委託單流量。

在此同時，安德森持續招來老練的交易員，連最危險的鯊魚也不放過。

. . .

安德森正在進行已經演練多次的宣傳，細數孤島為同時擁有超高速度和超大交易量的投資人提供的種種效益。立即執行、大量串流資料、超低收費。如果說市場上有哪一家兼具速度、資料和低收費，那肯定是安德森正在宣傳的避險基金：文藝復興科技。

不過，文藝復興深居簡出、留著白色鬍鬚的主持人吉姆·西蒙斯（Jim Simons）似乎沒怎麼在聽。事實上，安德森在百老街50號孤島總部會議室中的簡報講到一半時，西蒙斯好像就睡著了。他的梅里特香菸在他面前的煙灰缸裡燒成一堆灰。西蒙斯是不是在打呼？安德森有點手足無措，努力支撐，把簡報目標轉向文藝復興其他高階主管彼得·布朗（Peter Brown）和鮑伯·梅瑟（Bob Mercer），他們原本是IBM人工智慧專家，準備把文藝復興改造成無人能敵的交易機器。他們很熟悉孤島，因為他們已經研究它好幾年了。但他們還是有點緊張。安德森正在努力說服他們，希望他們把更多交易流量轉到孤島來。

西蒙斯明顯冷淡的態度沒有給安德森帶來信心。簡報結束後，安德森做出總結：「各位還有什麼疑問嗎？」

西蒙斯突然張開眼睛，打了個哈欠，點上一根新的梅里特，慢

慢吸了一口，接著滔滔不絕地說出孤島的所有重大缺點。孤島基本上無法進入規模最大的股票市場，也就是紐約證券交易所。這似乎是個大問題，不是嗎？你們無法交易IBM、無法交易通用汽車。富達和先鋒等法人投資人不用ECN的，為什麼？如果主管機關有什麼措施影響這個模式呢？

安德森嚇壞了，同時深深感到佩服。他發現西蒙斯不只聽清楚了每個字，而且他的頭腦極為靈活敏銳。這讓安德森更想爭取到文藝復興的業務。

他很快就拿到了。

• • •

文藝復興的基金結構有點像俄羅斯娃娃，基金裡面又包著基金。文藝復興裡面是西蒙斯於1988年成立的大獎章（Medallion）基金，大獎章基金裡是梅瑟和布朗的新星（Nova）基金。這個基金的策略是完全自動化，同時以快如閃電的速度，買進正在上漲或賣出正在下跌的股票。

孤島問世之後，新星基金獲得明顯的助力。新星的模式需要無懈可擊的快速執行，以往它必須面對的真人造市商和專業經紀商，可能影響它精細的模式。波迪克在芝加哥的霍爾交易建立人工智慧交易系統時，也遭遇過這個問題。

而在孤島，真人中間人不是問題。此外，速度極快且交易成本極低，以及孤島提供的大量資料，在在符合新星基金的策略。新星基金由尖端人工智慧系統主導，這套系統源自1980年代和1990年代初，梅瑟和布朗在IBM開發的人工智慧語言翻譯系統。

　　文藝復興和孤島的關係並非完美無瑕。文藝復興隱密得近乎病態，把委託單傳給其他公司時小心翼翼，不讓別人有機會窺視它繁複的策略。舉例來說，由於孤島與以前的達提克交易公司關係密切，所以它對孤島也頗有戒心。在文藝復興內部，他們的理論是：孤島成立的原因，是讓達提克交易員規避報升規則。報升規則規定交易員，必須等某檔股票上漲一個檔位，才能賣空這檔股票，目的是在股價下跌時獲利。報升規則是1930年代訂定的，用意是遏止空頭賣方同時一再賣出某檔股票（即大量拋空），導致股價大跌。文藝復興觀察到，主管機關不會監控每筆交易何時成立，所以使用孤島的交易員可以直接忽略報升規則。

　　更值得害怕的是：如果達提克盜賊入侵孤島，開始偷看新星基金的委託單，那該怎麼辦？這風險似乎太大，至少起初是如此。

　　但電子交易顯然是未來趨勢，而最接近未來的基金，就是文藝復興。文藝復興起先和人稱B-Trade的彭博交易簿往來。B-Trade隸屬於麥可‧彭博（Michael Bloomberg）的媒體和科技帝國，目標是運用華爾街幾乎每個交易台都有的彭博資料，把這些資料變成工具，讓券商當成交易入口。B-Trade的目標，是取得富達和先鋒等大戶的委託單，這些大戶通常不使用孤島。

　　布朗和梅瑟想跟著流量嘗試交易看看，他們認為，不用說，這對他們的尖端系統應該易如反掌。對他們而言，富達或美盛的基金經理人，應該是全世界最笨的笨錢。

　　不過有個問題：B-Trade根本沒有交易流量。主要法人依然固守直接在NYSE和納斯達克交易的傳統經紀經銷商，不想用電子交易池。進入ECN的委託單幾乎全來自避險基金、當沖交易員，以

及精明的銀行交易台，也就是讓彼得菲不想在孤島交易的鯊魚。

如此使文藝復興開始浮出水面。最後，它成為B-Trade最大的用戶，占B-Trade總交易量的¼。布朗和梅瑟開始擔心，內行的競爭對手只要觀察B-Trade狀況，就能解讀出他們的策略。

他們必須把交易分散到其他ECN上，也包括孤島。孤島雖然不像文藝復興偏好的富達或美盛那樣，擁有利潤豐富的交易流，但也有足夠流量讓它隱藏動向。最後，儘管西蒙斯有疑慮，文藝復興依然成為孤島產值最高的用戶。

時機確實恰到好處。

1999年，西蒙斯在一封寫給文藝復興投資人的信上說：「我們依然保持樂觀。電子交易趨勢銳不可擋……股權流動性逐漸提高，交易成本則逐漸降低。」

機器人程式不斷成長、摩拳擦掌，能力也變得越來越強。Timber Hill和文藝復興，以及ATD等電子交易員等，都瀕臨演算法戰爭邊緣，設計能自動交易的程式，需要人類介入的部分極少，甚至完全沒有。

這還只是開始。自動化券商集聚孤島，代表第一代的電腦交易。下一代將大幅改變市場結構，使市場變得完全不同，連列文這些電子交易中堅份子都認不得。雖然Timber Hill和文藝復興這些公司速度極快，卻不像新一代高頻率交易券商那樣狂熱地在遠端交易，每秒鐘在市場上放出幾千筆委託單。這些委託單有許多產自紐約和周邊城市以外，在美國中西部的大草原、德州的沙漠，以及洛杉磯市郊等。它們將使演算法戰爭白熱化，威脅市場本身的穩定。

在德州奧斯汀，德州大學物理學教授羅比‧羅賓奈特（Robbie

Robinette），與同在該校任教的人工智慧專家馬克・梅爾頓（Mark Melton）和地方律師理查・戈爾利克（Richard Gorelick）合作，成立電腦交易券商RGM投顧（RGM Advisors）。他們在羅賓奈特的客廳工作，設計出自動化股票交易策略，由人工智慧程式指引行動，高速買進和賣出股票。他們和達提克線上敲定交易，讓觀察者軟體自動執行他們的委託單。達提克證券原本的營運部門哈特蘭，擔任經紀經銷商，透過通往百老街50號地下室的纜線，把他們的交易直接送進孤島的電腦。從1999年起，孤島就把電腦放在這裡。

芝加哥的高科技券商Getco，則開始透過經紀經銷商Octeg，短時間送出大量股票委託單。達提克的艾德・尼可爾（Ed Nicoll）曾經拜訪Getco位於芝加哥商品交易所中的簡陋辦公室，發現玻璃門上的標誌寫著OCTEG GETCO，就像鏡子反射的影像一樣。他立刻發現，經營這家公司的前交易廳交易員有點不尋常。他的感覺是對的。未來幾年，Getco將成為全世界最活躍的交易券商之一。極為低調的Getco，將成為獲利甚多的人工智慧科技使用者，在轉瞬間透視市場變化，並隨之因應。

位於北堪薩斯市的高頻率交易公司「交易機器人」則和Getco密切合作①。這家公司持續獲利，2000年代末公司創辦人告訴大眾，公司從2002年開始，沒有一個交易日虧損。

注釋

1 Another high-frequency trader closely allied："Dave Cummings, Tradebot CEO, Visits APM," by Joe Hall, *APM Quarterly* (http://web .ku.edu/~apm/Q2-2008.html).

15 交易機器人

Trade Bots

　　戴夫・康明斯（Dave Cummings）在密蘇里州中產階級小鎮威瑟比湖（Weatherby Lake）長大，在他父親的電腦軟體店閒晃時，開始迷上電腦。他父親是環球航空公司飛行員，經營這間店是他的興趣。這位未來的高頻率交易達人在普渡大學時，研讀電腦程式設計和電機工程，1990年畢業後，他在堪薩斯市的醫療軟體公司Cerner找到工作，在那裡工作大約三年。

　　後來康明斯迷上交易。他辭去Cerner的工作，很快就到堪薩斯期貨交易所，交易硬紅冬小麥（做麵包的主要原料）和股票指數期貨合約。他每天穿著草綠色外套，跟一大群橫衝直撞的交易員擠在一起，大聲喊出委託單，買進賣出、買進又賣出。這個工作辛苦、壓力大又耗費體力。

　　康明斯四肢細長，具有大廳交易員典型的多肉體型。他的頭像南瓜那麼大，下巴像犁一樣有分岔，短短的黑髮很容易翹起來。他很愛笑，也很容易生氣。

　　但康明斯也有認真的學者頭腦。出於分析性格，他只要一發現機會，例如大得出奇的價差，就會跳出來提出更好的交易，減少價差。

　　這個工作很刺激、充滿活力，而且很有挑戰，但不是康明斯想要的生活。儘管年薪高達十萬美元，但他想要更多。有一天，他在看關於IBM的深藍程式如何擊敗世界西洋棋王卡斯帕洛夫的文章時，內心開始思考：電腦程式有沒有可能擊敗市場？

　　康明斯的專長是場內交易，所以他自然也設想，電腦程式能模仿場內交易員的行動。他想，這樣的機器人能和真人一樣買賣合約，而且速度快上許多。

　　於是在1999年1月，康明斯離開交易所。他在家裡空房間的電腦前，開始打造交易機器人程式。它和經紀商一樣會掛出委買單和委賣單，藉由價差賺錢。最棒的是，康明斯不用一整天在交易所裡擠來擠去。他可以坐在辦公室裡，看著機器人做這些費力的工作。

　　當年十月，他以一萬美元的初期投資，成立了「交易機器人系統」（Tradebot Systems）。

　　他的第一項任務，是找經紀商執行他的委託單。這就是個問題。他設計的系統週轉率高得離譜，獲利可能會被一般經紀費用完全抵消。雖然平均持有時間是好幾分鐘，但它的週轉率仍然遠高於大多數投資人。他需要合作對象另外談定交易，他能提供的則是高交易量。

　　康明斯開始向幾十家券商推銷他的點子。美國世紀（American Century）的基金管理人似乎是不錯的選擇，它也位於堪薩斯市，號稱擁有高科技投資團隊，是最先使用群島的法人券商。但美國世紀雖然認為康明斯的策略很有想法，但也覺得這種方式賺到的錢不足以吸引券商，券商經手的金額經常是幾十億美元。

　　其他人的反應更不客氣。

康明斯常坐西南航空的飛機前往芝加哥，再坐橘線地鐵到市區宣傳他的點子。但芝加哥經驗豐富的經紀商經常大聲譏笑他的電腦示範，他們說，這個點子理論上很好，但電腦不可能處理場內交易員面對的各種混亂因素。交易機器人想在蒸汽壓路機前面撿拾幾角幾分時，就會被壓成碎片。

時間已經不多了。如果康明斯無法說服經紀商接受他，他就必須放棄打造交易機器人的夢想。他得像他不想當的凡夫俗子一樣，找個正常的全職工作，汲汲營營追求成功。

後來康明斯聽說了Getco這家公司。

• • •

2000年初某一天，康明斯在前往芝加哥宣傳交易機器人途中，拿起一本《期貨雜誌》(Futures)，這本雜誌在芝加哥交易圈相當流行。他在雜誌裡看到一個小小的經紀經銷商廣告，這家公司的名字很特別，叫做Getco LLC。

康明斯約好拜訪Getco位於芝加哥商品交易所的辦公室。這棟大樓高四十層，位於南威克大道上，交易員通常稱它為Merc。不久之後，他在燠熱、狹小、排滿電腦的辦公室裡，見到Getco的創辦人史蒂芬‧舒勒 (Stephen Schuler) 和丹‧提爾尼 (Dan Tierney)。康明斯用妨害多於幫助的電腦示範說明策略時，注意到有件事很奇怪：舒勒和提爾尼沒有笑他。

相反地，他倆覺得非常興奮──他們立刻就知道，康明斯發現了厲害的東西。

舒勒和提爾尼那麼讚賞康明斯的策略，是有原因的：他們也

是幻想破滅的現場交易員，知道電子交易是未來趨勢。舒勒原本是交易所的場內交易員，交易S&P 500指數的期貨合約；提爾尼原本是芝加哥期權交易所（CBOE）的現場交易員。他們最近才創設了Getco，正在尋找合作夥伴。

舒勒1981年在Merc當傳送員時，踏進這一行。1990年代中，他越來越擔憂他經營的小經紀商舒勒集團（Schuler Group）的未來。他沮喪地眼見Timber Hill和霍爾交易等電子巨頭實力不斷增長，開始想像在未來的世界中，真人交易員將會消失，所有交易都透過電腦螢幕控制。

這讓他十分擔憂。他太太剛剛懷孕，他開始懷疑當交易員有沒有前途。電腦將會打進市場每個角落。為了迎頭趕上，他開始閱讀手邊所有介紹電子市場運作方式的書報資料。

後來他認識了提爾尼。這位有頭腦的年輕交易員對哲學和經濟學理論作品的興趣，比最新一期《華爾街日報》還大。提爾尼於1993年開始在CBOE擔任交易員，自己也研究過電子交易，相信電子交易是未來趨勢。交易廳有一天將變成歷史遺跡，所有交易都將透過電腦螢幕進行，螢幕都在全球電子貨幣網絡中的獨立辦公室裡。

1999年某個星期五下午，兩人握手成立「全球電子交易公司」（Getco）。他們辭去原本的工作，在Merc裡一間大約只有一百平方英尺的小小辦公室創業。他們的電腦從地板放到天花板，有時機器很熱，室溫往往超過攝氏37度。電腦螢幕在牆上閃爍，看來很像瘋狂科學家在做奇怪的實驗。為了處理委託單，舒勒和提爾尼還成立了經紀經銷商Octeg。

　　他們的策略是最基本的「從交易場到螢幕」法。先以短暫的小幅價差，交易在Merc交易場內和辦公室電腦螢幕上交易的合約。他們的焦點，放在Merc交易廳中交易的S&P 500期貨合約，以及另一個小了許多的E-mini，因為它比較容易在電腦螢幕上交易。Getco經紀商在S&P 500交易場中工作，透過耳機接收委託單，舒勒和提爾尼則在電腦螢幕上交易。不過他們的策略雖然能夠獲利，但不如預期成功。舒勒和提爾尼都不是有經驗的程式設計師，很難設計出有能力處理在螢幕上交易的系統。

　　後來康明斯到這家公司來，介紹創新的電腦交易策略。康明斯的高速交易機器人，正是他們要找的系統：能夠模擬造市商行動的系統。

　　他們立刻敲定交易。Getco的經紀商Octeg同時擔任交易機器人的經紀商。康明斯現金不足，所以舒勒和提爾尼支付他五十萬美元，當成入股交易機器人。此外他們還提供一部分獲利，當成「租用」這個交易程式的原始碼。

　　康明斯用這筆意外之財，擴充交易機器人的營運，在北堪薩斯市盔甲路一間小小的店面辦公室成立公司。

　　不久之後，Getco和交易機器人就開始朝股票市場投入大量委託單。高頻率交易流直接流到一個地方———孤島。

· · ·

　　康明斯的策略很簡單，但需要大量頻寬。交易機器人針對幾檔股票和指數基金，提出兩面報價，也就是同時提出買進價和賣出價。以英特爾而言，可能是以20美元買進、20.03美元賣出，價差

是3美分。在此同時,它會持續留意在芝加哥交易的S&P 500期貨合約,留意英特爾股價出現變化的線索(期貨合約通常會比連結的股票早一點動作)。如果S&P 500期貨真的快速上漲,演算法就會積極買進英特爾,同時取消委賣單,並且釋出幾筆價格高出幾分的新委賣單,例如20.10美元。如果英特爾繼續上漲,演算法會比較放鬆。如果股票最後停留在20.17美元買進和20.20美元賣出,演算法只會在20.10美元買進以及在20.20美元賣出,以便出脫剛剛為了賺取現金而買進的股票。如果某檔股票的動態跟它相反,交易機器人也會很快賣出。康明斯在堪薩斯期貨交易所當場內交易員時,就已經採取這種策略。有個切實可行的場內交易策略,是快速拋售造成損失的部位,為以後交易作準備,許多成功的SOES盜賊也知道這個方法(這種策略其實就是盜賊採用的倒賣技巧)。

跟盜賊不同的是,交易機器人完全自動化。它速度極快、交易量極大,每天放出數十萬筆委託單,遠多於文藝復興和ATD等第一代電子交易機器人。孤島等ECN很愛交易機器人的交易流量,因為它能注入寶貴的流動性。

孤島的競爭對手很快也渴望一嘗這股交易機器人洪流,但在所有電子網路中,只有孤島能處理如此龐大的交易量。其他ECN,例如羅伯·葛瑞菲爾德(Robert Greifeld),也就是群島設立的BRUT等,都太慢、也太遲緩;它們沒有足夠的運算能力來處理這些委託單。一旦讓Getco和交易機器人連進來,它們就會像觸電一樣,立刻嚴重灼傷。2000年代初的Getco執行長凱斯·羅斯(Keith Ross)說:「比較新的ECN,不是孤島,會拜託我們連過去。等我們連過去之後,他們往往不到五分鐘就打電話來,拜託我們中斷連線。」

　　曾經在BRUT擔任高階主管，後來負責Direct Edge營運的比爾‧歐布萊恩（Bill O'Brien）回憶：「我們被灌爆了①。我們打電話過去說，如果你們不放慢速度，我們就要掛了。」

　　孤島的技術優勢之一，是它從來沒有（或說幾乎沒有）在交易日暫停運作。其他ECN經常為了把一整天的交易資訊傳到硬碟上儲存起來，而暫停運作。它們必須定時這麼做，才能空出記憶體來進行更多交易。孤島的系統有列文的程式設計功力加持，不需要在交易作業中途儲存資料，它會不斷接收新委託單並要求更多委託單，完全不需要暫停。

　　孤島團隊也喜歡這個瘋狂新客戶送來的大量委託單。的確，孤島開始依賴這些委託單，就像毒蟲吸到毒一樣。有一天，Getco的晨會開得特別久，系統太晚開啟，超過紐約的開盤時間。開盤後大約五分鐘，孤島高階人員就氣急敗壞打電話來，問他們究竟怎麼搞的。

　　孤島已經上癮了。其他市場遠遠落後。

· · ·

　　交易機器人早期看來，一點都不像新市場的精英。它的交易室位於北堪薩斯市一處狹小髒亂的店面辦公室的地下室。北堪薩斯市位於密蘇里河以東，是一片杳無人煙的荒涼工業地帶。五、六個交易員（康明斯稱為「伙伴」），看著高高疊在桌上的螢幕上的交易。地毯是灰色的、牆壁也是灰色的，沒有窗戶也沒有電視機。風暴來襲時，水會從牆上的裂縫滲進來。康明斯的辦公室在二樓，裡面放著幾部用來交易的電腦。

每部電腦都裝了交易機器人（tradebot）軟體。這套軟體可顯示電腦交易哪幾檔股票，以及動量和槓桿等控制策略的參數。交易員可以調整投入金額等各種變數，而且在市場狀況太過奇怪時，可以選擇離開。大多數狀況下，這套系統自動運作，就像客機機長在高空巡航一樣。有一段時間，交易員可以點選要交易哪幾檔股票，後來康明斯開始針對交易員指定股票。其中最棒的差事是Qs，也就是納斯達克100指數基金。唯一的問題是，康明斯認為Qs交易員是公司精英，每天有時要賺進多達一萬五千美元（當然，金額每個月都會調整）。其他交易員則只要每天賺進兩千到八千美元。

不允許損失。只要一個模式開始出現虧損，系統就會開始減少投入金額。康明斯非常堅持絕對不能虧錢，當交易機器人的當日損益接近零時，他甚至會直接關閉系統，叫大家回家。

2002年，交易機器人每天送出大約一億筆委託單，Getco的數量大致相當，甚至更多一點。這兩家公司成立僅僅兩年，就占有納斯達克總交易量的10%。

康明斯的機器人以前所未見的超高速度交易股票。交易機器人通常先買一小批股票，接著在幾秒鐘內轉手賣掉，有時甚至不到一秒。SOES盜賊以很快的步調交易股票，交易機器人也在一瞬之間抓住機會快閃套利，因此股價每變動一個檔位，無論是漲是跌，幾乎都能賺到錢。

小數化更讓交易機器人如虎添翼。以分計價的交易方式實施之後，檔位變得越來越小。交易熱絡的股票，價差大多縮小到數美分，而且經常只有1分。交易機器人能以每股27.69美元買進微軟，在一瞬間以27.70美元賣出。

價差縮小之後，納斯達克造市商開始逐漸退場，因為以分計算的價差讓他們無利可圖。取代他們的，是Getco和交易機器人這些高速交易員，它們是數位時代的新造市商。

它們改變了市場結構。這些依靠演算法的高速券商和以往的SOES盜賊一樣，每次通常只交易幾百股，因為這樣比較容易買賣，也就是流動性比較高。結果，納斯達克的平均交易量，從1990年代中的1500股，在2000年代中縮小到500股左右。

交易Qs和SPY等指數基金，更在這股熱潮火上加油，因為券商能交易基金，也能交易基金連結的大多數股票，每次通常交易幾百股。

• • •

交易機器人和Getco在2002年1月分道揚鑣。舒勒和提爾尼想進軍歐洲，康明斯則只想把注意力放在美國股市。為了重新取回獨立權，康明斯買回舒勒和提爾尼為了免費使用原始碼，而投資交易機器人的股份。

Getco仍然繼續使用康明斯的原始碼，很快就把觸角從股票擴展到美國國庫長期債券、期貨和通貨等。他們擴張業務時，向破產的網際網路公司大量購買電腦設備，同時到培育科技人才的溫床──伊利諾理工學院，大舉招募數學和電腦高手。

提爾尼和舒勒都不是電腦程式設計專家，所以毫不手軟地花大錢，聘請頂尖程式設計師和交易員。他們最初的招聘成果，是戴夫・巴布拉克（Dave Babulak）。巴布拉克原本是交易員，曾經在霍爾交易和波迪克一起工作（還參加過波迪克的單身派對），於1999年離

開霍爾交易，創辦「瞬間交易」(Blink Trading) 期貨交易公司，後來於2002年被 Getco 收購。Getco 收購瞬間交易時，也網羅到這位把精密電腦交易策略傳播到全華爾街的霍爾交易資深大將。

和以往的自動交易台 (ATD)、RGM 顧問 (RGM Advisors) 和文藝復興一樣，Getco 也開始尋找熟悉機器學習技術的人工智慧程式設計師。靈敏度極高的程式，可監控來自市場各處的大量資料，即時學習哪些策略在各種狀況下效果最佳。

Getco 很快就成為全世界極為活躍的交易券商，掌握奇異和谷歌等藍籌股每日交易量的20％。它是國庫債券、通貨、期貨和指數基金的主要大戶，為全球各地市場提供龐大交易量。這些交易的附帶效益，是 Getco 擁有龐大且極度靈敏的市場雷達。它能在一瞬間察覺到市場風向的微小變化，橫跨世界各地的多種資產，同時精準預測未來，極少競爭對手能與它匹敵。這家券商彷彿在大氣中部署了幾十萬個即時感測器，來判斷天氣型態，而競爭對手只有生鏽的風向標可以參考。

Getco 很快就離開 Merc 裡狹小的辦公室，搬進芝加哥期貨交易所大樓，位於交易場上面幾層。塞滿最新型伺服器的房間旁邊，是擠滿程式設計師、計量分析師、人工智慧專家、物理學家，甚至遊戲程式設計師的房間，在他們面前的，是一台台疊到天花板的大螢幕。

這家公司經常前往華府，聘請前 SEC 重要人物和超級遊說專家，還聘了前 SEC 主席亞瑟·雷維特 (Arthur Levitt) 擔任顧問。Getco 在公開聲明中一再表示，他們支持開放市場，以及所有投資人「公平競爭的環境」。

　　但由於擁有非凡科技能力和雄厚資本，Getco已經成為華爾街的新王者。創辦人舒勒和提爾尼據說各自擁有數億身價，卻一直隱身幕後。多年以來，他們兩人的照片從來沒有公開出現過。

　　這件事十分諷刺：一家公開宣揚開放市場和透明的券商，其實是全世界最隱匿的交易公司。

　　交易機器人也持續成長。康明斯和Getco分家之後，構思出全新策略。他完全專注於賺取掛單－吃單費。這個模式是1998年約書亞·列文首先提出，用意是鼓勵券商多提出買進價和賣出價。2002年，幾乎所有交易池都付錢給券商提供流動性，通常是每100股0.2美元。在此同時，交易池則對取得流動性的券商，收取每100股0.3美元的費用。

　　2003年底，進入市場的高速交易員越來越多，價差也縮小，透過簡單的倒賣策略賺到錢越來越難。但有了掛單－吃單制，就算交易機器人沒有在交易本身賺到錢，也能收到掛出交易的費用。如果交易機器人能在市場上放出足夠的報價，並且賺到足夠的「掛單」費，就能形成類似自動櫃員機的策略，但前提是：全世界的另一位高頻率交易員，都不會做相同的交易。

　　這種策略有個非常理想的試驗對象：WorldCom。2002年底，WorldCom這家電訊公司因為會計醜聞而宣告破產，股價跌到每股不到0.1美元。有些交易員，包括康明斯在內，立刻發現大好機會出現了。他們看中的是掛單－吃單回饋。交易機器人可以放出一筆買進1000股WorldCom的委託單，花費不到100美元。但如果拿到回饋，這筆交易就能賺到1美元（也就是每100股0.1美元）。1美元聽起來不多，但因為WorldCom的交易量很大，每天交易多

達數百萬股，所以累積起來的數目相當大。換句話說，有一大筆錢就在那裡等人去賺，而且風險極低。由於市場非常龐大，這類交易規模可以放到很大。在高頻率交易中，最重要的是交易量，而不是每次交易的獲利。

當然，這類策略引發的瘋狂交易，對於投資人毫無益處。WorldCom狂熱顯示，股票市場已經變成龐大的電子吃角子老虎。高速交易員投進幾美元，就會掉下幾百萬美元。掛單－吃單已經變成高速券商的演算法類固醇，讓他們只要放出委託單，就能獲得大量穩定的收入（同時向必須交易的券商收費，例如避險基金和共同基金等）。這些高頻率流動性不會如同支持者宣稱的，流到股票來「造市」，它正有系統地尋找市場管道中每個漏洞，以便快速賺錢。

康明斯不斷催促機器超越極限時，他開始發現，ATD等競爭對手有時會在孤島上搶在他前面。ATD把它的電腦放在百老街50號地下室，孤島裝在置物架上的戴爾電腦旁邊，比起康明斯位在幾千英里外北堪薩斯市的公司，占了不少便宜。

距離就是金錢。在自動化高速交易的世界裡，這就像福特第一款T型汽車跟法拉利Testarossa比賽一樣。交易機器人經常在幾秒鐘內進出股票，所以一點點時間，就可能從獲利變成虧損。就像場內交易員站在活動的中央比較占便宜一樣，接近交易網路的電腦系統，也能讓某些券商在爭奪交易時捷足先登。

由於交易機器人本身策略的特質，速度對它而言尤其重要。它能依據迅速的市場動向即時回應，所以必須隨時更新委託單。如果買進某檔股票，價格就開始滑落，它就必須立即出脫。速度，包括輸入新委託單、取消舊委託單，以及透過孤島的ITCH專線隨時接

收最新市場狀況的速度，都極為重要。如果交易機器依據舊資訊行動，就可能造成損失（在高頻率交易的一級方程式世界，晚半秒鐘就像舊石器時代一樣舊）。

因此康明斯知道，他必須讓自己的電腦盡量接近孤島的撮合引擎。他立刻拿起電話，打電話給麥特‧安德森。

他說：「安德森，這樣不公平。②」接著說明他的疑慮。

安德森回答：「沒錯。我們位於紐約以外的客戶確實很吃虧。我們也同意應該營造公平競爭的環境。」

安德森說明，列文和史特林都在設計模式，讓更多券商把電腦放在孤島的電腦附近。如此一來，大家都占不到便宜。達提克先前的交易部門哈特蘭證券，已經透過沿著樓梯間蜿蜒通往百老街50號地下樓的電纜，跟孤島的電腦連線。哈特蘭的兄弟當沖交易部門百老匯交易，也有類似的安排，ATD也有。

康明斯看得出來。他知道別人的系統都沒有交易機器人快，但其他券商比他早貼出報價，搶在他前面交易。他每天都能在螢幕上看到這類狀況。他看到競爭對手在他曾經獲勝的交易中擊敗他，才發現他面對的是新的障礙：光速。

為了克服這一點，他必須把電腦直接放在戰鬥地點，也就是孤島旁邊。把交易設備跟交易所電腦放在一起，稱為主機共置（co-location），簡稱colo。主機共置可形成高頻率交易的主要骨幹，最後成為證券在各地交易的模式，裝滿大型伺服器的資料中心在世界各地興起。

當然，這麼做不是免費的。券商把電腦放在孤島撮合引擎旁時，孤島會收少許費用，大約是每個月幾千美元。康明斯立刻就同

意了。

這筆錢相當划算。效能差異非常明顯：把電腦放在孤島旁邊之後，在委託單從堪薩斯市傳到紐約的 1/50 秒內，交易機器人可以執行二十次交易。

跟孤島的電腦連線之後，康明斯把心思轉向跟群島建立關係。雖然他覺得群島比孤島慢很多，因而對於跟群島交易並不特別興奮，但他喜歡手上握有各種選擇。交易機器人也經常利用孤島和群島間的價格差異。英特爾在孤島上可能賣 20 美元，但在群島上賣 20.02 美元。交易機器人可以在孤島上買進，再到群島賣出，只要交易能夠立即執行，立刻可以賺到每股 2 美分。在群島上，延遲幾秒鐘就可能讓這筆利潤消失，有時甚至造成損失，而康明斯是不接受損失的。

康明斯對群島的科技感到失望，所以打電話給剛成為群島與高速交易員之間橋梁的傑米‧塞爾威（Jamie Selway）。塞爾威以前在納斯達克研究過 ECN，於 1990 年代進入高盛，但他受不了銀行業勝者全得的文化，所以於 2000 年跳槽到群島，跟交易機器人和 Timber Hill 等高度依賴電腦的券商合作相當密切；塞爾威最樂意協助的人，就是康明斯。

康明斯抱怨群島速度太慢。群島的電腦進入空轉循環時，交易機器人經常必須降低速度，這擾亂了他精心設計的模式。他告訴塞爾威：「我沒辦法忍受這種風險。」

康明斯催促塞爾威解決這個問題，他不斷拿群島跟孤島相比，當然都是說群島不夠好。

康明斯越來越不滿意，這使使得塞爾威開始擔心群島會成為交

易機器人這類大量交易員的玩具,忽視正常買進後長期持有的投資人。此時開始出現的動盪,多年後將導致波迪克在交易機器面臨的問題。在這個市場中,交易所汲汲營營於取得高速交易員的業務,因此迎合他們的所有要求。塞爾威可以感覺到,市場勢力正在改變。他告訴自己,不能輕視機器人程式。

這場戰鬥注定失敗。康明斯到芝加哥洛普區的哈特佛廣場北棟21樓,造訪群島的辦公室,見到了傑瑞·普南。他非常想把電腦放在群島的電腦旁邊,但普南拒絕了。群島和孤島不同,還沒有提供主機共置的能力。普南擔心其他客戶聽到風聲後會抱怨,他希望康明斯稍安勿躁,等群島位於紐澤西州威霍肯的資料中心完工。這座中心隔著哈德遜河跟曼哈頓遙遙相望,擁有許多空間,可以讓交易機器人、以及其他也想取得近水樓台的公司放置電腦。

康明斯不想再等下去。他把電腦移到距離群島的芝加哥總部大約一英里的地方。群島位於威霍肯的資料中心終於完工時,交易機器人是第一家跟它共置的公司。

• • •

康明斯還有其他法寶。2000年代,暗池這股新勢力開始崛起。2004年左右,康明斯著手開發在暗池中交易賺錢的策略。法人交易員從納斯達克等明市轉往暗池,以便逃離交易機器人這類新一代高速交易員,高速交易員也自有一套方法,在暗池中悠遊。他們的策略稱為延時套利(latency arbitrage),藉由某檔股票在暗池和明市間的價格差異獲利。交易機器人獲利的關鍵是系統的「延時」,也就是資訊在市場或其他封閉系統間傳遞所需的時間。

價差是這麼來的：暗池依據證券資訊處理系統（SIP）提供的資料，訂定股票價格。如果英特爾在納斯達克的股價從20美元漲到20.02美元，許多暗池會透過SIP專線，取得這個價格資料。但問題是交易機器人的運作以微秒為單位，相比之下，SIP簡直慢如牛步。對於採取延時套利策略的券商，這是絕佳的獲利機會。在孤島上進行的交易，可能會比資料到達暗池的時間略早一點。交易機器人透過自己的ITCH專線連結孤島，在股價傳到暗池之前提供交易資料。如果英特爾在孤島已經漲到20.02美元，在暗池可能還是以20美元交易，因此交易機器人可以趁新價格透過「緩慢」的SIP專線傳到暗池之前的幾毫秒，大舉買進英特爾股票，等新價格傳到後立刻賣出，藉此賺上一筆。這類策略賺到的金額通常非常小，每股大約只有幾美分，但每天如果交易幾千次，累積起來也是一筆不小的錢。

大多數投資人就像在遲頓的專線上觀看肯塔基賽馬，交易機器人等高速券商則是在賽馬場邊，比賽結束前隨時都能下注。SEC並不禁止這類交易，甚至還認為這樣能讓定價更有效率。

• • •

Getco的舒勒和提爾尼，聘請其他券商的專家或頂尖大學畢業生，來打造及設計自己的交易機器。康明斯在交易機器人，則是模型建立者和策略擬定者，他極少聘請有經驗的交易員，而是從密蘇里州和堪薩斯州的地區性大學，找來許多社會新鮮人，他們的薪水比華爾街許多頂尖券商偏好的長春藤盟校畢業生低得多；康明斯常把這種策略稱為「印度中途」。

在交易機器人工作有它的優點。公司規定穿商務便裝，很少打領帶；康明斯自己偏好牛仔褲、polo衫和運動鞋，夏天喜歡穿短褲。午餐由公司供應，讓員工能在位子上繼續工作。大多數員工下午五點就下班。

但工作環境壓力頗大。康明斯的要求相當嚴格，如果他對某員工的表現不滿意，會立刻叫他走路，一個下午往往就送走一批人。康明斯喜歡在星期五淘汰員工，一位前員工表示：「我們擔心隨時會失去工作，尤其是星期五。」

每天收盤之後，康明斯會召開全公司會議，仔細分析當天的交易狀況。這或許十分讓人緊張，但也能讓大家警覺和專注。這些交易員知道，每天結束時必須向老闆解釋自己執行每個步驟的理由。大家都不想搞砸，但有些真的會搞砸。

康明斯有時會休個假，到不受打擾的幽靜所在旅行。他開始撰寫交易軟體的程式時，就會開始瘋狂工作，每天花八到十小時撰寫程式。有一個星期，他覺得特別有寫程式的靈感，還在門上貼告示說絕對不准敲門。

這麼做確實有用。康明斯後來從盔甲路狹小的辦公室，搬到北堪薩斯州嶄新的辦公大樓，當時他已經取得私人飛機駕駛執照，為了炫耀地位和財富，他在滿四十歲時以公司的名義，買了一架塞斯納獎狀型八人座雙引擎豪華噴射機。

• • •

機器人程式勢力越來越大，要求偏好的交易網路提供更大的容量、更快的速度、更具創意的賺錢方法。

　　現在情勢完全反了過來。陽春型共同基金公司完全不在乎交易所管道的微秒特質，高頻率券商則緊盯這類資訊不放，後者開發執行速度極快的策略，同時要求電子網路和交易所提供這樣的速度，電子網路和交易所也照辦了。

　　2000年代時，曾在好幾個頂尖ECN和交易所工作的一名技術專家指出：「主要重點變成滿足高頻率交易族群的需求。狀況改變了。Getco和交易機器人等券商希望了解系統的一切，以便依據狀況管理委託單。我們投入大筆費用滿足他們的需求。他們要我們提高速度。最重要的是，我能提供哪些高頻率交易功能讓他們使用。我們追求確定的經濟模式。」

　　高速券商跟交易網路攜手合作，創造性質十分特別的特殊委託單。券商希望擁有不會送進NYSE或納斯達克、或是只會送進其他ECN的委託單。這些委託單提出買進價或賣出價，如果交易沒有完成，就會立刻取消。

　　群島是這類遊戲的主辦人，讓高速券商一再回頭交易。群島的速度雖然不及孤島，但非常樂意提供客制化委託單，滿足重要客戶各種天馬行空的點子。

　　群島的一名前員工表示：「我們創造各種委託單，讓他們以希望的方式交易。我們依據他們的要求，調整委託單和我們紀錄本的交互作用方式。我們應客戶要求創造許多獨特的委託單，這些人大多是高頻交易客戶。精明的客戶才知道如何運用這種方法。他們提出要求，我們因應要求，形成不錯的良性循環。」

　　如此一來的結果是：2000年代中，單單自動交易台、文藝復興、交易機器人和Getco這四家券商，就占了全美國股票交易量的

25％到30％。一直以來，這幾家券商和孤島、群島及BRUT等電子交易池密切合作，讓ECN依據它們的需求，量身打造系統管道。ECN似乎別無選擇，只能迎合它們。想在競爭越來越激烈的地方生存下去，就必須配合最大的客戶，也就是為交易池提供流動性的券商。

其他高頻率交易員也加入這場行動，把電腦伺服器安裝在市場撮合引擎旁、在紐約和芝加哥間建立超高速連線。傳統投資機構和銀行也急起直追。美林、高盛、德意志銀行和J.P.摩根等銀行，不久後也跟主要市場中心的撮合引擎共置。券商逐漸適應由演算法主導的新型一級方程式市場，創造這個市場的先鋒是康明斯、舒勒、提爾尼，當然還有列文。

曼哈頓和芝加哥市區裡的狹小辦公室，開始出現大多數人沒聽過的公司。距離金融中心十分遙遠的地方，包括德州奧斯汀、南加州或紐澤西州市區等，則因為電子交易池開始在這裡建立新世代資料中心，也開始出現這類公司。

2000年，擁有耶魯、史丹福和哈佛大學學位的數學專家馬克・戈登（Mark Gorton），開始任職於萊姆經紀（Lime Brokerage）。成立這家券商的主要用意，是服務戈登的高速交易公司「主塔研究」（Tower Research）。2001年下半年某一天，BRUT程式設計師發現委託單突然暴增。送進來的三百多萬筆委託單，全都來自同一家券商——就是萊姆經紀。

2002年成立的哈德遜河交易（Hudson River Trading）位於曼哈頓市區，距離與它同名的河不遠，創辦人是MIT與哈佛大學三位數學和電腦專家。芝加哥的太陽交易（Sun Trading）成立於同一年，

創辦人是CBOE選擇權造市商傑夫‧韋格里（Jeff Wigley）。

還有其他公司陸續出現。未來幾年內，原本為數不多的電腦交易員，將變成股票、貨幣到商品等各種市場的主要勢力。許多這類公司採用先進的人工智慧系統控制交易，隨時因應千變萬化的市場狀況。

速度就是關鍵。

2000年代初，交易執行時間大約是數毫秒（毫秒是千分之一秒），是人類平均思考速度的兩百倍。接近2010年時，高速券商執行交易的時間是數微秒（百萬分之一秒），甚至達到數奈秒（十億分之一秒）。

這是逐漸逼近0的激戰，交易速度極快，幾乎立刻就完成。大眾越來越疑慮高速交易可能導致高速崩盤，許多人質疑，這些狂熱的交易是否真能提高市場品質。2001年一項針對孤島系統進行的研究指出，送往孤島的委託單，有25％以上在兩秒鐘內取消。這項研究指出：「限價委託單交易員（例如經銷商）大量使用這類『快速委託單』，完全不是有耐性的流動性提供者。」

未來數年，由於市場步調加快，以及交易處所大量增加，取消委託單將越來越普遍。它是高速交易策略中的重要手段。股價上下波動時，券商先取消委託單暫避風頭，幾毫秒後再重新送出新委託單。

這類幽靈委託單背後，還有其他問題更多的手法。有些券商投下大量委託單，營造需求很大的假象，再趁交易尚未執行時趕快取消。這類委託單可針對某檔股票營造偽動能，矇騙其他演算法的搜獵雷達，讓高速券商取得大好機會，趁這檔股票上漲形成假性需求

陷阱時獲利。在金融業，這種手法稱為戲弄（spoofing）。

許多高速券商和Getco一樣，早已跨出股票市場，拓展到債券、選擇權、貨幣和商品等市場。如此一來，他們超越真人交易員的速度，也越來越快。據說一家法國大型銀行貨幣部門的交易員，用膠帶把手指黏在某些鍵上，以便快速輸入委託單。2000年代中，這個部門依然解散。真人無論採用什麼招數，都沒辦法跟機器人程式競爭。

新一代華爾街精英崛起，這些有錢的科技高手配備大型電腦和超高速專線，進一步縮短寶貴的委託單處理時間。列文夢想中沒有中間人的市場，已經完全變樣——科技創造了新的中間人：高頻率交易員。

交易機器人和Getco成立初期，新的交易典範似乎已經出現，而且確實如此。在電子平台協助下，交易成本更低、速度更快，而且似乎比真人造市商和專業經紀人的舊時代有效率得多。

然而不祥的徵兆已經隱隱浮現。暗池隨同高速交易員問世，它們起初是讓大額投資者躲避明市窺探的目光，可以自在交易大筆股票的電子網路。首先問世的交易池成立於2000年，稱為利貫（Liquidnet）。2004年，瑞銀的丹·麥提森（Dan Mathisson）建立暗池，命名為Crossfinder。前納斯達克總裁和一名核子物理學家共同經營的「管道交易」（Pipeline Trading），也在同一年推出供大額交易用的暗池。高盛的暗池稱為「西格瑪X」（Sigma X），連Getco後來也成立暗池。演算法交易越來越多，大額投資者發現，要交易大量股票更加困難了。越來越多交易被切分成較小的整數股交易（通常是兩、三百股），讓演算法更容易操作。演算法以複雜的方法，搜尋

大型券商的大鯨委託單，例如先以委託單「探察」暗池，幾秒鐘後立刻取消。有些券商使用人工智慧模式辨識技術來偵測獵物。暗池規模起初相當小，未來幾年電子交易大幅增加，它們的規模也變得更大。

電子交易員和建立交易池的水管工，並不覺得他們參與建立的市場有什麼問題。他們自視為民主化先鋒，打破行內人幾十年來侵害一般投資人權益的手法。他們將為黑暗帶來光明。

他們在許多方面是對的。他們打敗了敵人，他們勝利了。

無論他們自己知道或不知道，他們都已經慢慢成為新的華爾街行內人。

同時成為新的敵人。

注釋

1 "We were getting overwhelmed"：訪問歐布萊恩的內容。

2 "This is unfair, Matt"：戴夫・康明斯在交易機器人的工作細節出自 "Fast Lane: Firms Seek Edge Through Speed as Computer Trading Expands," by Aaron Lucchetti, *The Wall Street Journal*, December 15, 2006。

16 瘋狂數字

Crazy Numbers

濃煙和灰燼灌進①百老街50號地下室的空調送風管。從1990年代中期開始，列文等人慢慢累積兩千多部戴爾桌上型電腦，建立起孤島資料中心，這空間充滿毒性微粒的空氣溫度越來越高。當時是2001年9月11日上午。

安德森當天很早就進辦公室，準備八點鐘開會。他從辦公室窗戶看出去，看到世界貿易中心南塔倒塌之後，大片煙塵沿百老街捲來。黑煙太濃，他幾乎看不到對街。他意會到這狀況非同小可時，開始擔憂太太和兩個小孩，他們早上通常會去世界貿易中心的邊界書店，來段說故事時間。

孤島的氣氛跟曼哈頓市區其他地方一樣，難以置信、震驚和恐懼。俄裔程式設計師拉扎列夫正在調配超濃螺絲起子，讓大家安定下來。列文忙著確認孤島的系統一切正常。孤島營運長希倫以前是美國陸軍裝甲部隊軍官，曾經參與1991年的波灣戰爭，他要大家盡量待在室內。

安德森十分慌亂。他的公寓距離孤島辦公室才幾條街。十一點半左右，他單獨離開辦公室，穿過灰燼黑煙和消防隊尋找家人，他們跟其他失散者一起擠在大樓一樓辦公室。

　　幾名陸戰隊員來到現場，協助家人疏散到紐約市政府附近的畢克曼醫院（Beekman Hospital）。現場讓人觸目驚心，急診室裡滿是醫師和護理師，但患者很少。安德森開始懷疑世貿中心倒塌後是否有人倖存。當天稍晚，他跟家人乘坐救護車，離開下曼哈頓朝北移動。

　　在百老街50號，列文在孤島最先聘請的史特林，手忙腳亂地把空氣抽出地下室。他用印花大手帕搗住口鼻，拚命想清除通風系統管道。他清好一條，另一條又塞住了。黑煙已經難以阻擋。

　　電腦如果繼續運作，將會造成重大災害，所以史特林下定決心，讓孤島暫停運作。這是四年多以來，孤島第一次在交易日停機。孤島團隊想方設法保護電腦，用防水布和塑膠布蓋住它們，接著撤出大樓，跟嚇壞的工人和居民一起逃離下曼哈頓。

　　他們沒有時間休息。第二天，史特林和技術團隊前往距離紐約半小時車程，紐澤西州希卡庫斯的孤島資料備份中心。這個中心已經施工幾個月，但還要好幾個月才準備好面對彼得菲和康明斯這些吹毛求疵的客戶。

　　但它現在就得面對。史特林抓起電話，開始打給幾百個孤島客戶，試著建立虛擬私有網路，並且運用加密技術，讓擁有權限的使用者可以使用新的資料中心。一群孤島技術專家拚命工作，回復系統，同時盡可能提高運作速度。這些小問題解決之後，孤島於9月13日星期三上線。但紐約證券交易所還沒有準備好，要等到9月17日才上線。

　　對孤島團隊而言，這再次證明了電腦網路的優越性。孤島沒有實際在哪個地方，只存在於戴爾電腦的主機板上，所以不像實體交

易所那樣，容易受911等災難事件影響。

孤島今年異常忙碌。網路泡沫破滅，股票市場不斷探底，但孤島持續成長，從納斯達克手中取得大片市場。2001年年底，孤島的納斯達克股票交易量，已經超越Instinet。

高速交易迅速興起帶動孤島成長。交易量大幅攀升。列文建立孤島時把它做得快速、簡單，而且極易擴充，能處理任何工作。但Getco和交易機器人這類高頻率交易員開始崛起，以龐大的委託單流和前所未見的速度考驗它們的能力時，連孤島都快被逼到極限。

史特林回憶：「數字非常離譜②。我們設計時在擴充空間方面投注許多心力。大眾很快就對規模造成壓力，這讓我十分驚訝。這些數字傳進來時，簡直太離譜了。」

但高速機器人一直打不進兩個交易池：NYSE和納斯達克。這兩個主要股票市場一向落後其他市場，而且自己絲毫沒有察覺。它們為了維護專業經紀人和造市商而拒絕升級系統，在高頻率交易興起，創造全新流動性來源的關頭，這麼做顯然大錯特錯。這些流動性全部流向電子交易池。

納斯達克高階人員發現，開始出現大量納斯達克股票委託單，但不是在納斯達克上交易。機器人程式已經掌控微軟、英特爾、思科和世界通訊等，主要納斯達克股票交易。納斯達克首席經濟學家法蘭克·海瑟威（Frank Hathaway）表示：「我們發現，有龐大交易量③來自我們從沒聽過的券商。我們跟這些券商接觸，但它們對我們不感興趣。」

這對納斯達克是個大問題，因為從這些交易賺到錢的不是納斯達克，而是孤島。孤島把這些交易回報給納斯達克，納斯達克的流

動性快速縮水，轉往孤島。

情勢已經非常明顯。納斯達克必須改變，而且刻不容緩。高速交易員挾龐大的交易量，已經取得主導地位，納斯達克如果要生存下去，就必須配合他們的需求。小數化之後，長年把持市場的造市商無利可圖，因此大舉退出。對納斯達克而言，現在想活下去，就得解決他們。

它的解決方法，是建立號稱「ECN殺手」的電腦化交易網路。納斯達克把它命名為超級蒙太奇（SuperMontage，納斯達克市場的委買單和委賣單紀錄本，通常稱為委託單的「蒙太奇」）。這個網路將掀起大規模爭議，從華爾街交易廳一路延燒到美國國會山莊。

• • •

艾特金衝出在SEC華盛頓辦公室中舉行的會議。當時是2001年10月，關於超級蒙太奇的爭議逐漸升溫。這位Instinet執行長一把拿出行動電話，按下快速通話鍵打給安德森。

安德森沒接電話，所以艾特金留了言。

他說：「如果你他媽的不來華盛頓幫我們打超級蒙太奇，我就把你們趕出Instinet。」

這個威脅十分嚴重。如果孤島拿不到Instinet的委託單，就會失去一大塊市場。觀察者交易員隨時留意Instinet的狀況，就是為了藉此得知高盛、摩根和美林等市場大咖如何操作手上的股票。

艾特金的威脅反映出他有多麼忌憚超級蒙太奇。從設計上看來，超級蒙太奇是龐大的超級電子交易池，它集中整個市場，包括孤島、群島和Instinet等ECN的最佳買進價和賣出價，把這些報

價張貼在一個超級蒙太奇上,供所有交易員參考。

問題是,超級蒙太奇不公平,至少對ECN不公平。它偏袒納斯達克造市商的報價,如果納斯達克造市商和使用孤島的客戶提出相同報價,例如以20美元買進蘋果股票,則納斯達克造市商的報價會出現在最前面。

這對ECN是重大威脅,因此它們激烈反彈,大舉投書SEC,表示超級蒙太奇的構想將帶來重大災難。

艾特金在2000年12月的投書中說:「超級蒙太奇一旦批准通過,等於容許納斯達克建立**反競爭**的撮合機構,這是不應該的。」

幾乎所有ECN都向SEC遞交內容類似的抗議信,只有一家例外,就是孤島。

列文仔細研究超級蒙太奇的架構,得出一個簡單的結論:超級蒙太奇注定失敗。原因是不會有ECN自願加入。超級蒙太奇違反一個重要的市場原則,那個原則也是孤島當初創立的原因:它反對競爭。這表示超級蒙太奇不可能長久。競爭能帶動市場,讓市場變得更好。

大家沒有必要反對它。

列文告訴安德森,超級蒙太奇會自己消失。所以安德森沒有浪費時間阻止超級蒙太奇成立,而是擬定策略,準備另立門戶。

安德森回想時說:「我們知道他們想弄死我們④。」他把市場比做購物中心。納斯達克想藉由超級蒙太奇,讓所有客戶先經過他們自己的商店進入購物中心,才能到達其他商店。他說:「我們的想法是,我們何不乾脆離開購物中心?」

超級蒙太奇提案曝光後,SEC召集納斯達克和各ECN高階人

員，舉行一連串會議，試圖弭平各方歧見。孤島決定不出席第一次會議，靜觀其變，擬定自己的脫逃計畫。

艾特金希望ECN組成聯合陣線，因此孤島缺席令他大為光火。多年來，孤島一直是對抗納斯達克濫權最力的重要代表，艾特金認為，一定要他們加入對抗超級蒙太奇的行動。

因此第一次會議結束後，艾特金打電話給安德森，威脅說如果孤島不加入，就要把孤島排除在外。

不過他的威脅有個問題：把競爭ECN排除在外違反美國聯邦法規，這些法規的用意，是創造開放整合的市場。艾特金這麼說是以反競爭行為威脅孤島，而且還留言在錄音訊息中，讓別人有把柄可以利用。

安德森發現，他可以好好利用艾特金這個疏失。

當時孤島正和Instinet陷入收費爭議。孤島每在Instinet執行一次交易，Instinet就會收取一筆費用。由於Instinet把孤島視為NYSE和納斯達克以外最大的競爭對手，所以對孤島收取的費率比對其他ECN高出許多。

孤島的反應很簡單，就是拒絕交錢。艾特金打這通電話時，孤島大約積欠了一百五十萬美元。

安德森跟艾特金約在曼哈頓中城第三街375號的Instinet總公司開會，解決這個爭議。艾特金對安德森在超級蒙太奇這件事上的表現十分惱怒，要求孤島立刻支付積欠的所有費用。

此時安德森拿出電話留言抄本給艾特金看，說如果他不把孤島適用的費率改成和其他ECN相同，只一味逼孤島付錢，他就把這份抄本交給SEC。

這一著迫使艾特金不得不立刻妥協。安德森帶著微笑走出
Instinet辦公室。孤島又一次獲勝，Instinet再度落敗。

在此同時，普南也採取行動，推動群島前進。2001年11月28
日，群島面臨重大考驗。

普南在紐約的會議即將結束時，收到群島芝加哥總部傳來的電
子郵件。郵件寫道：「請留意安隆最近的狀況。」

安隆的假帳醜聞曝光，因此標準普爾剛剛宣布，把安隆的債券
等級調整為垃圾級。安隆股價在幾分鐘內狂瀉，大量投資人恐慌性
殺出，NYSE不得不暫停交易安隆股票。

但群島和孤島等ECN，則毫無遲滯地執行了上千萬筆交易。
NYSE暫停交易二十九分鐘之後才恢復交易，出現在大行情板上的
第一個數字，跟安隆股票在ECN上交易的價格完全相同。

這是重要的一刻。現在是電子交易池訂定NYSE的**股價**，而不
是NYSE訂定電子交易池的股價。這代表電子交易池應付混亂狀況
遊刃有餘，大行情板則只能舉手投降。

普南得意洋洋地出現在CNBC上慶賀勝利。他在電視上宣稱，
安隆事件證明交易廳是多餘的。這句話觸怒了NYSE頗具魅力的
執行長迪克‧葛拉索（Dick Grasso）。高科技雜誌《高速企業》（*Fast
Company*）也封普南為電子交易之王，在2002年5月的文章中寫道：
「普南代表華爾街的未來面貌。」

• • •

在此同時，孤島繼續打造脫離超級蒙太奇購物中心、到外面開
店的策略。安德森想出好幾個計畫，其中有些簡直像病急亂投醫。

A計畫：跟納斯達克最大的對手NYSE合作。

為了達成這個目的，安德森打電話給孤島投資者銀湖資本（Silver Lake Partners）董事羅傑・麥克納米（Roger McNamee）。麥克納米的哥哥喬治是NYSE的董事。

安德森問：「你想喬治能不能安排我們跟葛拉索見面？」

麥克納米回答：「我來問問看。」

孤島跟葛拉索已經非正式接觸過。有些人甚至認為，儘管葛拉索堅定支持NYSE崇高的專業經紀人制度，但私下正在考慮買下某個ECN。有一天，葛拉索單獨走進孤島的辦公室參觀。孤島員工帶他參觀辦公室時，有人拿給他一頂孤島棒球帽，他立刻戴在閃閃發亮的光頭上。但他一走出孤島大門，就把帽子脫了下來。

他說：「我覺得被別人看見我戴著這頂帽子不大好。」

來回幾次訊息之後，會議敲定在2001年年底舉行。安德森步行到NYSE總部，距離孤島辦公室僅兩分鐘路程。NYSE人員帶他到位於交易所六樓的葛拉索辦公室。他偷偷笑著大行情板華麗的橡木板裝潢。

葛拉索奢華的辦公室中，滿是他擔任大行情板執行長期間所蒐集各式各樣的骷髏，安德森一進去立刻就開始冒汗。這個NYSE執行長向以辦公室燠熱著稱，溫度往往超過攝氏32度，原因若不是他體質偏寒，就是他喜歡看訪客流汗。

握手寒暄過後，安德森立刻切入正題：「你們想不想讓競爭對手慘賠？」

葛拉索回答：「說下去。」

安德森說：「孤島的交易量，大約占納斯達克總交易量的

15%，比其他ECN都多。」

葛拉索說：「我知道。」

安德森再說：「如果孤島把所有交易轉到NYSE，會怎麼樣？」

ECN必須把所有交易公開在受規範的市場上，通常不是納斯達克就是NYSE。這些市場再把交易資料，賣給處理交易紀錄彙總單的機構。多年以來，孤島交易的大多是納斯達克股票，所以也把交易報給納斯達克。安德森提議把交易轉到另一邊。

這樣將可讓孤島規避超級蒙太奇，同時讓NYSE藉由把孤島交易張貼在交易紀錄彙總單上獲利，每年可增加約兩千萬美元營收。更好的是，這筆現金將直接來自納斯達克，同時使NYSE的納斯達克股票交易量超越納斯達克本身。在這兩個市場長年的排名競爭中，這可能是致命的一擊。

安德森說，這麼做還可協助NYSE達成當時最重視的目標：吸引微軟和英特爾等納斯達克忠實客戶，因為這些公司相當重視孤島等電子領域先鋒。

最棒的是，NYSE什麼都不用作，只要簽字同意接收孤島的交易資料就好。

葛拉索說：「這個主意不錯，給我一點時間想想。」

但安德森看得出來，葛拉索不感興趣。他仍然大力支持主導NYSE的專業經紀人和大廳交易員。在他們眼中，跟孤島合作就是跟魔鬼談交易。他們不想跟電子交易界聯手，至少現在還不想。

在此同時，安德森必須提出規避超級蒙太奇的可行計畫。A計畫NYSE顯然已經行不通。

B計畫更加大膽。

• • •

辛辛那提股票交易所其實位於芝加哥,多年來一直是馬多夫的活動範圍。馬多夫也一直想規避納斯達克和NYSE,但效果不佳。1980年,辛辛那提股票交易所成為第一個完全電子化的交易所,但業務一直不見起色。2000年代初,它只能勉強苟延殘喘。

安德森認為,他可以跟辛辛那提股票交易所談個交易。他聯絡這家交易所,提出他先前提給NYSE的點子。孤島不把交易公開在納斯達克上,而是轉往辛辛那提。辛辛那提交易所將可收到市場資料費用,而且只需要簽字同意即可。辛辛那提交易所亟需業務,立刻就同意了。

不久之後,安德森打電話給主持超級蒙太奇的迪恩·佛布希(Dean Furbush,亦見於第九章),說明孤島委託單不久之後就會從納斯達克消失。

他說:「佛布希,我們要離開了。這對我們和客戶是最好的選擇。」

佛布希問:「什麼時候?」

「我們預期在2002年年初。」

佛布希大吃一驚。納斯達克轉向SEC求助,宣稱孤島這麼做不合法,但他們的說法遭到駁斥。轉移日期逐漸接近,佛布希找安德森到曼哈頓中城高級法式海鮮餐廳見面。

佛布希懇求:「給我們機會挽留你們。」他保證會提出孤島可以接受的計畫。

安德森有點懷疑,但還是同意了。

他說：「好，佛布希，我們會等一下，但不會太久。」幾天之後，在時代廣場附近一家安靜的義大利餐廳，安德森跟威克‧希蒙斯（Wick Simmons）見面。希蒙斯九月剛接任納斯達克主席，他善於社交應酬，職業生涯大多待在保德信證券和雷曼兄弟這類老牌投資公司。希蒙斯臉上堆滿微笑說：「我才剛跟梅格‧惠特曼（Meg Whitman）掛電話。」他說的是線上拍賣網站eBay執行長。他說：「我剛剛在eBay上賣掉一台保時捷！」

安德森勉強笑了一下。這傢伙以為自己是誰？

他們在冒著熱氣的義大利麵旁討論，安德森說明，孤島別無選擇，只能離開納斯達克。他說這麼一來，孤島就不用支付使用納斯達克系統的費用，將可省下大約兩千萬美元。

他說：「是你們逼我們這麼做的。」

希蒙斯大氣地說：「我是打算這麼做。這兩千萬裡面，我可以讓給你們七百萬。」

安德森笑了起來：「威克，你少講了一千三百萬。」

會議結束時，希蒙斯相信孤島不可能離開納斯達克。事實上，他認為孤島沒膽量執行他們的計畫，這七百萬甜頭已經敲定交易。他回到辦公室，宣稱他已經阻止這場災難。

他告訴佛布希：「我搞定孤島了。」

• • •

關於孤島計畫的消息傳得沸沸揚揚，使用孤島的投資人想進一步了解未來發展。孤島已經成為交易鏈中相當重要的一環，任何大動作都會影響其他人。

2002年1月2日，孤島計畫轉移到辛辛那提的日子越來越近，馬多夫傳了一封電子郵件給列文。馬多夫當時是馬多夫投資證券公司的納斯達克交易主管，希望列文加入證券產業協會（SIA）的技術管理委員會。委員會成員包括交易所、銀行和各大避險基金的高階主管。列文如果加入，委員會將可進一步了解孤島的下一步行動。

列文說他也加入。

他回信說：「算我一份！告訴我開會時間跟地點，我到時候會去。」

一月底在百老匯大道120號SIA辦公室舉行的第一次會議中，列文的出現相當值得紀念，但值得紀念的不是討論內容。當業界大咖在SIA會議室裡坐定之後，列文慢慢踱了進來，脫下外套坐下，拿出幾張名片（碰到水之後會膨脹成一大塊海綿）。委員們看到大名鼎鼎的神祕天才少年時，會議室裡沉悶的對話頓時安靜下來。列文穿著T恤跟牛仔褲，其他人則穿著訂製西裝、亞曼尼領帶和湯瑪斯品克人字呢襯衫。

馬多夫大為反感。3月5日第二次會議前的早上，他傳了一封電子郵件給列文，主旨是「會議服裝規定」。

他寫道：「算我拜託你，下次開會不要穿T恤來。」

列文沒看那封電子郵件，所以當然又穿了T恤出席。他回到辦公室後，看到馬多夫的訊息。

列文回信：「我後來才看到這封，否則我會遵守規定。抱歉我可能不適合參加SIA委員會，你大概希望孤島派個比較正常的商務或科技人去參加，對吧？」沒錯。

2002年3月18日，列文最後一次出席SIA會議後幾星期，孤

島把所有交易轉發給辛辛那提股票交易所。突然間，納斯達克最活躍的使用者消失了。

這對納斯達克和超級蒙太奇是一記重擊。少了孤島龐大的交易流，納斯達克的市場少了一大塊。孤島正在摩拳擦掌。安德森回憶道：「這就像紐約洋基隊離開美國職棒大聯盟一樣。⑤」

電子交易改變華爾街的面貌，趁此良機賺錢的競賽也開始加溫。2002年初，達提克線上也被貝恩資本（Bain Capital）、TA Associates和銀湖資本等投資者視為待價而沽。達提克線上是交易量第四大的線上經紀商，僅次於嘉信、E*Trade和德美利，每天處理約八萬筆交易。一項粗略計算估計，儘管網路泡沫破滅造成交易量減少，該公司價值仍高達十億美元左右。德美利證券在投標戰中壓倒E*Trade及TD Waterhouse，以十三億美元取得勝利。這項交易讓這家位於奧馬哈的折扣經紀商，成為全美國最大的線上交易網站，客戶接近三百萬（德美利證券後來跟尼可爾的老東家TD合併）。

貝恩、銀湖和TA也是孤島的主要投資者，總持股超過90％。潛在買家處處都有，包括其他ECN、大型交易所，連幾家大銀行也表示有興趣。

最理所當然的合作對象似乎最不適合，就是群島。

1997年1月委託單處理規則正式實施以來，群島和孤島就一直是死對頭，合作對雙方而言都是絕對禁忌。但雙方也都清楚，許多可怕的對手正緊追在後。Instinet、BRUT、B-Trade、Attain等ECN，都在想盡辦法拉近差距。為了競爭，每個ECN都在壓低收費，或提高發出的掛單－吃單回饋。無論採用哪種方式，都會影響

盈虧。

　　流動性爭奪戰成了攸關生死的戰爭。雖然安德森和普南等人拍胸脯支持「競爭」和「公平的交易環境」，但從他們露骨的自肥行為看來，他們只希望跟納斯達克和NYSE競爭，因此合併是唯一的解決方案。

　　幾次試探之後，孤島團隊似乎可以接受跟群島合併，普南也說他願意。他私下早就垂涎孤島的技術，這比他自己的技術領先了好幾光年。

　　事情進展得很快，但不是朝普南預期的方向前進。

・　・　・

　　2002年5月，群島和孤島團隊約在芝加哥北邊的吉布森酒吧牛排餐廳吃晚餐。他們剛剛敲定合併交易，雙方結合後將成為實力強大的券商，掌握將近¼納斯達克股票交易。

　　他們互相擊掌，講ECN戰爭的故事，包括他們跟納斯達克的對抗、跟葛拉索開的奇怪會議、交易機器人等高速券商的誇張需求。普南和安德森碰了碰杯，互相恭喜交易完成。

　　但這頓晚餐後不久，群島的總顧問凱文・歐哈拉（Kevin O'Hara）找普南私下談話。歐哈拉是非常積極的律師，1990年代大半在SEC度過。他覺得事有蹊蹺，但又說不上來哪裡不對。

　　他告訴普南：「我覺得事情有點不對勁。」

・　・　・

　　這次見面後不久，某日普南坐電車上班翻著《華爾街日報》時，

看到一篇文章報導Instinet正在跟孤島洽談合併事宜。他眼珠差點凸了出來。

他衝進辦公室，一把抓起電話打給艾德・尼可爾（參見第十二章）。

普南問道：「今天《日報》上的報導是怎麼回事？」他的心臟跳得好快：「上面講的是真的嗎？」

尼可爾故做鎮定，說他們沒有跟Instinet交易，理論上來說沒錯，因為當時還沒有簽訂交易合約。

普南不確定該相信誰。列文一向看來直截了當。但他不知道列文很少插手公司營運。

普南打電話給尼可爾後幾天，輪到他接電話了。2002年6月11日凌晨三點左右，尼可爾撥了普南工作用的電話，留下錄音留言。他說，孤島剛剛跟Instinet簽下合約。

普南覺得自己被擺了一道。孤島跟群島討論時，已經跟Instinet談好交易。居中牽線的，是孤島的私募股權投資者銀湖和貝恩。他們直接找Instinet主要投資者、路透社的執行長湯姆・葛羅瑟（Tom Glosser）談。孤島的首席律師，前SEC高階主管卡麥隆・史密斯（Cameron Smith）代表孤島出面協商。

這項交易規模極大。Instinet同意以五億八百萬美元收購孤島。Instinet現任執行長艾特金擔任主席，尼可爾擔任執行長，安德森擔任營運長。合併後的交易池將成為電子交易領域的超級強權，掌握將近¼納斯達克股票交易，接近納斯達克的30%。

普南簡直無法相信。他從一開始就被騙得團團轉。他想到他們擬好孤島－群島交易的條款說明書那天，歐哈拉告訴他的話。

我覺得事情有點不對勁……

現在普南有個新問題。他的主要對手之一突然變得異常強大。雖然Instinet在交易中是收購方，但主控者顯然是孤島團隊。突然間，百老街50號這群出爾反爾的宅男，掌管了交易界的巨人和世界各地四十多個市場。這群野蠻人不僅已經打到門口，還侵門踏戶衝了進來。

細節陸續曝光時，群島的感覺是遭到背叛、難過、憤怒，以及渴望報復。

歐哈拉回想道：「整個過程我們都蒙在鼓裡⑥。這件事發生之後，一切都改觀了。」

注釋

1 Smoke and ash poured through："After the Attacks: A Test like None Before for the Computer Wizards," by Amy Harmon, *New York Times*, September 17, 2001.

2 "The numbers got crazy"：訪問史特林的內容。

3 "We were seeing massive volume"：訪問海瑟威的內容。

4 "We saw that they were trying to kill us"：訪問安德森的內容。

5 "It was like the New York Yankees"：訪問安德森的內容。

6 "We were lied to continuously"：訪問歐哈拉的內容。

17 「我不想當名人」

"I Do Not Want to Be A Famous Person"

　　傑瑞·普南最害怕的事，就是Instinet和孤島合併後，成為資金充沛又技術高超的對手，對群島造成嚴重威脅。

　　但其實這件事是天降大禮。

　　和大多數合併案一樣，現實總是沒有那麼美好。合併後擔任執行長的尼可爾，很快就發現Instinet是建構在過時技術上的自大怪物。繁文縟節很快就占滿他的時間，他除了降低成本，還要裁員。

　　尼可爾起先試著輕鬆面對。他在合併後不久舉行的大會上對全公司講話，承認公司即將裁員。他打趣地說：「有個省錢的方法就是少發給我一些獎金，但大家都知道這是不可能的！」

　　有幾個人笑了，但氣氛相當凝重。孤島的要角陸續離開。2002年10月合併完成後不久，麥特·安德森離職，轉任紐約桑福德伯恩斯坦（Sanford C. Bernstein）銀行全球交易主管（不久後又離開桑福德，進入芝加哥堡壘避險基金）。接任者史特林也於次年6月離開，轉任瑞銀美國股票電子交易部門主管。

　　這家券商確實吸收了一些新血。1990年代末，列文開始使用Java程式語言，這種語言繪圖能力強大，而且跟大多數電腦相容。他用Java語言為孤島製作股票報價畫面和幾項功能。2002年，

他開始思考，孤島的撮合引擎或許能完全以Java語言打造。為了協助轉換，孤島①聘請了年輕的Java專家布萊恩‧尼吉托（Brian Nigito）。尼吉托在MarketXT擔任過幾年資深工程師，這個ECN的專精領域是收盤後交易。

尼吉托對市場公平性十分執著，而且自視極高，所以跟列文一拍即合。列文曾說，尼吉托是「比我更優秀的我」。尼吉托跟孤島其他人一樣，日後將成為幕後重要人物，把市場管道專業和知識帶給堡壘和Getco等券商的高速交易部門。未來幾年內，許多孤島員工轉任銀行、高頻率交易券商和避險基金等公司，類似的模式將繼續出現多次。

孤島的主架構命運將大幅改變。列文跟Instinet僵化的官僚主義格格不入，他本來就很討厭這家公司。孤島結束百老街50號總部，搬到Instinet位於曼哈頓中城的豪華總部時，列文感到更加灰心。

最後一根稻草②來自多年來的對手：美國證券交易委員會（SEC）。列文跟馬希勒、席特龍和達提克這幫SOES盜賊的深厚淵源，最終帶來惡果。SEC多年來持續調查達提克的營運。2002年，SEC指控達提克詐欺並立案進行調查。2003年1月14日，SEC宣布達提克非法交易和作假帳，所有高階主管將支付共七千萬美元。這是史上最高的證券詐欺和解金額，也成為全美各地的頭條新聞。席特龍和馬希勒受創最重，他倆分別同意支付2250萬美元和2920萬美元，此外還承諾永久離開證券業。

他們並沒有就此變窮。和解敲定時，他們的身價都高達數億美元。這次判決後一年，《財星》（Fortune）雜誌估計，席特龍身家總

值近兩億美元，馬希勒更接近十億美元之譜。

另一方面，列文則因為作假帳而被判處一百萬美元罰款，但沒有被逐出證券業。列文告訴SEC，他不知道達提克把他設計的資產交易系統用於非法情事（依據承辦此案的SEC官員說法）。本案所有被告都不承認或否認自己有錯。

席特龍名譽掃地，但他很快就東山再起，於2005年創辦Vonage網路電話公司。2006年，Vonage創下多年來最成功的首次公開募股紀錄，集資約二十億美元（但後來幾年股價一直不振）。

馬希勒退休回到佛羅里達州波卡拉頓（Boca Raton），買下占地廣闊的豪宅，投資鄉村俱樂部和雪茄店，經常大手筆購買林寶堅尼的高爾夫球車等昂貴玩具。馬希勒的大兒子艾瑞克也被SEC判定詐欺，罰款六百萬美元。2003年年初，判決即將出爐時，他把自己在哈特蘭證券（源自以前的達提克交易）的股份賣給紐約申菲爾德集團（Schonfeld Group）。馬希勒最小的兒子李繼續留在交易界，公司改名為延齡草交易（Trillium Trading）。延齡草的花看來嬌弱纖細，像是有三片葉子的百合，但這家公司依然恪守積極進取的傳統。

• • •

然而，列文沒有放棄從內部拯救華爾街。他的內在是發明家，依然決心透過科技改造世界。

他的下一個計畫，是把交易資料傳到市場各處的電腦系統SIP（就是交易機器人等高速券商利用來執行延時套利策略的SIP）。2000年代初，SIP專線速度緩慢，不僅令人詬病，也讓高速券商有

機會利用某檔股票在不同交易池間的價差套利。某個市場專家委員
會正在商討於2002年改造這條專線，列文向這個委員會提議建立
「大J SIP」（Big J SIP）。

　　列文提出只收取一美元來完成這項工作，次便宜的提案大約
是一千萬美元。委員會反覆討論超過兩年。ATD創辦人大衛・惠
特康等市場重量級人物，大力主張委員會接受大J SIP提案。他們
認為，如果這套系統運作得跟孤島一樣，將為整個市場帶來極大助
益。2002年1月，惠特康姆寫信給委員會說：「孤島能以極快的速
度，以及短到幾乎可忽略的停機時間，處理大量訊息。它能運用自
動化演算法，輸入我們不斷修改的大量限價委託單，這對ATD而
言極為重要。因此，我們在孤島上完成的交易，幾乎相當於在其他
所有ECN上完成的交易總和。」

　　2004年初，列文的提案進入最後決選圈，當時他已經離開孤
島。2004年2月，他寫信給某個委員說：「我會建立一個快速、單
純又可靠的SIP系統，而且只收一美元。我會負責這個系統一年，
證明這套系統確實可用，然後把它交給非營利信託機構。我會在半
年內交付可用的產品，並且保證首年的技術運作成本（不高於）十
萬美元，而且將隨系統使用時間逐年降低。我做這件事的原因是：
我認為良好的SIP，將為整個市場和經濟帶來正面影響。我將以打
造孤島的同等技術，來建立這個網路。」

　　即使傑米・塞爾威和惠特康等專家大力支持，委員會最後仍然
拒絕了列文的計畫。獲選公司建立新SIP的費用超過一千萬美元。

　　為什麼呢？列文投入多年時光，一向以建立健全的市場重於
充實的銀行帳戶著稱。他在行內人中，被視為全世界最了解股票市

場結構的天才，然而SEC的指控留下了難以抹滅的汙點。就連列文最親近的朋友，都不敢確定他是否知道達提克的詐欺行為。列文絕頂聰明，許多人無法相信他毫不知情，他們認為列文包庇達提克的詐欺行為，因為列文覺得納斯達克的規則不公平，為了大眾的利益，應該不惜一切代價打破那些規則。

列文對此顯然非常氣憤，因此決定另謀發展，毫不聲張地默默進行。沒有新聞稿發布他已經離職，許多在Instinet工作的孤島員工，甚至不知道列文已經離開公司，只發現當工作卡住時，這名程式設計師精靈不再現身幫助他們。列文就像麥克‧阿瑟口中的老兵，只是逐漸淡出，追尋新的夢想。他涉足風力發電領域，設計出一套自動製作法律文件的電腦化系統，稱為LawDact。

他在個人網站josh.com上寫道：「我真的認為它能改變世界。」並且比較了LawDact和奧地利哲學家路德維希‧維根斯坦（Ludwig Wittgenstein）《邏輯哲學論》（*Tractatus Logico-Philosophicus*）中的形式邏輯。這個作品呼應了孤島全盛時期龐大的企圖心，但注意到的人很少。

列文在華爾街史上最具改革性的技術中扮演總工程師，這事沒有大肆宣揚，只有極少數親眼目睹的人知道。安德森說：「跟列文講話就像直視太陽③。他可能會說草是藍的、天空是綠的，你會懷疑這是真的嗎？你得自己思考過才行。」

列文從來不想成名。他總是迴避聚光燈，讓席特龍和安德森等人以他的發明享有盛名。在一封1999年寄給Wired系統回報者的電子郵件中（程式設計師只能以電子郵件與回報者溝通，而且列文永遠不願意為發表文章拍照片），列文表達了對名人的強烈反感。

他寫道:「任何關於孤島的報導都不應該放上我的照片,我也不會配合任何我的報導。我從痛苦經驗中學到,我不想當名人,而且我會盡全力避免。」

儘管列文不像席特龍和馬希勒那樣有數億美元落袋,但也賺了不少。2004年,他用現金375萬美元,在下曼哈頓歷史悠久的沃特街(Water Street),買進總面積一萬三千平方英尺的五層樓磚造倉庫。這棟1830年代的希臘復興式建築成為他的新家,同時也是他的實驗室,他可以在這裡實驗太陽能一體系統概念等新計畫。後來幾年,列文將在紐約上州一處僻靜地點周圍的土地,裝設一大片太陽能板。

他冷眼旁觀他參與建立的市場逐漸變成巨大的電腦化高速機器。他感覺這場以0為終點的競賽十分令人憂慮。2011年7月他在一封電子郵件中寫道:「現在大家(機器)必須搶先進入某個價格帶,如此將迫使市場針對延時展開競爭。我們最後將跟現在一模一樣,大家投入數百萬甚至數十億美元,只為了節省幾毫秒(不久會變成數微秒?)。根本沒必要搞成這樣、花這麼多錢。現在有許多頭腦頂尖的優秀人才,正在研究這個人工導致的無用問題,如果讓這些人去研究治療癌症的方法,很可能一年就能找到了。」

達提克幫造成的影響儘管頗具爭議,但確實相當驚人。馬希勒、席特龍和列文跟腐敗自肥的納斯達克造市商正面對決,參與終結了造市商。孤島是近五十年內,強大電腦科技席捲全世界的典型範例,體現了奧地利政治經濟學家約瑟夫·熊彼得(Joseph Schumpeter)所說,資本主義背後的「創造性破壞的永恆風暴」。在孤島推波助瀾下,新的交易員、ATD、交易機器人、Getco和Timber

Hill等高速電腦券商成為新的造市商,孤島的後代擴散到華爾街各個層面,成為高科技精英先鋒。

有一段時間,列文心中無縫整合、完全自由的市場似乎已經實現。造市商和專業經紀人退出市場,交易成本大幅降低。水管工似乎已經打造出雄偉壯觀的機器,讓美國人越來越有錢。

但在過程中的某一刻,這個信念被剛崛起的科技高手剽竊。列文的追隨者將繼續宣揚1990年代列文對抗納斯達克和NYSE的主張,藉以保護自己在小天地中的地位。任何人只要抱怨他們快如閃電的速度、機關槍般的交易、使股市變成電玩賭場的複雜遊戲,就會被打成不支持競爭或公平競爭環境的守舊份子。

但這個環境一點也不公平。新階級制度最重要的,是誰擁有最強大的電腦、速度最快的市場連線、最先進的演算法,以及誰最熟知市場架構。

相信科技將帶來光明,這個理念即將掀起一場革命,對抗日漸腐化的黑暗金融勢力。

注釋
1 To help with the switchover, Island:與Instinet合併後,孤島這個名稱正式改成INET。為了便於敘述,我大致上還是稱它為孤島,因為它還是孤島系統。
2 The final straw:SEC v. Sheldon Maschler, Jeffrey A. Citron, Michael McCarty, Erik Maschler, Heartland Securities, Aaron Elbogen, Moishe Zelcer, Raft Investments Inc., and JES Management Corp.
3 "Talking to Josh was like staring into the sun":訪問安德森的內容。

PART 3

機器大獲全勝

Triumph of the Machine

到此結束。存在數百年的傳統交易方式已經消失，
轉換為電子化市場。電子化市場是現在、也是未來。
——2011 年 5 月，納斯達克執行長羅伯・葛瑞菲爾德

18 | 怪獸

The Beast

　　普南從紐約證券交易所（NYSE）西側樓房的後門走進交易所，芝加哥券商群島總顧問凱文·歐哈拉和幾位成員緊跟在後。

　　當時是2005年4月20日星期三下午。普南穿著西裝，由於緊張加上熱，身上流著汗。室外溫度接近32度，天空是深藍色的，幾片雲高高飄在天際線上，涼風吹拂著下曼哈頓熱鬧的大街。

　　一干相關人員陪普南等人走過迷宮般的陰暗走廊、階梯和電梯，最後進入六樓鄰近記者室的房間。這一刻有點不真實。他們坐著等待面對一大群記者時，有點緊張、興奮和疲累。

　　歐哈拉瞥了普南一眼，緊張地微笑。

　　他說：「我們現在要打進怪獸內部了。」普南笑了起來。他很難相信，他在芝加哥臥病時有了群島這個夢想，八年之後竟然有這麼大的成就。

　　前一年八月，群島正式上市。當天早上，NYSE和群島董事會雙雙通過將徹底改變美國交易界的轟動交易。新的上市公司紐約證券交易所集團（NYSE Group）成立，大行情板的非營利時期正式結束。這一天之後，NYSE將轉型為營利機構，代號是NYX。

　　這項交易合併後的實體，將成為全世界規模最大的股票市場，

初期總值三十五億美元。NYX股票是這項交易的主要貨幣。1366
名NYSE持股人將分別獲得總值約兩百萬美元的股票和現金，金額
大約是合併公開前賣出時的兩倍。

這項合併敲定的時間也創下紀錄。普南和NYSE執行長約翰・
塞恩（John Thain）經常一對一商討。2003年，迪克・葛拉索因為高
額收入醜聞被迫離開高盛，不久後由塞恩接任。

從1月20日第一次在高盛總部開會之後，普南和塞恩就有做
不完的各種事務。律師、交易所高階主管、高盛主要負責人和群
島職員，全都不眠不休地工作，極度機密地擬定出這樁轟動交易
的細節。

1月28日，普南對群島董事會講話，透露他已經跟NYSE初步
商討合併事宜。他請大家先守口如瓶。如果消息走漏，整件事可能
告吹。群島的股價將一飛沖天，NYSE的舊勢力則將大聲抗議。為
了保密，會議中把群島稱為陸軍（Army）、NYSE稱為海軍（Navy）。

三月中，交易已經準備好。3月21日，主要協商人員在高盛的
百老街總部開會，出席者包括尼德奧爾、塞恩和普南，高盛仲介人
大衛・史溫默爾（David Schwimmer）則透過電話參與會議。最大的
問題是，合併後實體如何劃分。普南提出分配40%給群島持股人；
塞恩則說紐約的持股人最少必須有70%，只分配給群島30%。

幾次討價還價之後，塞恩的計畫陷入僵局。群島投資人能取得
合併後交易所總值的⅓左右，普南等人身價超過十億美元。NYSE
持股人將取得其餘的70%總值。

此中的利益衝突非常多。有個格外棘手的問題是高盛的立場。
高盛同時擔任NYSE和群島的顧問，在交易中協助雙方。高盛握有

15％群島股份，也因為擁有尼德奧爾掌管的專業經紀人公司斯皮爾・利茲・凱洛格（Spear, Leeds & Kellogg），所以握有NYSE股份。的確，高盛跟群島關係深厚，許多人甚至認為，群島是高盛的個人ECN部門。

讓高盛站在兩邊是普南的主意。普南非常擔心交易消息走漏，所以認為參與的銀行業者越少，越能避免風聲傳出，萬一風聲真的洩漏，他也知道可以找誰。

4月20日星期三收盤之後，普南和歐哈拉還走在交易所內部，合併消息公開。這個消息震撼金融界。群島在收盤後交易中股價衝高60％，每股接近30美元。普南等著開記者會時，在黑莓機上看到他的股價大漲，非常驚訝。他的身價一瞬間大幅攀升。

下午五點，塞恩站上講台。

他說：「今天我很高興地宣布這項交易。這項交易將結合紐約證券交易所和我們的競價模式，以及群島的先進技術。」塞恩接著說明交易細節，以及交易完成後NYSE管理階層的變化。

他把麥克風拿給普南。

他邊打開PowerPoint簡報邊說：「我先放一下群島的目標幻燈片。自從八月我們上市以來，我們提出的目標一直沒變。」

普南的口氣就像這是群島的日常業務，彷彿他覺得不是NYSE收購群島，而是群島收購NYSE。普南真的這麼相信。在他的心目中，NYSE只不過是品牌有名，但商業模式糟糕透了。

群島有優異的模式，現在要擁有品牌了。

他說：「我們相信，要成功就必須建立優異的品牌。我們大手筆投資這個品牌，我想這次合併，一定能讓我們遠遠超越單靠自己

無法達到的成就。」

　　普南這番衝勁十足的談話，似乎代表他確定將進入紐約的管理階層。但他心裡非常矛盾。他與NYSE為敵太久，很難說服自己接受大行情板的新職位，打進怪獸內部。

　　記者會結束後，普南立刻搭機回芝加哥，想要第二天早上到群島辦公室跟同事打個招呼，同時平息他可能背棄公開公平市場信念的疑慮。

　　這件事不好做。但有個因素幫了普南一把：群島股價大漲。員工們奮鬥多年，公司一直處於破產邊緣，現在突然變得有錢許多。他們的良知或許有點刺痛，但充實的銀行帳戶撫平了疼痛。

　　NYSE與群島合併是美國金融史上的分水嶺。這項交易代表舉世皆知的資本主義象徵——大行情板的交易廳——已經不再居於主導地位。僅管塞恩在交易廳中一再宣稱有信心，但他很清楚，交易廳已經變成空架子，變成宣傳NYSE品牌的金融新聞電視網的背景。電腦將成為統治者，沒有人阻止得了。

　　最清楚這個轉變的人，應該是許多人視為NYSE與群島合併的神祕工程師：尼德奧爾。1999年高盛高階主管支持高盛投資成立ECN，他就是讓塞恩進入NYSE最高層的幕後推手。

　　交易完成後不久，尼德奧爾收到幾封恭喜他完成交易的電子郵件①。一名寄件者在郵件中說：「看來你的寶貝終於長大了！」，這封郵件的主旨是「高盛征服世界……（否則NYSE就會跟ARCA合併）」。

　　事實上，合併後不久，交易員就給大行情板取了個新名字：「高盛交易所」。

　　葛拉索在位於紐約州蝗蟲谷的家裡，在CNBC上觀看交易細節②，情緒崩潰，幾乎哭了出來。多年來保護交易廳的戰鬥結束了。一個美國法人就此死去。他跟朋友講：「今天實在太令人悲傷了。」

　　NYSE許多人對ARCA交易忿忿不平。大廳交易員和專業經紀人怨恨交易電子化趨勢，塞恩行事僵硬又機械化，而且顯然相當支持機器人程式，所以他們稱他為「機械公敵」。

　　紐約的交易顯然大多將轉為電子化，NYSE大廳變成展示品。群島這項交易公開後，2003年離開群島，自己開設經紀經銷商的塞爾威向《華爾街日報》表示：「大廳未來的命運已經底定③。」

　　普南實現了他的夢想。他進入金融宇宙的核心，全世界最大的交易池。他被任命為NYSE副總裁，負責交易所的電子交易部門。普南下來的第二人，是從1990年代初就一直跟著他的保羅・艾德柯克。他們和群島經驗豐富的技術團隊合作，很快就著手把電子系統納入NYSE。

　　這將是相當艱難的任務。

● ● ●

　　NYSE和群島的交易公開後兩天，另一項轟動的合併消息也出爐。納斯達克同意收購Instinet的交易引擎，也就是先前稱為「孤島」的電腦系統，交易金額為九億三千五百萬美元。

　　當時是星期五下午。納斯達克執行長葛瑞菲爾德相信，他敲定的交易比塞恩划算。群島一向以技術老舊緩慢聞名，Instinet則擁有孤島的系統——史上最強大的股票交易機器。

　　在納斯達克幕後支持這次交易的人物，是曾經擔任孤島律

師的克里斯·康坎南（Chris Concannon）。2003年，康坎南離開
Instinet，轉往納斯達克擔任市場營運執行副總裁。他從一開始就
告訴葛瑞菲爾德，他最大的目標是擊敗紐約證券交易所。掌握孤島
之後，他覺得自己已經勝券在握。

1980年代，列文還是個宅少年時，在華爾街上四處尋找機會，
向銀行和避險基金兜售電腦交易系統時構築的偉大願景，在全美國
首屈一指的股票市場實現之際，列文當然還是隱身幕後。各大金融
媒體沒有一篇報導提到這名程式設計師。

但康坎南這些行內人都很清楚，促成華爾街改頭換面的重大變
革，包括小數化、主機共置、資料存取、超高速度和高頻率交易等，
列文創立的孤島一直是重要推動力。

這些變革也擴散到美國以外。Instinet把孤島系統賣給納斯達
克時，同意不在美國使用競爭技術。但這項交易沒有提到歐洲，所
以多年前曾經以Java重寫系統程式碼的孤島技術長尼吉托，打造
了新電子交易平台Chi-X歐洲（Chi-X Europe），Instinet於2007年
正式啟用上線（這個名稱源自希臘字母X，念成Chi，代表交易雙
方的交會處）。爾後幾年之內，Chi-X歐洲就掌握歐洲股票總交易
量的¼以上。

• • •

除了交易技術進步，還有一股強大力量，推動大行情板和納
斯達克走向現代化。這項重大的市場結構改變，可以比喻成一把
直接對準NYSE頭部的槍，它稱為「全國市場系統管理規則」（Reg
NMS），出自美國證券交易委員會一小群學者之手，後來還導致使

波迪克和交易機器損失慘重的市場結構缺陷。

在多年實施期間，Reg NMS規定，所有委買單和委賣單都必須送往價格最佳的交易處所。如果某個投資人在NYSE掛出買進英特爾股票的委託單，而NYSE的賣價是20.01美元，如果納斯達克的價格更好，例如是20美元，則這張委託單會立刻轉到納斯達克。電子交易必須成長到一定程度，才可能實行這樣的制度。

此外，Reg NMS也提出改變保護大行情板大廳交易的傳統。NYSE交易廳執行一筆交易通常需要10到20秒，比起孤島和群島等電子交易處所電光石火般的交易，簡直慢如牛步。這問題一直困擾著康明斯等高速交易專家，因此不得不堅守他們專精的納斯達克股票。

Reg NMS允許券商「跳過」真人市場進行交易。如果康明斯想買進200股在NYSE掛牌的IBM股票，由於NYSE的真人交易員速度太慢，所以他可以直接到群島或其他ECN交易。即使NYSE的IBM股價比較便宜，他也可以這麼做。

Reg NMS實質上闡明速度比價格重要，因此它對大行情板是致命打擊，因為對大行情板（以及真人交易員而言），價格重於一切。突然之間，電子交易員已經可以直接跳過交易廳，任意交易在NYSE掛牌的股票。

符合速度標準的市場中心，對Reg NMS的觀感則完全不同。基本規則依然不變：送進市場的委託單，必須以最佳價格交易。如果IBM股票在納斯達克是20美元，在群島是19.99美元，委買單就必須轉給群島。交易所間的電子連線接近即時，所以用這種方式把委託單轉到價格最佳的市場，完全不會造成交易延遲。

SEC研擬 Reg NMS 一年多之後，於 2005年年初通過這項規則，但直到2007年夏季才全面實施。

對NYSE而言，這是生死關頭。除非它能大幅提升電子交易能力，否則 Reg NMS 將會毀了它，它的營收將會減少，競爭對手則越來越強。納斯達克也面臨風險，因為它的電腦系統依然比孤島和群島慢得多，為了競爭，他們必須極力強化設備。群島是 NYSE的快速解決方案，孤島的系統則是納斯達克的大力丸。

• • •

納斯達克表示，打算在進行合併這一年內，把所有交易轉移到 Instinet（也就是孤島），原本打算用來跟ECN競爭的超級蒙太奇則將作廢。

納斯達克收購Instinet的交易結束，孤島系統正式進駐納斯達克後不久，康坎南邀請列文到市區總部，跟執行長葛瑞菲爾德共進午餐。

列文到場時穿著老樣子：網球鞋、寬短褲和T恤。葛瑞菲爾德穿著俐落的西裝、打著領帶，見到這名程式設計天才少年時嚇呆了。多年以來葛瑞菲爾德經常聽說列文的事，但從沒見過他。列文對合併或葛瑞菲爾德的偉大計畫沒什麼興趣，大部分時間都在聊他在紐約上州建造的太陽能電廠。

康坎南搖了搖頭。列文的作品，現在已是全世界規模最大的股票交易平台的靈魂，但他似乎沒什麼興趣。現在康坎南自己正在協助列文的傑作順利運行。這次將是當時納斯達克史上最重要的交易。合併完成之後，納斯達克的市場占有率幾乎立刻開始提升。

這次交易也開始實現康坎南當初來到納斯達克時的願景：拿下一部分NYSE掛牌股票的交易。

NYSE則上演著完全不同的故事。

• • •

NYSE合併案剛剛簽訂，普南的團隊就開始研究紐約的技術。他們看到的東西令人大吃一驚。他們走進交易所大廳時，聽到此起彼落的咔啦咔啦打字聲，彷彿一片滿是蟋蟀的森林。這些聲音來自NYSE的DOT打字員。湧進交易所的委託單，必須先經過委託單轉送及成交回報系統（DOT），再由人工進行撮合。印表機把委託單印在紙上張貼出來，一群打字員飛快地撮合委託單。令人十分驚奇。他們是普南看過打字速度最快的人，但當時已經是2005年。對普南而言，這正象徵大行情板已經落後多遠。

這真的很荒謬。多年以來，NYSE一直宣稱自己在科技方面投下大筆資金，努力跟上其他競爭者。但群島的電腦專家深入探究大行情板電腦錯綜複雜的內容後，發現是一團混亂。全世界最著名的股票交易所背後，是像漫畫一般疊床架屋的機器，電腦裡最新的軟體，大約是1987年黑色星期一那陣子安裝的。在普南的團隊看來，紐約證券交易所簡直像是用鐵絲跟泡泡糖架起來的。

普南和合作夥伴艾德柯克，以及群島的頂尖技術專家開始動手，甚至在合併案2006年3月初敲定之前，就著手整合。普南在紐約一棟公寓落腳，趁著有空檔的週末，通勤返回芝加哥。

NYSE的舊勢力抵抗電子陣營的力道依然強勁，尤其在交易廳中。群島團隊成員在交易日嘈雜紛亂的活動間整合電腦系統時，肩

膀或背上冷不防就會吃上一記重擊。這類動作相當粗暴,很難分辨是誰出手——但顯然來意不善。

為了破冰,普南在證券交易所午餐俱樂部(Stock Exchange Luncheon Club),跟NYSE交易廳頂尖業務員共進早餐。這個空間專供NYSE成員和名人使用,著名飲品是蛤蜊汁伏特加雞尾酒,稱為紅笛鯛(Red Snapper)。當天清早他走進餐廳時,距離開盤時間還早,聊天聲頓時靜了下來。普南在桌旁坐下,盡量避開餐廳各處幾名金融界大老冷淡的眼光。

早餐上桌之後,他站起來清了清喉嚨,說:「各位都知道,我在競爭時非常積極。交易完成前,這是競爭,我使盡全力打敗了各位。」

他環顧四周,冷淡的眼光變成銳利的匕首。

「現在我是這個團隊的成員,跟各位站在一起,我會盡全力跟各位一起贏得勝利。」

儘管有這番保證,NYSE專業經紀人仍然抱持懷疑態度。他們守護傳統和過去的交易方式,普南代表的是未來,這樣的矛盾無從迴避。

在此同時,NYSE集團的首次公開募股(合併結束後就會開始),也在緊鑼密鼓地進行。這是媒體上的大事,財金新聞網CNBC和彭博等,都將衛星連線直播。好日子訂在3月6日,距離主管機關通過合併案不久。NYSE市值將高達一百億美元左右,是納斯達克的三倍之多。

公開募股當天早上,NYSE交易廳高階主管們,依序傳遞把手上刻著NYX代號的銀鈴,要交易員在開盤時隨意搖動。這些漂亮

的銀鈴據稱是紀念品，但真正的功能，是在不滿的專業經紀人發出噓聲和喝倒采時，掩蓋過他們的聲音──眾人都清楚，這事表面看來風光，其實暗地隱藏著騷動與混亂。

公開募股是NYSE的重要轉變。成為公開上市公司之後，它必須以獲利為最高目標，與能帶來營收的客戶之間的關係，也變得更加重要。

塞恩持續壓低成本。數十年來，交易員和華爾街高階主管在交易日開始前，總會在木作裝潢的餐廳碰面，點個冒著熱氣的煎蛋捲和法式土司，聊聊工作，塞恩把這餐廳給關了。專業經紀人離開，交易廳也開始縮水。2006年6月，塞恩辭掉交易所最受喜愛的理髮師傑拉多‧堅提雷拉（Gerardo Gentilella），堅提雷拉已經待了四十三年，年薪才兩萬四千美元。儘管堅提雷拉要求讓他工作到年底，而且不收薪水，只拿小費，塞恩依然硬逼他打包走路。

● ● ●

這些撼動NYSE的變革，是十年前從百老街50號發起的電腦交易革命的成果。快速崛起、改變市場的ECN，現在自己就是市場。在高頻率交易員帶來的龐大交易量推動下，ECN帶來的流動性極為龐大，因此大行情板和納斯達克買下競爭對手，整合它們的技術。

對於這些發展，倒是有個高頻率交易界主要成員並不滿意，就是交易機器人的康明斯。康明斯對大交易所吞噬他鍾愛的交易中心一直忿忿不平，他確定交易所短期內就會大幅提高費用，直接影響交易機器人的盈虧。

　　因此在合併後不久，康明斯宣布將自己成立ECN，命名為「優良替代交易系統」（BATS）。BATS在設計上平價又快速，將對大交易所造成壓力，維持收費在一定範圍內。BATS的設計想當然耳是模仿孤島。康明斯花了很多時間，透過電話跟孤島程式設計師討論，所以很清楚孤島的結構。行內人一看就知道兩者非常相似。舉例來說，康明斯把BATS的市場資料專線，命名為「高速叫賣」（FAST PITCH），跟列文把資料專線命名為ITCH如出一轍。

　　從各方面看來，BATS都運作得非常好。2007年，它狂吞了總交易量的10％以上。康明斯的高速交易同伴也沾了不少光。舉例來說，BATS上有個大咖投資者Getco，曾經是他在芝加哥時的合作夥伴。

　　除了康明斯，也有其他人成立新的交易中心。2005年，位於澤西市的經紀經銷商騎士資本，收購了多年來一直在交易界苟延殘喘的Attain。Attain是1998年成立的電子交易平台，創辦人是當過SOES盜賊的哈維・霍特金。騎士資本將它改名為Direct Edge，它很快就成為全美國第四大股票交易處所，僅次於BATS。

　　Direct Edge的金主是「城堡」（Citadel），城堡擁有全世界頂尖的高頻率交易公司「戰術交易」（Tactical Trading）。有一段時間，戰術交易由孤島前程式設計師布萊恩・尼吉托掌管。

　　主管機關完全無動於衷。他們似乎沒有質疑，Getco、交易機器人、騎士、城堡這幾家全美國獲利最豐的電子交易券商跟交易所關係如此深厚，究竟是否適當。當然，NYSE和納斯達克已經吞下孤島和群島，這兩家公司曾是高速交易的溫床。

　　事業發展也可能朝反方向走。2007年，康明斯離開BATS，

轉而為交易機器人提供前進動力。業界八卦說，BATS處理許多Getco的委託單，所以康明斯覺得Getco變得很強，也想讓交易機器人變成那樣。有些競爭對手擔心，康明斯在BATS時曾經看過他們的策略。全美國市場中心的經理人跳槽到交易券商究竟是否適當，主管機關依舊沒有質疑。

然而這個時機確實恰到好處。Reg NMS於2007年夏季開始實施後，高頻率交易員突然能把策略運用在全世界規模最大、交易量最多的幾檔股票上，包括在NYSE掛牌的IBM、奇異和Alcoa等。Reg NMS實施之前，大行情板交易廳的反應速度太慢，所以高速交易員很難交易NYSE股票。但Reg NMS規定電子交易處所能跳過交易廳，機器人程式就像在糖果店裡的小孩一樣如魚得水，營收也隨之增加。一個熟悉Getco營運的人士指出，2006年Getco一整年共賺進五千萬美元，但2007年暴增到**每天**九百萬美元。2008年，次貸危機時交易量急遽增加（許多基金出於恐慌而瘋狂拋售的結果），芝加哥城堡避險基金的高速交易部門大賺了十億美元。的確，2007和2008年，華爾街大部分券商瀕臨分崩離析，卻是機器人程式最好的時光。

2009年夏季，一切都將改觀。幾天之內，孤島一手培育的電腦交易世界，將被極度放大加以檢視。

注釋

1 Niederauer received e-mails：這些電子郵件來自 William J. Higgins v. The New York Stock Exchange, Supreme Court of the State of New York 中的文件 (http://www.nycourts.gov/comdiv/Law%20 Report%20Files/VOL8%20No.4/Ra-NYSE.pdf)。

2 Dick Grasso, watching the details of the merger：*King of the Club: Richard Grasso and the Survival of the New York Stock Exchange*, by Charles Gasparino (New York: HarperCollins Publishers, 2007).

3 "The writing is on the wall for the floor"："NYSE to Acquire Electronic Trader and Go Public—Archipelago Deal Signals Historic Shifts for Markets in Newly Competitive Era," by Aaron Lucchetti, Susanne Craig, and Dennis Berman, *The Wall Street Journal*, April 21, 2005.

19 | 平台

The Platform

寄件者：米哈伊爾‧馬里謝夫

發送時間：下午11:11

收件者：薩吉‧阿列尼可夫

主旨：Re: 加快行動

時間接近午夜①，薩吉‧阿列尼可夫（Sergey Aleynikov）緊張地回覆未來老闆的電子郵件。主旨中的「加快動作」已經說明一切。外號「米沙」的米哈伊爾‧馬里謝夫（Mikhail Malyshev）從不浪費時間。速度至上，速度就是一切。

電子郵件寫道：「我們有很多工作要做，必須集中精神。行動已經展開，未來將是我們的天下。」

郵件傳達的訊息十分明確。1991年從俄羅斯移民美國的阿列尼可夫知道，他必須趕快展開行動。

而且動作要**快**。

當時是2009年5月31日，壓力越來越大。速度就是行動本身，而且不只一方面如此。阿列尼可夫賣的就是速度，他是高盛祕密高頻率交易部門的程式設計師。這個部門是選擇權交易公司霍爾交易

285

的後繼者，1999年高盛以五億美元收購，並網羅了波迪克和芝加哥Getco主任交易員戴夫·巴布拉克等交易高手。

阿列尼可夫在高盛的工作是撰寫交易處理程式，處理速度越快越好。程式碼是關鍵。

只要拿到品質最佳、速度**最快**的程式碼，就能在競賽中取勝。在此前的演算法戰爭中，SEOS盜賊的武器Monster Key等，是所向披靡的神祕交易系統，為使用者帶來龐大獲利。阿列尼可夫拿到的程式碼，是這些武器邁入太空時代的後裔。

因此馬里謝夫請來三十九歲的阿列尼可夫，借重他撰寫快速程式的功力。馬里謝夫擁有普林斯頓物理學博士學位，是高速交易界的明日之星，曾經掌管城堡投資集團勢力龐大的戰術交易公司，這家公司曾於2008年大賺十億美元，當年單單馬里謝夫，就賺進大約七千萬美元。現在他要自己打造交易機器，以家鄉俄羅斯的一條河流命名為泰札（Teza），並請來數學高手和電腦技客阿列尼可夫等頂尖人才助陣。的確，他最先請來的人之一，是前孤島技術專家威爾·史特林。

時髦的紐澤西州北卡德威爾鎮（North Caldwell）上，阿列尼可夫在家裡看過電子郵件後就熄燈上床，但腦子一直轉個不停。他的時間不多了，還有一個星期就要離開高盛，他必須展開行動，而且動作**要快**。

第二天早上，他很早就起床，搭通勤電車去紐約，平靜地走進位於紐約廣場一號的高盛市區辦公室。他快步走進電梯，在通往最高機密程式設計室的門前刷了識別證，走到他的桌旁，忙著觀看好幾個閃著世界各地市場圖表的電腦螢幕。

　　阿列尼可夫身高很高，四肢細瘦，留著烏黑的山羊鬍子，戴著細框眼鏡，覺得自己很幸運。「泰札」成立之後，他終於獲得大好機會，一個可以賺到一大筆錢的工作，這筆去你的華爾街的錢可以讓他做自己想做的事。他不只薪水從每年四十萬美元，提高成三倍一百二十萬美元左右，還進了前途大好的部門。

　　但他必須加快動作。

　　當天下午，交易一整天之後，阿列尼可夫環顧辦公室。沒有人看到他。下午五點半左右，他開始打字。他輸入一連串指令，複製和壓縮高盛高頻率交易系統中的檔案。他加密程式碼時用的密碼是「thisisatest」（這是測試）。接著他進入位於德國的電腦伺服器，開始把程式碼下載到這個伺服器。整個過程只花了幾分鐘。結束之後，他穿上外套，很快地離開大樓。

　　幾天之後，6月4日晚上十一點過後不久，阿列尼可夫在家裡的電腦進入德國伺服器（名稱是SVN.XP-dev.com），開始上傳程式碼。第二天，他在高盛工作的最後一天，他在上午七點七分傳了更多程式碼，接著在下午五點二十三分執行程式，上傳更多程式碼到德國伺服器。最後為了掩蓋痕跡，他清除了硬碟裡的bash歷史紀錄檔。

　　他關上電腦，跟同事說再見，最後一次走出高盛辦公室。

　　阿列尼可夫很高興自己完成一件大事。有了高盛的程式碼等於有了小抄，可以為「泰札」做出更棒的新程式碼。但阿列尼可夫這次馬失前蹄。高盛的資安專家已經偵測到，有32 MB資料從電腦系統傳到外部伺服器。他們追蹤這個活動，發現出自阿列尼可夫的電腦。掃描硬碟之後，他們發現了一切。七月一日，高盛向聯邦調

查局告發。阿列尼可夫還不知道。七月二日,他飛到芝加哥跟馬里謝夫和泰札其他成員開會。第二天星期五,又開了幾次會後,他裝好(裡面莊著高盛機密程式碼的)筆記型電腦,準備離開。在芝加哥市區未來感十足的斯莫菲史通(Smurfit-Stone)大樓裡,他從三十七樓的泰札總部會議室裡,透過彩色玻璃向外看著深藍色的密西根湖一路延伸到遠方,絲毫沒有察覺到在一千三百公里外,法律和金錢雙方人馬已經朝他而來。

他們動作都很迅速,就看鹿死誰手。

阿列尼可夫跟馬里謝夫微笑說再見,走進電梯,叫了計程車到芝加哥歐海爾國際機場。他想趕快回家看老婆艾莉娜和三個不到五歲的小女兒。

晚上九點二十分,他在紐華克自由國際機場走下飛機時,六名FBI探員在航廈等著他。身材健壯、留著花白五分頭的特別探員麥可‧麥克史溫(Michael McSwain)亮出識別證。

他用嘶啞的聲音問道:「你是薩吉‧阿列尼可夫嗎?」看來簡直就像克林‧伊斯威特。

「是,然後?」

「你被捕了。」

阿列尼可夫慌張地說:「你們一定搞錯了②。」

• • •

探員將阿列尼可夫銬起來,塞進沒有標誌的車裡,帶到位於曼哈頓市區聯邦廣場的美國司法部總部。接著拷問他長達數小時。阿列尼可夫極度震驚,拒絕了律師協助。偵訊僅十一分鐘,他就同意

讓FBI搜索住家。他很快就承認他竊取了高盛高頻率交易平台的程式碼，理由是他本來打算取得開源程式碼（任何人都可透過網際網路取得，券商可使用其基本運算功能），但不小心抓到高盛的專有程式碼。他表示，他沒有把程式碼提供給馬里謝夫或泰札任何成員。

但FBI不相信他的說詞。

偵訊於午夜一點四十五分結束。阿列尼可夫在牢房待了一夜。

特別探員麥克史溫立刻著手研究他的筆錄。他斷定阿列尼可夫竊取「專有電腦程式碼……並將程式碼上傳到位於德國的電腦伺服器」。他沒有特別指明是高盛，只寫程式碼出自某個電腦系統「讓該金融機構可在各股票及商品市場執行繁複、高速、大量交易……該平台可快速取得及處理此等市場迅速變化的相關資訊。該平台取得及處理市場資料速度極快、極有效率，因此該金融機構得以部署其他程式，運用精密的數學方程式，在市場中執行自動化交易」。這類交易「每年可為該金融機構帶來數千萬美元獲利」。

第二天七月四日，舉行了聽證會，以決定是否釋放這名堅不吐實的程式設計師。美國助理檢察官約瑟夫·法奇朋提（Joseph Facciponti）決定提起公訴。美國司法部以商業間諜的罪名起訴阿列尼可夫，這項聯邦罪行最重可判處二十五年徒刑。

法奇朋提表示，如果阿列尼可夫的計畫成功，高盛可能蒙受重大損失。他說：「首先，高盛製作此軟體的投資將化為泡影，價值超過數百萬美元。」

接下來，這名三十四歲的檢察官投下一記震撼彈。

他向法庭表示：「由於這款軟體與各個市場及交易所的互動方式特殊，懂得使用這款軟體的人，更可能以不當方式利用它操縱

市場。」

這段話聽起來不大對勁，但沒有人知道是什麼意思。這到底是什麼間諜程式？市場已經變得這麼黑暗複雜了嗎？

儘管政府已經提出警告，阿列尼可夫依然以七十五萬美元債券交保。

幾天之內，這次逮捕行動成了美國各地的頭條新聞。記者很快就從阿列尼可夫寫在領英（LinkedIn）網站的工作經歷，發現他曾經擔任高盛的程式設計師。

這個醜聞使高速交易界蒙上一層詭異的面紗。在美國的心臟地帶，散戶知道他們寄託退休美夢的股市發生什麼事時，全都大感震驚。他們無法分辨自己看的是《華爾日報》、以撒‧艾西莫夫（Isaac Asimov）的科幻小說，還是伊恩‧佛萊明（Ian Fleming）的007小說。大型金融機構（以及他們沒聽過的小型機構）使用的龐大電腦以超高速度處理交易，像蜂巢裡的蜜蜂一樣搬進搬出股票。有些報導甚至宣稱，在全美國股票市場總交易量中，高頻率交易的比例高達¾。

到底怎麼搞的？這些交易都是哪裡來的？

• • •

丹‧艾文吉斯基（Dan Ivandjiiski）收到包含阿列尼可夫案報導的電子郵件時，正在波蘭旅行。那是2009年7月4日，阿列尼可夫被逮捕後一天。淺色皮膚、深色頭髮，來自保加利亞的部落客艾文吉斯基看過這篇報導後，立刻知道有大事發生了。艾文吉斯基以前也是交易員，在他的新部落格《零避險》（Zero Hedge）批評高

速交易已經好幾個月。他在位於曼哈頓上東城的閒置公寓裡，用筆名泰勒‧德頓（Tyler Durden）張貼文章。這個筆名是恰克‧帕拉尼克（Chuck Palahniuk）的小說《鬥陣俱樂部》（*Fight Club*）裡，某個精神病患者的名字。除了幾個核心人物之外，很少人知道他的真實身份，但從他側重數字的精闢分析，部落格忠實讀者很容易就發現，他是再也無法忍受現況的華爾街圈內人。

德頓的主要目標（有些人甚至覺得是病態執著）是高盛，他相信，這家實力雄厚的銀行為攫取利益而操縱市場。現在，有位聯邦檢察官證實了他的猜測。

2009年夏天，《零避險》成為華爾街行內人必看的部落格。這個部落格違反所有規則，說整個華爾街是龐大的龐茲騙局，即將崩壞。股票市場將會瓦解，使全球經濟變成一片廢墟。這個部落格的觀察內容，結合了瘋狂陰謀論者的感性和明晰理性的經濟報導，經常搭配複雜的統計數字分析和圖表。

阿列尼可夫被逮捕後，《零避險》變得更加熱門。相關報導立刻傳到艾文吉斯基的工作室。他使出全力一擊。

在位於華沙的旅館房間裡，這名部落客立刻拿出筆記型電腦，開始瘋狂打字。幾小時候，他在網站上貼出一篇詳細的文章，推測阿列尼可夫遭到逮捕可能具有什麼意義。他寫道：「如果這些指控都是事實，那麼高盛的高精準度量化交易台，已經完全被「間諜」滲透……我們只能想像這個『程式碼』對高盛以及最高出價者的價值。」

突然間，《零避險》點擊數暴增，主流媒體立刻聞風而來。一時之間，神祕的高速電腦交易變成全美國茶餘飯後的話題。當年九

月，《富比士》雜誌封面報導③說，高頻率交易是「美國證券史上最痛苦、也最具爭議的轉變」。

• • •

高速交易反對者突然大幅增加，其中最著名的是曾在Instinet擔任交易員，後來於2002年創立泰美斯交易（Themis Trading）的薩爾‧阿爾努克（Sal Arnuk）和喬‧薩魯齊（Joe Saluzzi）。泰美斯是復古型券商，純粹靠經驗和功力幫客戶買賣股票，不靠人工智慧高速演算法。

薩魯齊和阿爾努克從2008年就開始對抗高頻率交易。2009年6月18日，他們發表白皮書《高頻率交易：警訊與吸毒》（*High Frequency Trading: Red Flags and Drug Addiction*）。薩魯齊在其中提到日前參加了一場專題討論，在座有位高速交易員「讓我想到1990年代初的SOES盜賊」。

這份白皮書明確指出，高頻率券商沒有義務在市況熱絡或清淡時都堅守市場。高速券商取消委託單的速度令人惱怒。他們送進市場的委託單中，有高達90%以上之後會取消。他們寫道，這些都不是真正的流動性，只是**幽靈流動性**，跟風一樣來去飄忽。

白皮書問：「如果有重大事件導致市場混亂會怎麼樣？這些高頻率券商會不會因為模型失效而直接關掉電腦，離開市場？他們現在掌握的60%交易量會怎麼樣？市場不適合他們活動時，他們現在號稱提供的交易量將何去何從？許多小投資人湧向比預期小了許多的出口時，市場將形成嚴重真空。」

高頻率交易界專家大多斥責阿爾努克和薩魯齊是神經病，說他

們是還在懷念過往年代的守舊份子。他們說阿爾努克和薩魯齊很危險，可能改變容易說服（也比較笨）的主管官員，使華爾街的科技革命走回頭路，傷害美國的競爭力。薩魯齊和阿爾努克是瘋子，而且根本不是美國人。

他們自己當然不這麼認為。薩魯齊和阿爾努克相信，市場已經被電腦交易員掌握，但沒有人注意，主管機關甚至助紂為虐。他們決心盡一切能力呼籲世人注意。

戰爭開打。

• • •

泰德‧考夫曼（Ted Kaufman）很了解戰爭，而且知道取勝希望渺茫的感覺。1972年，他協助二十九歲的德拉瓦州政客喬‧拜登（Joe Biden）投入機會不大的參議員選舉。當時拜登對上在德拉瓦州德高望重的J‧列布‧伯格斯（J. Caleb Boggs）。大家都覺得拜登不會當選，連考夫曼也這麼覺得。直到距離投票日僅幾個月的勞動節，民意調查仍然顯示，支持拜登的選民只有19％。不知為何，他後來以些微差距擊敗伯格斯，而且一路成為歐巴馬執政時的副總統。從此以後，考夫曼相信，世界上沒有不可能的事。

考夫曼學的是工程，並且擁有華頓商學院的MBA學位，後來二十年間一直是拜登的親信，並擔任他的幕僚長。拜登於2009年1月成為美國副總統後，考夫曼接替他成為參議員。第二年，這名身材瘦高、頭腦清晰的參議員跌破所有人眼鏡，成為高頻率交易反對者。

考夫曼對電腦化交易的興趣，源自研究2007年7月美國證券

交易委員會（SEC）廢除報升規則（亦見於第十四章）的舉動。這個規則從1938年就已存在，要求放空賣方（試圖藉股價下跌獲利的交易員）必須等股票上漲時才能交易，如此有助於防止放空賣方大舉拋售股票，一再放空，導致股價狂跌。

但1990年代末和2000年代初，有個勢力越來越大的團體，開始遊說美國政府取消報升規則——這個團體就是高速交易員。必須等股價上漲才能放空，使他們很難以快如閃電的速度買賣股票，如此將減損他們為市場提供流動性的能力，也傷害小規模投資人。列文等人則呼籲SEC廢除報升規則。

SEC最後同意了。2007年7月6日，報升規則廢除。這項作法當時沒有引起注意，但到了2008年秋天，金融體系崩潰，雷曼兄弟和摩根史坦利等機構股價一瀉千里時，SEC遭到嚴厲批評。2009年3月，考夫曼和喬治亞州共和黨參議員強尼·艾薩克森（Johnny Isakson）共同提出法案，要求SEC在六十天內恢復施行報升規則。

考夫曼進一步深入研究市場結構，詢問業界專家，對看到的狀況越來越擔憂。蕪蔓龐雜的結構、神祕的策略、隱匿而無從得知的風險。

對他而言，這在在讓他想到2008年繁複房貸交易造成數億美元虧損，最後導致華爾街大空頭，當時大眾對華爾街的信心趨近史上最低點。但考夫曼最擔心的是，電腦交易可能在股票市場中引發失穩事件，這可能使投資人再次把資金抽離華爾街，影響企業募資能力，進而嚴重傷害全美國經濟。

考夫曼開始發信給SEC，也在各大報撰寫評論。在2009年8

月4日給SEC的公開信上，他寫道：「我們從特殊委託單、高速交易、交易所主機共置、暗池和其他徵兆逐漸明白，市場現在已經分成兩個階層。」

SEC承諾會採取行動，但考夫曼覺得他們動作不夠快。11月5日，他向美國參議院銀行委員會（Senate Banking Committee）表示：「我們必須趕緊行動，因為高頻率交易已經造成系統性風險。」

考夫曼指的是什麼樣的風險？越來越多人擔憂，風險控管不良的高速交易券商可能把劣質演算法放入市場，引發破壞穩定的骨牌效應。失控的演算法可能陷入回饋迴圈，試圖賣出大量股票，同時不斷賣出，導致整個市場不斷下跌。交易系統如果能在數微秒內在多個交易處所活動（包括暗池），影響穩定的拋售行動可能會在數分鐘、甚至數秒鐘內發生。一名交易主管表示他很害怕「下一次長期資本事件可能會在五分鐘內發生」。他說的是1998年大型避險基金「長期資本」（Long-Term Capital）差點拖垮全球金融體系的事件。

不過2009年時，電子交易界大多把這類疑慮視為陰謀論者的空想。考夫曼、《零避險》的艾文吉斯基、阿爾努克和薩魯齊等批評者，都被當成危險的無知分子，製造恐慌嚇唬大眾。高速交易員相信，自己創造出完美無瑕的科技傑作：這個市場價格更低、效率更高，而且比以往更透明。

考夫曼不相信這樣的熱潮。他完全不關心這些為合法化牟利行為提出的說詞。考夫曼不擔心自己在華爾街樹立強敵，因為自從2010年年底任期結束後，他從來沒打算再度競選公職，他也不需要擔心該怎麼向這些有錢的金融業者募集大筆現金，為下次競選準

備。儘管他越來越了解他挑戰的勢力遠比想像中更強大、更複雜，他依然不願意噤聲放棄。

• • •

2010年初，批評高頻率交易的聲浪高漲，SEC主席瑪麗‧夏皮洛（Mary Schapiro）發現必須採取行動。她做了美國官員在情勢不明時大多會做的事：委託學者做研究。當年一月，SEC發表一份概念函件，說明股票市場結構。歷經十年的大幅改變，SEC終於著手研究在市場陰暗處崛起的電子交易機器。

報告中指出：「本委員會發表此概念函件的目的，為邀集各方針對市場結構問題提出意見，包括高頻率交易、委託單轉送、市場資料連線，以及未呈現的（暗）流動性。」這份報告還提出數個驚人的統計數字，說明時代變化有多大。2004年，NYSE掛牌股票的平均交易規模是724股，2009年，平均規模減少到268股，原因是高速演算法把委託單分割得更小，以便於處理。

速度則大幅攀升。2005年，一筆委託單在NYSE交易廳中，需要十到二十秒才能完成，2009年則只需要不到一秒鐘（但跟納斯達克、BATS、Direct Edge和群島的數微秒比起來，還是慢了許多）。

業界人士紛紛去信表達意見，憤怒地表示市場已經開始分裂。幾家基金管理公司認為，高速交易員倒賣委託單，行為等於出手迅速的盜賊，因此跟他們勢不兩立。負責管理三百億資產的長葉松（Longleaf Partners）共同基金公司也批評自動化趨勢。

長葉松寫道：「市場已經轉而為短線專業交易員服務，尤其是高頻率交易員。結果是個人、共同基金或避險基金等長期投資者，

必須承擔不必要的執行和機會成本。」

最奇怪（但也最引人深思）的一封信，來自R・T・路希特卡菲（R. T. Leuchtkafer）。這是個假名，路希特卡菲在德文中是「螢火蟲」的意思。沒有人知道寄信人的真實身份，但2010年4月16日發出的這封信意見詳盡中肯，代表路希特卡菲應該是對現狀幻想破滅的行內人。

路希特卡菲從開頭就提出警告。如同薩魯齊和阿爾努克一再主張，高頻率交易員在市場震盪時，往往賺了就跑，使市場極度不穩，導致股市震盪加劇。路希特卡菲寫道：「近十五年來……美國市場出現一群前所未見的參與者，他們十分積極、獲利極高，而且熟悉科技。市場處於平衡狀態時，這些新參與者提高流動性及縮小價差；市場需要流動性時，這些人則提高價差和價格波動，打擊投資人信心。這些人損害長期投資人利益的程度，超乎大多數人想像。」

路希特卡菲最氣憤的，是交易所提供電子資料專線給高速交易券商。這些專線提供許多市場狀況訊息，包括共同基金等法人機構買進或賣出股票的大象或大鯨委託單，這讓專線使用者擁有極大優勢。路希特卡菲寫道：「典型短線策略就是找出大象委託單，搶在它前面完成交易。我們認為，如果身為大象的受託者，這樣就是搶先交易，如果不是，就只能說是漂亮的交易。」

他特別提出納斯達克的資料專線（現在稱為TotalView-ITCH）。他說，這個專線會特別標出，共同基金等大型投資人常用的隱藏委託單是委買、還是委賣。

這使透明度完全變樣。1990年代，列文創造ITCH通訊協定，提高市場透明度，讓交易員看得見納斯達克造市商的幕後活動。現

在納斯達克直接把這些資訊賣給高速交易券商，讓他們的電腦在幾毫秒內分析這些資料，判定大型投資人要買進還是賣出。有了這個資訊，他們就能搶先操作。路希特卡菲指出，如果高速交易券商的電腦使用TotalView-ITCH或BATS、Direct Edge或NYSE Arca等交易所提供的類似資料專線，發現一筆買進微軟股票的大象委託單，他們就會開始買進微軟股票，抬升股價，接著再把這些股票賣給共同基金——當然，是用更高的價格賣出。

路希特卡菲寫道：「SEC必須分析，估算這個資料專線多年來讓高頻率交易券商發現隱藏委託單並搶先交易，已經造成投資人多少損失。」

高速交易券商對這個批評不置可否。他們似乎極為自信，甚至有點自傲，毫不懷疑地自認改善了市場，嘉惠所有投資人，尤其是小型投資人。即使其中有幾顆老鼠屎和幾個缺點，也是難免的。

然而批評者沒有放棄。2010年2月，薩魯齊在接受彭博電視台訪問時表示，高頻率交易券商從來不負起堅守市場的義務，所以他依然擔心市場可能突然出現狂賣潮。

他向節目主持人卡蘿・馬薩爾（Carol Massar）表示：「實際情況是所有人同時賣出，但市場上的買進價和買家全都消失。股價將會出現真空，市場將會崩盤，這是我最害怕的狀況。」

高速交易券商支持者則指出，2008年秋天雷曼兄弟倒閉後，整個華爾街似乎已經完全瓦解，但美國股市很快就恢復正常。

Getco總顧問約翰・麥卡錫（John McCarthy）在寫給SEC的信中表示：「我們相信目前美國的市場體系表現極為傑出。舉例來說，2008年金融危機時的市場表現指出，即使處於壓力和混亂下，我

們的股權市場依然強健且極具恢復力。」

　　麥卡席於2010年4月27日發出這封信。一星期後，美國股市崩盤。

注釋

1 It was nearing midnight as Sergey Aleynikov：本章許多細節出自U.S. v. Aleynikov, U.S. District Court, Southern District of New York的證詞，審判過程我大多有去旁聽。

2 "This must be a mistake"："Controversy over Alleged 'Confession' at Goldman Sachs Trading Software Trial," by Adam Klasfeld, Courthouse News Service, December 8, 2010.

3 a *Forbes* magazine cover story："The New Masters of Wall Street," by Liz Moyer and Emily Lambert, *Forbes*, September 21, 2009.

20 恐慌性檔位

Panic Ticks

　　湯瑪斯・彼得菲全都經歷過了[1]。從1987年10月19日的黑色星期一、1998年大型避險基金公司長期資本管理倒閉、2000和2001年網路泡沫爆破，一直到2008年金融危機等等。

　　但這次完全不同。

　　這次速度**飛快**。

　　因為這次發生問題的，是**高速交易**。

　　康乃迪克州格林威治的豪華別墅裡，彼得菲在橡木裝潢的私人書房中，觀察著市場。他桌旁掛著法國寫實派畫家居斯塔夫・庫爾貝（Gustave Courbet）的大型畫作，畫中是一條平靜的法國河流，水面倒映著遠方白楊樹的明亮線條。

　　不過當天市場裡一點也不平靜。這個Timber Hill和盈透證券的六十五歲創辦人，打從心底感到有些事情不大對勁。市場已經低迷了一整天

　　現在狀況變得更糟。

　　當時是2010年5月6日下午。再過幾分鐘，甚至幾秒鐘，彼得菲從螢幕上感受到的混亂就會擴散，擾亂史上最精密的交易系統，華爾街也將為恐懼和慌亂所籠罩。

下午兩點半後不久，市場跌得更深。彼得菲把書桌對面牆上超大平面電視的音量調大，轉到金融新聞電視網CNBC。主播一臉困惑，似乎什麼也不知道，只知道交易員因為希臘經濟發生問題而嚇得拋售。

彼得菲拿起電話，打給Timber Hill位於數英里外格林威治市區的交易台。

「到底怎麼搞的？」他問。

慌亂的交易員回答：「不清楚。」

彼得菲大吼：「那就去搞清楚！」

市場加速下跌，Timber Hill的交易員看到螢幕上開始出現「恐慌性檔位」，自動警告訊息指出，他們的部位已經違反關鍵價格缺口（key price gap）。他們立刻採取因應恐慌性檔位的作法：取消所有買進價和賣出價，立刻出場。從2點40分開始，恐慌性檔位大幅加速。Timber Hill開始拋售部位，同時盡快退出市場。

彼得菲再打電話給交易台，看看有沒有人知道是怎麼回事。沒有人知道。

• • •

彼得‧布朗從來沒碰過這種狀況。

沒有人碰過。

全世界實力最強的交易公司文藝復興科技的共同執行長，正坐在辦公室裡。他的辦公室位於一棟大樓明亮的走廊上。這棟大樓很難形容，不大像最先進的交易中心，反而比較像小學。

布朗儘管經驗老到，仍然搞不清楚是什麼因素導致市場崩盤。

對希臘經濟狀況的恐懼已經盤旋市場好幾天，雅典街頭暴亂嚇壞了投資人，但這能解釋他在電腦螢幕上看到的狀況嗎？

五十歲出頭的布朗身材結實，有一頭濃密的深色捲髮。他跟彼得菲一樣經歷過多次市場恐慌，例如1990年代末的亞洲金融風暴、網路泡沫崩潰、2008年金融危機等。他和鮑伯‧梅瑟打從1980年代在IBM開發人工智慧翻譯系統開始，一直共事至今，2009年一起從文藝復興創辦人吉姆‧西蒙斯手中接下這家公司，當時這可說是金融界最好康的工作。

布朗從沒看過市場變化得這麼快，下跌速度非常驚人。

他沒有過慮。文藝復興的人工智慧交易系統，隨時留意策略是否有問題，因此市場雖大跌，但不致影響文藝復興旗艦級大獎章避險基金持有的一百億美元股票。布朗知道，市場只要一出現異常極端行為的徵兆，大獎章使用的電腦演算法，就會像手指碰到灼熱的瓦斯爐一樣，立刻縮手。電腦程式進出股市的速度非常快，通常只持有部位幾分鐘，甚至幾秒鐘，因此能在眨眼間拋出大部分股票，安全下莊。

布朗對於這麼快速拋售股票有點不安。他拿起電話，打給吉姆‧西蒙斯。

布朗說：「吉姆，你應該知道大盤已經跌了9%吧？」

「真的嗎？」

西蒙斯納悶為什麼會這樣。布朗也不知道。

文藝復興辦公室的一千兩百英里外，在堪薩斯市郊區一棟不起眼的方塊形大樓裡，戴夫‧康明斯在二樓角落寬廣的辦公室中，看著股票市場像一團毛線一樣散了開來。

這名交易機器人創辦人②不確定該怎麼看這次市場崩跌。龐大的交易量擾亂交易系統，使各個交易所間的報價出現差異。價格下跌非常迅速，康明斯開始擔心它無法自己恢復。他和許多人一樣，擔心是某個交易員「手殘」（華爾街這樣形容按錯按鍵、或在委賣單上敲入太多個0的人），造成股價下跌，最後形成惡性循環。

如果出現錯誤交易，就代表交易機器人的系統隨時觀察市場各處，尋找關於未來狀況的徵兆，正依據錯誤資訊運作。繼續交易以及讓交易機器人繼續運作，可能會使混亂像傳染性病毒一樣擴散。

甚至可能出現難以想像的風險：交易機器人出現虧損。

他一直盯著螢幕，敲著手指，咬著嘴唇。股價正失控地下跌。康明斯非常緊張。交易機器人從來沒有在正常交易時間內發生過損失。這是康明斯的座右銘之一。他不想冒這個險。他決定，交易機器人必須立刻出場。他下了指令，幾秒鐘內，交易機器人停止交易。

可怕的陰暗籠罩市場。連全世界經驗最老到的交易員都出現虧損、大惑不解，只能尋求掩護。

• • •

交易機器人幾英里外，堪薩斯市的基金公司沃德爾‧里德金融（Waddell & Reed Financial）的一名交易員，正看著一筆龐大的委託單，賣出七萬五千美元 S&P 500 E-mini 期貨合約。兩點半後不久，這名交易員下了一張委託單，拋售總值約四十億美元 E-mini 合約。

這個大動作的用意，是防止基金公司的部位受市場大跌影響。執行交易的這個演算法設計相當簡單，它賣出股票的規則，是讓它維持在市場總交易量的9%左右，同時刻意暫停三十秒，以便甩開

搜獵程式。只要交易量一提高，這個演算法就會利用這個活動賣出股票。

問題是：交易量現在快速衝高。

沃德爾的經紀商巴克萊資本（Barclays Capital）在紐約執行這筆委託單，委託單進入芝加哥商業交易所的電子撮合引擎。交易量大幅增加引發沃德爾演算法發出更多委賣單，大約十分鐘之內，它就執行了將近一半的委託單。通常這需要花費好幾個小時。

交易的另一方是高頻率基金。他們買進沃德爾的合約後，立刻以略低的價格，賣給其他高頻率交易券商。回饋循環爆發，演算法以極快速度進出 E-mini，不斷賣出又買進、再賣出再買進，形成瘋狂的燙手山芋效應。2點40分後不久，沃德爾持續賣出，在十四秒內，高頻率交易員買進又賣出多達兩萬七千筆 E-mini 合約。

市場像石頭一樣重跌。

• • •

芝加哥河東岸的哈特福廣場北棟十八樓，保羅‧艾德柯克在辦公室裡參與電話會議。

艾德柯克主持 NYSE Arca 交易部門，這個部門主導紐約證券交易所的電子交易事業。艾德柯克是電子交易的老手，從1990年代初就跟普南共事，甚至比普南創立新世界交易和群島還早。他經驗老到，見過許多大風大浪。

5月6日下午，Arca 的引擎被逼到極限，每秒接收和釋出高達數兆位元組資料。

這樣還不夠。

交易速度變得極快時，艾德柯克在芝加哥路普區南華克路的Arca中央機房中，調整控制裝置。委託單大量湧進Arca幾個月前剛升級的共同交易平台，速度前所未見。從股價到交易量等各種資料，以超過平常十倍的速度，從Arca的電腦傳給客戶，包括避險基金、大宗經紀商、高速交易員等。

電話會議進行時，艾德柯克透過電腦螢幕觀察狀況。他很擔心，但這幾年來他經歷過多次市場混亂，已經見怪不怪。

接著市場失控了。

艾德柯克說：「我得先走了。」他丟下電話，從椅子上跳起來。他走出辦公室大門後左轉，衝進一間大房間。房間周圍有許多大窗戶，俯視芝加哥的天際線。房間裡是Arca的前端營運部門。

交易量一飛沖天。艾德柯克擔心，這可能讓Arca的客戶無法處理委託單流，導致電腦當機。他必須降低速度，防止電腦失控。

所有東西似乎都在嗡嗡響。艾德柯克注意到有件事很奇怪：NYSE最大的對手納斯達克，已經切斷跟Arca的連結。交易所通常會把委託單轉送給價格最好的交易處所，主管機關也嚴格執行這個規定。但下午2點37分，納斯達克不再送委託單給Arca了。

為什麼？出了什麼問題？

艾德柯克不知道。

• • •

在俯瞰原爆點重建工程的自由廣場一號50樓，艾瑞克‧諾爾（Eric Noll）在寬敞的辦公室觀察著股市的怪異現象。

諾爾體格魁梧，頂著一頭蓬亂的黑髮，眉毛像《浮士德》中的

梅菲斯特一樣引人注目。他剛剛取代前孤島律師康坎南，接下納斯達克執行副總裁的位子。他負責主持史上最繁複精細的市場，也就是列文在百老街五十號狹小的房間裡一手打造的系統。

納斯達克的強力交易引擎正全速運轉。交易量直線上升。下午兩點左右，諾爾離開辦公室，走上一層樓，來到納斯達克最先進的中央機房：納斯達克營運中心（NOC）。

下午2點35分，諾爾發現來自NYSE Arca的資料專線速度慢了下來，NYSE Arca是艾德柯克在芝加哥的部門。納斯達克送給Arca的委託單沒有快速執行。買進或賣出股票的委託單通常會立刻消失，但諾爾看到有某幾筆委託單（例如蘋果電腦的委託單），要等兩秒鐘以上才會執行。在微秒交易的高速世界，這樣是不能接受的。

有些地方出了問題。諾爾不清楚是哪裡，但他知道不能這樣下去。問過技術專家之後，諾爾決定暫時關閉Arca。納斯達克停止轉送委託單給交易所，切斷了1996年12月普南跟列文測試系統，為委託單處理規則作準備，而在群島跟孤島間建立的連線。

. . .

2點40分，一波賣出消費性產品巨人寶鹼（Procter & Gamble）的委託單送進NYSE交易廳。寶鹼的市場突然失去平衡，委賣單比委買單多出許多。NYSE減慢交易的電腦系統開始運作，把委託單轉給交易廳裡的指定造市商。

這個減慢措施引發另一個問題。由於交易員不能在NYSE賣股票，所以把委託單轉到納斯達克等其他市場。在迅速分裂的市場

中，一波波委託單從NYSE流向其他角落。要不了多久，寶鹼股價崩盤，市值蒸發35%。

在華爾街另一邊，幾百筆交易以前所未見的價格開始執行。股價通常是50美元左右的埃森哲顧問公司（Accenture），在2點47分53秒狂跌到每股1分。生產山姆亞當斯啤酒的波士頓啤酒公司也跌到1分。菲利普莫瑞斯煙草公司則從49美元跌到17美元。連結整個股票市場的基金淨值也只剩下幾分。整體而言，市場總值像變戲法一樣，瞬間消失一兆美元。

而在另外一端，股價通常是250美元左右的蘋果，則以每股約10萬美元賣出。

這個瘋狂現象的原因，是納斯達克的演算法交易整合工作。多年之前，有人要納斯達克高速造市商必須永遠留在市場。但其中有個漏洞：他們不需要提出接近股票市價的買進價或賣出價，可以提出差距極大的報價，例如以1分美元買進或以9萬9999美元賣出。這個招數讓券商不需要實際交易就能留在市場。

5月6日，幾個高頻率交易券商退出市場後，這類無成交意願報價（stub quote）成為許多股票和ETF僅存的買進價和賣出價。有些投資人投下「市價委託單」，也就是不限定價格都可賣出，就形成了這類交易。

失控的機器人程式以離譜的價格來回交易，使重傷的市場完全失去控制。

• • •

龐大精密的機器現在完全失靈。

康乃迪克州斯坦福，瑞銀廣闊的交易室裡的交易員們，看著許多資料專線系統跳出來的警訊。瑞銀網路每秒鐘傳送超過五萬一千位元的交易資料，是平常的十倍之多。客戶一直打電話進來，抱怨交易執行緩慢。

在威爾‧史特林數年前一手創立的公司買賣美國股票的UBS交易員，發現數個交易處所的報價開始延遲，包括NYSE Arca。

為了保護委託單，他們開始繞過這些交易處所。問題逐漸擴大。

‧　‧　‧

距離瑞銀斯坦福總部幾分鐘的地方，波迪克正努力研究他的高速選擇權公司交易機器的部位究竟出了什麼問題。波迪克從一早就預期市場會出現大動作，可能出現下跌2%的委託單，但他在螢幕上看到的，完全在圖表之外。

在此同時，在芝加哥商品交易所工作時，體驗過忙亂市場的交易機器交易員布萊恩‧韋納，正試圖利用這次混亂。他的目光集中在蘋果，那是他滿喜歡的股票。

他隔壁的交易員艾瑞克持有蘋果部位，市場波動降低時（市場上漲，波動降低）對他比較有利。但韋納認為波動將會提高（市場下跌，波動升高）。

他跟艾瑞克講：「兄弟，我覺得你應該拉平。」他說的拉平是指艾瑞克應該買進選擇權，以便在波動提高時消除風險。

艾瑞克拒絕了。他認為市場將會反彈，因此他所謂的「波」會降低。

韋納很堅持：「如果你不拉平，我會讓你好看！」

艾瑞克覺得最好聽他的建議。

在此同時，波迪克正因為市場混亂，多項交易被交易所破壞而大感苦惱。這樣會擾亂他精心調校的模型。

這樣太過份了。

他朝交易室大喊：「我這裡正在忙，出去！」

· · ·

芝加哥商業交易所正承受強大壓力。美國東部時間2點43分之前，一筆幾千筆E-mini合約的龐大委賣單送到，立刻在委託單紀錄簿留下紀錄。就在同一時刻，紐約賣出一大批連結S&P 500、納斯達克指數和道瓊工業指數的ETF。研究機構Nanex後來推斷，這筆來自同一券商的委賣單，利用取得價格的十四毫秒延遲，在芝加哥和紐約間移動。Nanex把這次交易標註為分裂（disruptor）。

在芝加哥這方面，城堡避險基金正在研究程式的系統錯誤。交易量攀升時，城堡操作人員發現，NYSE Arca傳來的資料開始減慢。

城堡是全世界獲利最高的NYSE和納斯達克交易商，此外也執行許多零售經紀商的交易委託單，例如E*Trade和德美利。德美利是孤島前執行長安德森協助成立的內部化公司。內部交易商在「內部」撮合來自客戶的委買單和委賣單，而不把委託單轉送給交易所，所以交易所看不到這些委託單流。

但在2點45分左右，城堡發生技術問題，因此要求所有客戶把委託單轉送到其他地方。城堡在傳給客戶的電子郵件中表示：「目前我們的股權系統遭遇一些問題，建請您轉往其他交易處所。」

突然間，一波零售委託單從城堡轉往納斯達克和NYSE等已經

爆滿的交易所。

下午2點45分28秒，芝加哥商業交易所撮合引擎內的E-mini合約，壓力已經大到無法承受。觸發事件出現，交易所的暫停邏輯功能（Stop Logic Functionality）暫停合約交易1秒、2秒、3秒、4秒、5秒。這幾秒鐘讓高速機器人程式有時間喘息（如果它們需要喘氣的話），但對大多數人類而言，這段時間太短，連狀況都搞不清楚。回饋循環遭到破壞，機器重新編隊。現在它們不賣出，而是買進。

市場復原了，然後立刻衝高。

在文藝復興，布朗對市場變化感到十分驚訝。市場先是快速崩盤，後來又快速反彈。

布朗打電話給文藝復興創辦人西蒙斯，提醒他市場已經下跌9%。但他無法解釋究竟是怎麼回事。

後來在下午2點46分前，市場開始反彈。

市場突然上揚時，布朗跟西蒙斯講：「等一下。現在是下跌8%、現在變成7%了。」

交易所高階主管急忙執行損害控管。2點45分左右，尼德奧爾從六樓辦公室搭電梯到NYSE所在樓層。他在這層樓的RAMP營運區跟執行副總裁約瑟夫・麥坎（Joseph Mecane）碰面，以便隨時觀察混亂狀況。

尼德奧爾是經驗豐富的電子交易老將，曾在高盛工作，接著到群島，再來到大行情板擔任要職，他一直是高速交易市場趨勢的主要推手。但他也跟其他人一樣，無法解釋那天下午究竟發生了什麼事。而麥坎在瑞銀工作多年，跟史特林和波迪克一起工作，也是電

子市場專家。

電話銀行響個不停，不和諧的響聲讓人想起大行情板占滿寬闊交易廳的過往時光。

在震耳欲聾的響聲中，尼德奧爾和麥坎回應了在交易所掛牌，十分擔憂股價一落千丈的公司打來的電話。

下午3點過後不久，交易所高階主管加入持續好幾小時的電話會議。證券交易委員會官員，包括委員會主席夏皮洛也在旁聽。主要問題是確立統一標準，以這個標準判定某些股票下跌是「錯誤」交易。這些交易將會視為偶發事件，從投資人紀錄簿上刪除。

納斯達克高階人員提出，由2點40分股災開始時交易的股價降低80％。他們擔心放寬標準是否會讓投資人覺得自己可以大膽冒險，期望在大舉拋售後獲得拯救。在此同時，NYSE高階主管則支持以20％為標準。

最後雙方達成共識：價格下跌60％以上的證券交易都會取消。

納斯達克有1萬2306筆交易取消③。在紐約證券交易所交易廳執行的交易全部不取消，但在NYSE Arca執行的交易有4903筆取消。許多檔股票調回原價，但大幅變化十分嚇人。復原行動（道瓊指數最多曾下跌將近1000點，調整後下跌347點）對安撫全華爾街的人心很有幫助。

但這次令人膽戰心驚的大幅振盪，留下極深的傷痕，讓人害怕同樣的狀況隨時可能發生。

注釋

1 Thomas Peterffy had seen it all：我為了撰寫本書，到湯瑪斯‧彼得菲的格林威治住宅訪問過他幾次，可惜由於篇幅限制，有許多精彩故事沒辦法寫出來。

2 The founder of Tradebot wasn't sure：我和一群記者曾經在《華爾街日報》上深入報導過閃電崩盤，參見 "Did Shutdowns Make Plunge Worse?" by Scott Patterson, *The Wall Street Journal*, May 7, 2010（我在這篇報導中指出，交易機器人和其他高頻率交易券商5月6日已經退出市場）以及 "Computer Trading Is Eyed," by Tom Lauricella, Scott Patterson, and Carolyn Cui, *The Wall Street Journal*, May 8, 2010。

3 at Nasdaq, 12,306 trades were canceled：關於閃電崩盤的某些細節取材自 *Preliminary Findings Regarding the Market Events of May 6, 2010*, report of the Staffs of the CFTC and SEC to the Joint Advisory Committee on Emerging Regulatory Issues, May 18, 2010。

21 極度危險

Very Dangerous

　　5月6日市場大跌時，參議員泰德・考夫曼正在參議院擔任議事主席，處理房貸巨頭房利美（Fannie Mae）和房地美（Freddie Mac）事件後造成的法規爭議。他們審視華爾街釀成的最新金融災難後，開始察覺到另一個潛在的大災難。參議員們滑著掌上型裝置，饒富興味地看著股票市場嚴重崩盤的新聞報導，竊竊私語聲在議事廳裡不斷蔓延。

　　市場收盤後不久，維吉尼亞州參議員馬克・華納（Mark Warner）來找考夫曼。他的幕僚長路克・艾比（Luke Albee）打電話給考夫曼的副官傑夫・康諾頓（Jeff Connaughton）說：「華納參議員想跟你談談剛剛市場的狀況。」

　　康諾頓回覆，考夫曼在參議院議事廳。市場慌亂讓華納相當不安，所以他從辦公室走到議事廳，要求上台講話。

　　他說：「我想談談今天市場發生的狀況①。今天股票市場在某個時間點突然下跌1000點，這應該是近代史上單日最大跌幅。」

　　華納轉述了媒體在崩盤後提出的幾種說法，例如一筆「手殘」的錯誤委託單等。接著他對考夫曼參議員說：「聽說我的朋友，德拉瓦州參議員，擔任參議員時經常來到這裡，討論高速交易、閃電

315

交易、主機共置等技術普及時為市場帶來的挑戰。這些技術相當多，但現在我們已經看到一些跡象，知道這些科技工具沒有發揮正常功能時，會有什麼狀況。我們已經看到活生生的例子，說明它可能造成嚴重災難。」

參議員華納坐了下來，考夫曼起身講話。

他說：「我們從以大廳交易為主的市場，轉換成數位化、小數化的市場。大眾進入市場，開發速度極快的電腦。執行交易的不再是人類，而是電腦。他們開發演算法，演算法自動執行，持續成長，我們無從得知實際狀況。」

他暫停了一下。

接著說道：「沒有人知道在這些交易進行時，交易所內部的實際狀況。我們現在的狀況極度危險。」

・　・　・

葛瑞菲爾德已經準備好出手攻擊。當時是 2010 年 5 月 7 日，股市崩盤後第二天早上。他的目標是最大的敵人—— NYSE。在CNBC 的訪問中，葛瑞菲爾德大力抨擊大行情板。他指出，紐約證交所同時暫停幾十檔股票交易時，交易變得更加混亂。

葛瑞菲爾德說：「當時狀況十分令人震驚。他們直接拋開股票不管。在這個緊張時刻，寶鹼和埃森哲等股票的交易流動性不足，對股票更是雪上加霜。如果一級市場，也就是掛牌市場決定不支持股票，甚至暫停交易，這會在已經十分恐慌的市場中釋出訊號，告訴大家出大問題了。」

葛瑞菲爾德出現後不久，NYSE 執行長尼德奧爾在 NYSE 鬧烘

烘的交易廳接受訪問。他試圖保持冷靜，但葛瑞菲爾德的批評顯然使他怒火中燒。

他說：「我們不要再互相指責。現在最重要的是讓市場回復原狀。我們應該釐清實際狀況。我們沒有撒手不管，我們沒有放棄我們的責任。」

尼德奧爾為NYSE交易廳的表現辯護。交易廳沒有取消交易，而且持續對抗納斯達克等高速交易電子系統。對熟知尼德奧爾事業的人而言，這可說相當諷刺。尼德奧爾曾經是帶動電子交易趨勢的重要人物，現在卻宣稱真人交易員勝利，還譴責電子交易撒手不管。

但他讚揚NYSE的表現（大行情板沒有出現一分交易）時，卻忽略了NYSE Arca中混亂和失控的交易和納斯達克一樣多。此外，再過幾個星期，NYSE發生技術問題，導致報價公布嚴重延遲，擾亂某些交易模型，使混亂更加嚴重。

不過尼德奧爾也體認到必須有所作為。CNBC主持人西蒙‧霍布斯（Simon Hobbs）指出，NYSE已經放棄衿持，尋求跟高頻率交易券商合作，希望取得寶貴的交易流。霍布斯問道：「你認為加入科技武器競賽是否會造成利益衝突問題？你這樣是在鼓勵武器競賽！」

尼德奧爾連眼睛都沒眨一下。

他說：「每個人都必須在科技方面競爭，我們必須問自己的是：多快才算快？怎樣才算夠了。」接著他承認：「不可能永遠這樣下去。」

全美國最大交易所首長這番自白讓人大吃一驚。在華盛頓特區，SEC主席夏皮洛對口水戰不感興趣。她傳訊息給各交易所執行

長：冷靜點。接下來的星期一，她請各大交易所執行長來到SEC
華盛頓特區總部的辦公室，出席者包括尼德奧爾、葛瑞菲爾德、
BATS的喬‧拉特曼（Joe Ratterman）、Direct Edge的比爾‧歐布萊
恩等，夏皮洛命令他們：建置個別股的暫停機制，防範閃電崩盤再
次發生。

多年來像貧民區藥頭一樣催促加快速度的SEC，現在終於改變
作風。SEC很快地在整個市場建立暫停機制，當市場在短時間內出
現大規模活動時，暫停機制會短暫停止交易活動。這個機制逆轉了
近十年來把持整個金融體系的速度狂熱。現在是該放慢步調了。

怎樣才算夠了？沒有人知道。

• • •

2009年阿列尼可夫遭到逮捕一事，引發全美熱議美國股市現
狀，而在媒體稱為閃電崩盤的事件後幾星期和幾個月，這項爭議變
得更加激烈。美國國會、金融電視節目，以及紐約和芝加哥大型交
易商的密室裡，雙方都激烈地言詞交鋒。

美國國會舉行專題討論。SEC質問以往不知名的高速券商
主要人物，以及批評者。Getco的舒勒、交易機器人的康明斯、
Timber Hill的彼得菲，以及泰美斯的阿爾努克，都在主管官員面
前講話。但主管官員對市場內部狀況似乎比任何人都不清楚。

高速券商覺得自己沒有錯，所以私底下都很不滿大眾嚴詞批評
他們。他們大多認為自己改善市場狀況，使它更具流動性、價格更
低，從而造福投資人。他們無法理解一般大眾搞不懂市場現勢、詭
異的「複製人全面進攻」速度競賽、人工智慧機器人程式、龐大的

資料中心、幾微秒間迅速進出股票，而且玩的還是他們的股票。

批評者指出，高速交易員不能理解的就是這些。一般投資人天真地相信，他們持有的股票是股票，不是飛來飛去的電子資訊，讓運用超級電腦的天才小子隨意玩弄。他們經歷過華爾街在過去幾年的金融危機中蒸發了好幾兆美元。現在這些數學天才還要亂搞他們退休帳戶的持股。

閃電崩盤引發對股市的信心危機。5月6日之後，現金開始以驚人速度流出股票型基金。即使股票市場反彈得更高，當年其餘的每個月現金仍繼續減少。許多人害怕再次崩盤。誰能保證下次一定會有閃電反彈挽救市場？

股票市場中更多詭異活動加深了這些疑慮。2010年8月，芝加哥高頻率券商英菲尼資產管理（Infinium Capital Management）發生交易錯誤，每秒發出兩千至三千筆委託單，買進2月3日收盤前幾分鐘的石油合約，導致油價短暫下跌到每加侖1美元。6月，《華盛頓郵報》的股票因為電腦交易錯誤，而在眨眼間大幅下跌，啟動了遏止離譜交易的新暫停機制。9月，美國北卡羅萊納州擁有一萬一千名員工的前進能源公司（Progress Energy）股價受技術問題影響，在幾秒鐘內狂跌將近90%。

股票市場複雜難解的特質，深深困擾無法隨時留意電子市場急遽變化的一般投資人。電子網路還沒興起的多年以前，交易大多在NYSE和納斯達克執行。現在，美國可執行交易的處所大約有七十個，包括各大避險基金（例如城堡）以及銀行（例如瑞銀）。市場研究機構Tabb Group表示，2008年時，包括暗池在內的私有市場，在全美國股票交易量中僅占15%，現在已經提高到接近40%。美

國股票正逐漸流入分離的黑暗交易池。

但原本不應該這樣。

1990年代交易技術革命的主要人物，包括列文和普南等，都相信他們在把光明帶進黑暗，打倒支持競爭的強大勢力，讓市場更加透明，使大眾能以更便宜的價格交易。

但交易電腦化後，反而帶來不良副作用。神祕難解的方程式，例如高盛程式設計師阿列尼可夫竊取的程式碼，在新的華爾街虛擬王國中變成貨幣。交易變成錯綜複雜的捉迷藏遊戲，充滿各種奸詐手法，神祕的演算法高來高去，在暗池中決戰。人工智慧程式，最尖端的電腦科學，變成新的致富訣竅。這些程式非常先進複雜，甚至能讀取即時新聞並採取因應措施，就像真人交易員瀏覽《華爾街日報》一樣——只是電腦能在數毫秒間做這些事。真人在華爾街還有工作可做，包括管理機器、電腦程式設計師、物理學家、負責維護機器運作的電子工程師等。市場已經變成高科技賭局，程式設計師對程式設計師，演算法跟演算法對決。

每個人都想知道：**我們現在該怎麼辦？**

好的答案不多。電子精靈已經被放了出來。高速交易程式會保護自己，找出價格更低、速度更快的市場、效率更高的系統，而且沒有納斯達克經銷商和大廳專業經紀人經營的市場的陋習。

然而閃電崩盤使這些主張完全走樣。整個體系都面臨危險，而且似乎沒有人能挽救。

尤其是SEC。

· · ·

就像探員突然出現在犯罪現場一樣，市場的最高檢察人員在SEC快速展開行動，了解事情究竟如何發生。崩盤發生後幾天，得到的答案依然不多。投資人越來越擔心其實沒有人知道原因，甚至不可能知道原因。

SEC和商品期貨交易委員會的調查小組，開始仔細研究大量資料，詢問華爾街相關人士，包括高頻率交易員、交易所操作員、避險基金、銀行、暗池等。調查工作在CFTC-SEC新興法規問題聯合顧問委員會（Joint CFTC-SEC Advisory Committee on Emerging Regulatory Issues）支持下進行。這個機構是金融危機後，於2009年展開的協同工作的一部分。

5月18日，崩盤發生僅十二天後，調查人員提出全面的初步報告，報告中滿是難以理解的圖表和一行行數字。這些數字背後隱含著驚人的事實：美國證券市場已經分崩離析，而且還在繼續分裂。

報告中指出：「主要市場指數和個別證券價格在5月6日當天的下跌和反彈，無論在速度和幅度方面都前所未見。」電子造市商移出流動性，加遽了「流動性的不協調」。

報告中最令人不安的部分，是它承認任何因素都可能引發崩盤，包括恐怖攻擊。SEC和大眾一樣，對這方面一無所知。

報告中說：「我們並未發現證據顯示，這些事件起於「手殘」失誤、電腦遭駭或恐怖攻擊，但我們無法完全排除這些可能。」

注釋
1 "I wish to comment on what happened"：美國國會第111屆國會紀錄 (2009–2010), Senate, May 6, 2010。

PART 4

機器的未來

Future of the Machine

托托，我覺得我們已經不在堪薩斯州了。
——《綠野仙蹤》的桃樂絲所言

22 被操控的遊戲

A Rigged Game

閃電崩盤以雷霆萬鈞之勢提醒我們，市場管道現在既脆弱、又危險。這個市場的交易分散到五十多處，其中有三分之一在暗處執行，完全靠急躁緊張的幽靈流動性提供者、以及動作迅速又有人工智慧輔助的倒賣者維持。許多人心目中全世界最先進的市場，竟然在短短幾分鐘內，像茅草屋一樣垮了下來。

但在崩盤後幾個月內，解決問題的行動少得可憐。的確，電子交易的分散程度確實迅速攀升，高頻率券商也持續開發新方法加快交易速度。有幾家券商開始採取**超頻**手法，在中央處理器上安裝液態氮冷卻系統，進一步提高處理器的執行速度。硬核電腦公司（Hardcore Computer）針對高速券商，推出一款名為雷管（Detonator）以及一款名為X反應器（Reactor X）的超頻工作站。其實，這種技術原本是針對頂級遊戲玩家開發的。

券商採用各種先進科技，它們和市場間的連線同時迅速增加。2007年，NYSE啟動總金額五億美元的「阿爾法計畫」（Project Alpha），目標是在紐澤西州莫沃一座舊採石場建造龐大的電腦交易設施。這座長度等於好幾座美式足球場、占地四十萬平方英呎的建築，可以讓電腦交易券商把本身的伺服器和NYSE的撮合引擎（在

毫無阻隔的虛擬空間中撮合賣方和買方的電腦）放在一起。直徑二十英吋的水管送水冷卻電腦，二十組和戰車一樣大的突波保護器負責防止這裡停電。

2010年8月，閃電崩盤後才幾個月，阿爾法計畫已經準備啟用。這棟大樓很不起眼，鄰近道路和高速公路上的車輛不容易注意到。大樓周圍有六棵梧桐樹，用意顯然是向百老街上那座歷史悠久的股票交易所的起源致敬。

但這座交易所已經名存實亡。莫沃（Mahwah）是新的交易廳，是力量強大的資本主義和尖端電腦科技匯聚之處。遊客在華爾街和百老街口拍攝交易所的大理石立面時，交易已經轉移到三十英里外的莫沃，在冷氣大樓的電腦伺服器中進行。如果在那裡拍照，警察可能會把你帶走。莫沃已經被列為美國重要基礎設施，因此可能是恐怖份子的攻擊目標。

NYSE撮合引擎周圍的空間，更是一位難求。該計畫的第一階段可以提供的共置空間，大約是兩個兩萬平方英尺的機架組，全都已經賣出。另外三個機架組將於未來幾個月釋出，總共有十萬平方英呎可以安置強大的電腦運算力。每個機架組每個月的費用高達一萬美元，對NYSE而言是利潤很高的業務。至於這個做法是否符合電子交易為投資大眾創造**公平的競爭環境**，就是另一回事了。

世界各地紛紛建造大型交易資料中心。芝加哥商業交易所在芝加哥西南方三十五英里的奧洛拉（Aurora），建造占地四十二萬八千平方英尺的資料中心。NYSE也在倫敦市外，建造另一座規模龐大的資料中心。香港九龍外圍的將軍澳也在興建一座資料中心①，供交易員以電子方式在香港交易所交易股票、貨幣和其他合約。孟

買、聖保羅、墨爾本、新加坡等地也開始出現資料中心。

電子交易的發展力道達到最高點。在複雜的人工智慧演算法輔助下，電腦進行的交易越來越多。2005年，電腦演算法執行的交易大約占¼，2010年時已經占所有交易的⅔，甚至可能更多。從摩根大通、美國銀行、花旗銀行到瑞士信貸，華爾街大咖都有數學家和程式設計師團隊，他們的工作只有一個，就是整天設計演算法。

雖然一切都由孤島開始，但現在複雜程度已是前所未見。超高速交易和人工智慧機器人程式數量激增，在演算法戰爭中不斷擴張的前線決戰，讓市場變得完全不同。當然，價差確實大幅縮小，但現在的虛擬造市商，比以往在NYSE大廳掌控交易的專業經紀人更多。依據NYSE自己的資料，2000年時，專業經紀人經手的交易，僅占所有交易的28％，但是到了2011年，高速交易員執行的交易占所有交易的¾，可能更多。他們吃到的餅變小，但吃的片數卻比以前多得多。

儘管價差縮小，但那只是假象。1990年代末，價差通常是0.25美元左右，造市商每筆交易多半買進或賣出幾千股，現在則多半是一兩百股。舉例來說，假如投資人想買進三萬股（以法人而言算小單），最後付出的價格，很可能會比原始賣出價高0.5美元以上，理由是高速機器人程式會偵測到這頭大鯨魚，進而抬高股價。

如此一來的結果是：價差其實不像表面看來那麼小。一段時間之後，對一般投資人退休帳戶的影響將相當可觀。每股損失一點點錢，等投資人退休時，可能累積到好幾萬美元。

無可否認，真人交易員和造市商被機器人程式取代只能怪自己。納斯達克一向腐敗成風，奸巧的經銷商串通自肥，傷害一般投

資人的權益。NYSE專業經紀人吃相也很難看。積習已久的腐化和人性的貪婪，聯手摧毀了延續數百年的制度。

　　但機器人程式就比較好嗎？

· · ·

　　阿爾法計畫啟用之後，高頻率交易正式成為大行情板的主角。交易廳雖然仍然開放交易，但只是示範性質，跟電視木偶戲差不多。此外從其他徵兆可以看出，機器人程式也逐漸把持大行情板。2010年初，Getco成為指定造市商（DMM），這是NYSE賦予大廳專業經紀人的新名稱。Getco從英國銀行巴克萊資本接下350多檔股票。巴克萊資本大舉向LaBranche等因為獲利太低而退出市場的專業經紀人買下交易廳席位。Getco成為DMM後，取得領先其他投資人的優勢，代價則是必須維持市場秩序。

　　Getco運用這些優勢，於2011年11月表示，計畫買下美國銀行在NYSE的交易廳業務，因此得以掌握奇異、麥當勞、沃爾瑪超市和可口可樂等藍籌股。這次舉動使Getco成為NYSE中，僅次於巴克萊資本第二大的DMM，交易的NYSE股票多達850檔，包括120家S&P 500公司。十年前還沒出現的Getco，現在已經掌握NYSE交易廳中⅓的交易。DMM為Getco帶來的助力，由前瑞銀高階主管丹尼爾·柯爾曼（Daniel Coleman）指揮；柯爾曼於2003年聘請波迪克，他自己於2012年初成為Getco的執行長。

　　當時只有四個DMM，另外兩個是電子交易巨頭高盛和騎士資本，而在此十年之前，交易廳裡有大約三十五家專業經紀商。SEC原本打算提升市場競爭程度，這個改變和該目標正好相反。現在競

爭已經消失，至少在NYSE的交易廳是如此。

Getco已經成為支配市場的力量，它的優勢來自尖端技術程式設計、全世界最先進的電訊設備，以及對市場管道有深入了解。它運用最先進的無限頻寬通訊技術，速度約比大多數競爭者快上兩倍之多。此外據說他們採用Nvidia晶片、通常安裝在高效能遊戲系統上的繪圖卡，以及新的視覺化程式設計語言Kodu，這是用來設計Xbox遊戲的程式語言。

Getco擁有四百多名員工（他們和交易機器員工一樣被稱為「夥伴」），在芝加哥、紐約、倫敦和新加坡都有分公司，交易範圍涵蓋世界各地五十多個市場。芝加哥的主任交易員，是波迪克在霍爾交易時的同事：戴夫・巴布拉克。曾經擔任孤島技術專家的布萊恩・尼吉托，則協助主持Getco的紐約分公司（後來於2011年離職）。

Getco跟華盛頓的主管官員越走越近。Getco的主任律師是約翰・麥卡錫（John McCarthy），曾經擔任SEC法規遵循調查及檢查辦公室（Office of Compliance Inspec- tions and Examinations）副主任。2010年6月，Getco聘請在SEC待了十七年的選擇權市場專家伊莉莎白・金恩（Elizabeth King）。

接著Getco進駐NYSE最神聖的樓層，即將取得股票市場新霸主的地位，成為1792年在梧桐樹下成立交易所的幾位交易員的嫡系繼承人。

這次革命於1996年1月16日由約書亞・列文發動，在孤島成立時又回到原點。

• • •

NYSE位於莫沃的資料中心開始交易後幾個星期，九月初，兩個宿敵又見面了。原本稱為美國證券經紀商協會的美國金融業監管局（FINRA），對紐約一家券商罰款230萬美元，並勒令幾名交易員暫停交易。

這家券商叫延齡草交易（Trillium Brokerage Services），遭罰的行為是在市場中高速投放假的委託單，誘騙其他交易員買進或賣出股票。這個案例是美國第一個，券商利用高速演算法交易策略玩弄市場的確實證據。但延齡草玩弄的手法其實相當老套，經驗豐富的SOES交易員說不定早就用過。FINRA指出，延齡草於2006年和2007年共釋出四萬六千筆幽靈委託單，矇騙其他演算法交易員。這樣做會使其他電腦交易員（例如使用高感度演算法偵測大鯨的券商）快速進場出場，使股價變得有利於延齡草交易員。延齡草在市場中放出大量委託單，趁交易還沒有執行時取消。這是典型的誘導轉向手法，只是執行速度非常快。主管官員稱這種策略為分層布單（layering），用來描述灌入委託紀錄簿的一層層偽造買進價。

這不是延齡草第一次被抓到玩假的。2006年，延齡草和前母公司申菲爾德集團（Schonfeld），就曾經因為剛開始在納斯達克交易就投入幽靈委託單，而被NASD罰款近五十萬美元。在這類案例中，券商大多不承認也不否認指控，但還好他們會支付罰款。

還記得以往SOES盜賊的FINRA主管官員很熟悉延齡草的歷史。延齡草原先稱為哈特蘭證券，再之前是達提克證券的交易部門，由馬希勒主持。

現在負責主持延齡草的是薛利‧馬希勒最小的兒子：李‧馬希勒（Lee Maschler）。

· · ·

2010年8月，一小群建築工人把直徑一英寸的光纖纜線，插進紐澤西州卡特萊特聯邦大道1400號的納斯達克電腦接頭。這條纜線長達825英里，跨越紐澤西州遼闊的田園，穿過賓州中部亞利加尼山脈的花崗岩和片岩，再沿著伊利湖邊穿過俄亥俄州北部，進入伊利諾州，就會在芝加哥南路普區看到一座不起眼的資料中心，距離芝加哥商業交易所和高速交易巨頭Getco的交易引擎只有幾步路。

這條纜線花了超過兩年打造，花費高達三億美元，是超高速電腦交易領先地位的象徵。它不像大多數光纖纜線一樣沿著鐵路鋪設，而是像鳥類一樣直線行進，用鑽掘機和炸藥穿過山脈和河流。鋪設這條纜線的目的，是讓委託單在卡特萊特資料中心和芝加哥間來回的時間減少三毫秒──從16.3毫秒減少到13.3毫秒。

也就是每千分之一秒花費一億美元。

鋪設這條纜線的密西西比州斯普瑞德網路公司（Spread Networks），把高速武器競賽推到了新境界。這家公司看準高頻率交易券商願意投下大把金錢，搶占資料中心數位委託單紀錄簿上最前端的位置。它的判斷沒錯。依據一項估計，搶先一毫秒價值超過一億美元。

這條纜線上只有二十個位置，所以搶到位置的券商，就比其他競爭者擁有優勢。歡迎來到新的高頻率交易公平競爭環境。

　　這個現象已經遍及全球。2010年10月，斯普瑞德網路剛剛接好納斯達克的光纖纜線，紐澤西州桑米的西伯尼亞大西洋（Hibernia Atlantic）光纖公司、以及中國天津的華為海洋網路公司便宣布，他們計畫在十年內鋪設第一條橫越大西洋的光纖纜線。這項計畫耗資五億美元，將可把紐約和倫敦間的交易時間縮短五毫秒。這條三千英里長的纜線鋪設完成後，將由哈利法克斯（Halifax）、新斯科細亞、橫越北大西洋，到達英格蘭的薩莫塞特（Somerset）。它和斯普瑞德網路的纜線一樣，鋪設路線橫越的水域較淺，所以比其他纜線服務供應商的更短。但在這些區域可能遭到各種因素破壞，包括拖網漁船和鯊魚等，因為纜線的電容易引來鯊魚。為了保護纜線，全球海洋系統（Global Marine Systems）的**元首號**（Sovereign）和**纜線翻新者**（Cable Innovator）兩艘船，將在海床挖出深達六英尺的壕溝，把纜線埋在裡面。這條纜線在2012年完工啟用。

　　光纖纜線已經遍布全球，隨演算法戰爭擴大，以極快速度聯絡各個市場。早在2012年初就有徵兆顯示，連光纖網路也很快就會過時。芝加哥一群優秀的高速交易員已經開始採用微波，以遠比光纖更快的速度傳輸交易訊號。微波最初的用途是傳輸交易資料到芝加哥商業交易所，現在則透過一連串微波中繼站，在芝加哥和紐約之間傳輸交易資料。唯一的問題是，微波訊號容易受暴風雨甚至鵝飛過影響。不過微波的優點極多。依據業界估計，微波可在10毫秒內來回一次芝加哥和紐約，「大勝」斯普瑞德網路3毫秒。行內人指出，規模最大的幾家券商都已經採用微波，還有更多券商正準備採用。主管官員當然無從得知目前的狀況，高頻率交易界也不急著告訴他們。

我們無法得知「主管機關有沒有注意到」這件事是否有影響。機器人程式已經遍布全球，交易都在超越國界的虛擬空間中進行，主管機關無從掌控。東京證券交易所是亞洲快速興起的電子交易中心。2010年，東京啟用 Arrowhead 交易平台，以迎合高頻率交易員的需求，因為他們的交易量接近總交易量的一半。新加坡交易所（SGX）也於2011年啟用 Reach 平台。這個平台當時號稱是全世界最快速的撮合引擎，委託單可在90微秒內處理完畢。Reach 採用的架構和納斯達克相同，也就是孤島系統。

SGX 和美國的交易所一樣，正在積極招徠高速交易員。SGX 副總裁周士達（Chew Sutat）2011年5月向《新加坡新聞》（*Singapore News*）表示，為了強化新加坡的資本市場……提升流動性是首要、也最重要的工作。高頻率交易員應該有助於提升流動性。」

美國在金融危機後缺乏波動，高頻率交易券商對此感到不耐，因此紛紛轉往亞洲。Getco 和城堡等券商都在遠東地區設立營運單位。稱為東協交易平台（ASEAN Trading Link）的全亞洲交易網路興起，把新加坡、吉隆坡、菲律賓、泰國、印尼和越南等地的交易所串連在一起。

印度的國家證券交易所（NSE）於2009年，首先提供三十五個主機共置機架給交易員使用，高盛、花旗和摩根史坦利等跨國銀行立刻搶占，完全不留機會給印度當地券商。但更多的空間陸續釋出，高速交易券商進入後，NSE 很快就大幅超越老舊傳統的孟買證券交易所，2010年時，交易量已占印度總交易量將近¾。土耳其的伊斯坦堡證券交易所，則於2010年底推出數項迎合高速交易員需求的措施。演算法交易也擴展到巴西、澳洲、以色列、加拿大和墨

西哥等市場。

後來在2011年，BATS全球市場接手Chi-X Europe的交易設備，背後推手當然是孤島。康明斯設計BATS系統時以孤島為藍本，Chi-X的程式設計者則是前孤島程式設計師（後來成為Getco執行長的）尼吉托。BATS Chi-X Europe日後掌控了歐洲股票總交易量的25％以上，成為規模最大的全歐洲股票市場。

孤島像優勢物種統治整個生態系一樣，交易池擴大到全球各地。INET（孤島系統加上各種高速技術）從納斯達克出發，拓展到全世界50多國的70個交易所。無可避免地，孤島系統拓展時，一定會帶來它的共存物種——高頻率交易員。

當然，Getco本身已經是高速交易之王。2007年，它獲得私募股權巨頭大西洋大眾（General Atlantic）投資2至3億美元，這項交易使Getco總值達到15億美元。2011年，這個數字增加了許多。Getco繼續擴充量化專家部隊來維持這個遍布世界的交易機器。舉例來說，2012年1月，Getco做了以下廣告：

（芝加哥報導）請加入由交易員科技專家組成，以交易模型在各大電子交易所交易獲利的跨學科團隊。他們運用統計學和數學方法，開發新模型來發揮交易能力。必要條件：具備數學、統計學、物理科學、電腦科學或工程學碩士學位，GPA 3.4/4.0以上、具備以下兩個領域以上的研究所學科能力：隨機過程、統計方法、數理金融、應用數值方法、機器學習。

2011年夏天，關於高頻率王位誰屬的新爭論開始浮現。把前

孤島律師及納斯達克執行長克里斯‧康坎南視為合作夥伴的電腦交易券商沃途金融（Virtu Financial），和在全世界各大交易所交易的加州高速交易公司EWT合併（EWT由孤島前技術專家羅尼‧法拉加拉〔Rodney Faragalla〕主持）。金融業圈內人指出，這家券商掌握的交易量和Getco不相上下，甚至可能更多。

演算法戰爭背後的武器競賽似乎永無止境。速度已經快到完全不合理。倫敦的Fixnetix科技公司宣稱打造出全世界速度最快的交易微晶片，這個裝置處理一筆交易只需要740奈秒，甚至還有傳言提到②以皮秒來量度交易時間，也就是兆分之一秒（1皮秒對1秒相當於1秒對3萬1700年）。

SEC對交易激增相當憂心，同時因為自己沒有能力快速解釋閃電崩盤而自尊受損，所以趕緊著手了解市場。為了趕上機器的腳步，SEC計畫打造規模龐大的綜合審計追蹤（CAT）機器。CAT理論上能擷取和分析送入股票市場的每一筆委託單，不僅包含實際交易，也包含塞爆市場管道的大量取消委託單。SEC希望CAT能像人工智慧機器人一樣抓出固定模式，同時判定這些模式是否用於操控市場。這類機器的建造花費不明，但專家表示可能高達數十億美元。

但很少人關注如果什麼都不做，我們將會付出什麼代價。如果沒有能力深入檢視市場，了解哪些人在做些什麼，以及為什麼這麼做，市場監督者將變得跟人形立牌差不多。惡質交易員知道自己不會被抓，所以更加肆無忌憚。雖然CAT某方面說來可以算是歐威爾筆下的天眼，但令人難以置信的是以往一直沒有這樣東西。因為可怕的事實是：到了2000年代末，市場已經陷入無邊的黑暗。

行內人都知道這是真的。市場逐漸演變成追求速度的失控列

車，除了物理定律之外，別無其他限度可言，有些電子交易先驅開始質疑是否已經太過分。

· · ·

2010年10月11日上午，湯瑪斯·彼得菲來到遍布全球的巴黎大酒店一樓，走上裝潢華麗的歌劇院沙龍裡的講台。這裡正在舉行第十五屆世界交易所聯合會年度會議，出席者包括芝加哥選擇權交易所主席比爾·布洛斯基（Bill Brodsky）、NYSE的鄧肯·尼德奧爾、法國經濟部長及未來的國際貨幣基金會主席克莉絲蒂娜·拉加德（Christine Lagarde）、納斯達克執行長鮑伯·葛瑞菲爾德，以及東京證券交易所執行長齊藤惇等。

即將引爆最多火花的演講人是Timber Hill創辦人彼得菲，也是孤島極早期的用戶。他在講台上看著同業們微微上仰的表情，做了個鬼臉。

彼得菲對他參與創造的市場已經澈底失望。不是因為延齡草這些券商的欺詐伎倆，而是因為這些高速交易員毫無節制，利用他公司的委託單賺錢，在困難時期無視於堅守市場的責任。股票和選擇權市場已經變成演算法互相殘殺的野蠻西部，某些券商則擁有特別的優勢。彼得菲和交易機器的海姆·波迪克一樣，非常氣憤自己的委託單一再被詐騙。他不願意吃悶虧而不反擊。

他清了清喉嚨，調整一下眼鏡，開始演講。

他說：「交易所以往是個場所，是個實際存在的地方，我們到這個地方買賣股票，希望為自己爭取到理想價格。交易所越能吸引想買賣某樣產品的人，交易所裡的價格就越能反應真實的供需

狀況。」

他說的是這句格言：**流動性帶來更多流動性**。但現在有些狀況已經改變。

「近二十年來，電腦、電子通訊、電子交易所、暗池、快閃委託單、複合交易、另類交易處所、直接經紀商、OTC衍生商品、高頻率交易券商⋯⋯美國的Reg NMS相繼問世，現在市場已經變得**一團亂**。」

彼得菲看著台下的聽眾。現場一片寂靜。他沒有用笑話或趣聞先炒熱場子，而是直指重點，台下大多數聽眾都不喜歡他講的事情。

「現在大眾已經不那麼相信經紀商。他們不相信市場、交易所，甚至不相信主管機關。以我們這幾年的表現看來，我們又憑什麼要大眾相信？對大眾而言，金融市場看起來越來越像賭場，而且賭場還更透明、更容易了解。」

場內瀰漫一股緊張的氣氛。剛剛彼得菲是不是說市場就是**賭場**？如果這些攻擊出自阿爾努克、薩魯齊或考夫曼參議員，他們不會覺得意外，但Timber Hill和盈透證券創辦人、電子交易教父居然這麼說？

當然，彼得菲很清楚，他這些話跟自己的事業生涯完全矛盾。過去他和列文一樣，相信電腦將澈底改造市場，而且也確實如此。但有些地方走調了。

「我必須承認，我以前極力支持讓科技融入交易和經紀業務，可惜的是，我只看到**好**的一面。我看到電子交易和紀錄保存可以讓人更誠實、使過程更有效率、使交易成本更低，並且為市場帶來流動性。但我**沒有**看到破碎化的力量以及有人可能濫用科技，

表面上完全遵守規則，實際上忽視規則的精神，因此導致現在的危機。」

彼得菲凝視著聽眾。他料想得到大家會面色凝重、搖著頭、不敢看他。他確定自己會成為公敵，也不敢寄望他們會聽進去，因為這些電子交易精英絕對不會承認，他們創造的市場有許多缺陷。但彼得菲依然不打算停手。

「我們得在信任危機繼續蔓延之前終結它。我們應該把秩序、公平交易和信任帶回市場。全世界已開發國家的金融市場已經來到轉捩點。科技、市場結構和新商品的演變速度，已經超出我們的理解和控制能力，這導致近幾年來發生一連串危機，使投資人失去信心，甚至認為整個金融體系受到操控。」

彼得菲演講結束後，場內一片寂靜，接著是稀稀落落的掌聲，然後突然爆出響亮的喝采。

大家都知道：彼得菲出手了。他挺身說出許多人心裡的話、**每個人都心知肚明的事**。市場已經一團混亂，只有老先覺有膽子站出來說出事實。幾個月後，麥提森在邁阿密海灘楓丹白露酒店對瑞士信貸演講時，也呼應了這個訊息。

這次演講過後，彼得菲和交易界巨頭親切地交談。他碰到納斯達克副主席以及長年擔任費城證券交易所執行長的珊蒂·福魯克（Sandy Frucher）。

彼得菲說：「珊蒂，你好嗎？」

一頭灰髮的交易戰爭老將福魯克說：「我很好。但我不會每天想著要攻擊哪個風車。」

彼得菲懂福魯克要說什麼。在理想世界中，每個人都會開始注

意自己的行為，不再只關注眼前的近利。你知道，我也知道，我們都知道事實。華爾街就是這樣，你什麼都改變不了。

2010年11月，彼得菲演講後一個月，美國物理學會發表令人吃驚的新研究，預測全球金融市場未來的管道。這篇論文證明，彼得菲等懷疑人士試圖阻止市場繼續追求速度的希望十分渺茫。

這篇論文的作者是 MIT 物理學家艾列克斯・韋斯納葛羅斯（Alex Wissner-Gross）和同校數學家卡麥隆・弗瑞爾（Cameron Freer）。論文中主張，高速交易部門在世界各地某些「交易中心之間的最佳中間地點」建立電腦中心，在財務方面有益。例如在上海和東京證券交易所、東京證券交易所和納斯達克、納斯達克和倫敦證券交易所之間。有了這些位置絕佳的中心，券商將可在追逐各場所間股價差異的競賽中勝過對手，例如微軟在紐約和在東京間的價差，或是西德州原油在芝加哥和阿姆斯特丹輕甜原油的價差。這類競賽的歷史，可以追溯到康明斯堅持把交易機器人的電腦安裝在百老街50號孤島的電腦旁邊。

韋斯納葛羅斯和弗瑞爾提出一張地圖，在全球表面點出最佳的中心設立地點。許多地點在海中間，因此有人想像，某些企圖心格外強烈的交易商或許會在大西洋、地中海或南中國海上拓點，放置漂浮的微型島嶼，讓一小群優秀的模式辨識程式設計師透過超級伺服器，監管龐大的資料流。

還有更棒的點子：以高密度微處理器組合成無人機架組，由次世代人工智慧機器人程式負責照管，處理位於世界各地最佳地點的人工智慧無人機架組送出的幾十億筆委託單。這些靜默的高頻率委託單流，以光速輸送數兆美元到全球各地，完全自動化，完全超越

人類對交易特性的理解。

　　韋斯納葛羅斯和弗瑞爾的結論，與人工智慧機器人程式和皮秒套利完全無關。他們認為，超級電腦勢力在全球各地快速擴張，將帶領我們邁向某種數位超越，人類可藉由這樣的超越，以前所未有的尺度觀察世界。漂浮的島嶼上將配備感測器和科技裝置，處理大量資料。預測長期天氣型態，甚至解決全球暖化問題，都會變得更加可能。韋斯納葛羅斯說：「這是史上第一個在財務上具吸引力的理由，讓我們有興趣在全世界密集裝置電腦，使這個地球更具智慧。」

　　但對於以超高速連結世界各地所有交易中心，很少人質疑。最佳化的電腦中心連結世界電子金錢網絡的所有市場，龐大的交易機器操作人類所知的各種證券，規模遍及全球的次世代崩盤來襲也越來越可能發生。這類事件被稱為海嘯崩盤，一池池混亂的隱匿流動性如同海嘯，席捲世界各地的交易系統。

　　這盅毒藥現在又多了一味：以全新型態人工智慧進行的實驗。

注釋
1 At an industrial site on the edge of Tseung Kwan O："High-Frequency Trading: Up Against a Bandsaw," by Jeremy Grant, *Financial Times*, September 2, 2010.
2 There was even chatter about measuring trades："The Rise of the Pico-second," by Michelle Price, *Financial News*, March 3, 2011.

23 | 大數據

The Big Data

外號犀利飛客（Acid Phreak）的艾利・拉多波羅斯（Eli Lado-poulos）走進第五大道156號11樓的1107室，甩掉鞋上灰黑色的雪。當時是2011年初春，紐約剛剛經歷東北部史上最寒冷的冬天，人行道上還有殘雪。在辦公室裡，一排積著灰塵的窗戶在高處俯視曼哈頓熨斗區一望無際的城市景觀，一道道粗粒狀的陽光照了進來。

位於紐約的新創避險基金公司「活躍全球市場」（Kinetic Global Markets）辦公室①看來就像個高科技交易中心。一排排電腦疊放在細長的桌子上，一群二十多歲、穿著牛仔褲和毛衣、鬍渣橫生的年輕人，緊盯著 Acer 平面螢幕上快速流轉的資料。掛在牆上的白板畫著潦草的流程圖和複雜的方程式。

辦公室入口旁的茶水間飄出平價咖啡的味道，拉多波羅斯走進來，脫下外套。希臘、以色列、義大利、俄羅斯、美國等等，代表「活躍全球市場」團隊成員的各國旗幟掛在繩子上，垂在放滿螢幕的桌子上方。

活躍全球市場打算運用人工智慧高手所謂的大數據（Big Data）。隨著電腦進駐世界各地，資料也越來越多，內容包括……呃……什

麼都有。波斯灣運輸發展趨勢、哈薩克小麥種植量、加拿大卑詩省降雨量、拉丁美洲出生率、荷姆茲海峽石油運輸等等，要什麼有什麼。有一點是確定的：人類的頭腦絕對沒辦法處理大數據。但電腦說不定可以？此外大數據交易機器或許能耙梳網路和其他資料庫系統，找出固定型態，尤其是以往不知道的型態。順利的話，這些固定型態可提供訊息，讓機器用來買賣股票，賺取大筆利潤。

活躍全球市場和交易員「犀利飛客」拉多波羅斯打算運用的，正是這種方法。它代表把電腦運用在市場中的新方式。高頻率交易大幅增加，2011年時，電腦將可在速度競賽中輕易擊敗人類。人類不可能在幾毫秒內交易好幾百檔股票。

但現在程式設計師正在打造可在交易競賽中擊敗人類的電腦，依據銷售趨勢和經濟變數等基礎法則買賣股票。

這作法雖然看來幾近狂想，但也有跡象顯示可能實現。畢竟IBM打造的華生人工智慧系統剛剛才在益智節目《危險邊緣》（*Jeopardy!*）中，擊敗全世界的高手。

活躍全球市場使用的系統在某些方面很像華生，然而活躍全球市場要做的事，其實遠比破解《危險邊緣》的題目困難。它想從世界各地的資料庫發掘出無數資訊，用來入侵市場。它的首席駭客拉多波羅斯熱情又富魅力，頭皮刮得光淨，戴著無框眼鏡，愛穿古董網球鞋，腦中有講不完的故事。

這些故事有許多發生在他的另一個身份身上。1990年代初他是個聲名狼藉的駭客，當時當駭客很酷，電腦宅男想像搖滾明星一樣受崇拜，最有可能的途徑就是當駭客。當時的駭客甚至連化名都像搖滾明星，例如光仙、墮落、亡命之徒、瘟疫、微神等等。

當時拉多波羅斯的化名是犀利飛客。1980年代末，他在紐約成立精英駭客組織「詐騙大師」（MOD）。MOD的專長是入侵電話系統，這類駭客被稱為飛客，因此拉多波羅斯取了這個外號。

他們技術非常高超，而且太高超了。他們入侵太多系統，最後引起警方注意。他們成功入侵AT&T電話系統被抓之後，1993年7月，拉多波羅斯和同夥保羅‧史提拉（Paul Stira，外號天蠍）被判處監禁六個月和六個月在家服刑，罪名是串謀進行電腦犯罪。

拉多波羅斯出獄後似乎不難找到工作。必須防範他這類人的公司非常需要他的才華。起先他為軍方和情報單位分析電腦系統的安全性，接著開始研究股票市場背後的技術，最後在1996年接任Instinet全球資訊安全主管。

1998年，他接觸到傳奇的D. E. Shaw避險基金創辦人，這個位於紐約的避險基金巨頭運用數學和電腦，年復一年從市場挖出數億美元。創辦人大衛‧蕭（David Shaw）原先在哥倫比亞大學教授電腦科學，後來進入金融界，這讓拉多波羅斯相信，華爾街投入最多錢的地方不是安全系統，而是設計交易股票的電腦模型。

拉多波羅斯花了很多年，才製作出真實世界的模型。在Instinet擔任顧問期間為了了解金融，他到紐約城市大學學習經濟學。2000年代初，他認識了加州大學柏克萊分校金融學教授大衛‧萊因韋柏（David Leinweber），萊因韋柏研究把人工智慧運用在交易上已經超過十年。

拉多波羅斯1990年代就開始研究人工智慧，但他不確定人工智慧能否成為有用的交易工具。萊因韋柏告訴他，電腦的能力越來越強大，網際網路上的資料越來越多，人工智慧日後將成為

預測市場未來發展的可靠工具。有一段時間,他們在科技公司
Monitor110合作。Monitor110位於華爾街以北一處位於六樓的閣
樓,它搜尋「深層網路」(Deep Web)尋找資訊,以便為避險基金和
銀行專屬交易員指引交易決策。它搜尋九百多萬個資料來源,包括
傳統新聞網站和部落格等,尋找關於特定公司或特定主題的資訊,
範圍從製藥趨勢到石棉訴訟等。拉多波羅斯為測試策略的研究團隊
工作。測試結果就是銷售工具,用來示範這套系統將可如何協助未
來的使用者。

　　拉多波羅斯在Monitor認識了羅傑‧艾倫伯格(Roger Ehren-
berg),這個很有頭腦的公司創辦人和創投實業家,曾經為德意志銀
行管理六十億美元的內部避險基金。艾倫伯格投資文藝復興科技已
經很久,因此相當熟悉運用大量資料和人工智慧買賣股票的龐大潛
力。要這麼做是可能的,但必須要找來業界最優秀的人才,例如文
藝復興的鮑伯‧梅瑟和彼得‧布朗等,才有希望成功。

　　Monitor雖然擁有舉世最佳的才能,依然沒有成功。這個事業
有如大海撈針,這家公司撈到的海太大而針太少。資訊量非常龐
大,不可能轉換成金錢。最後這家公司於2008年結束,拉多波羅
斯的研究團隊隨之解散。

　　幾年之後,這個團隊的研究種下的種子長成「活躍全球市場」。
拉多波羅斯、艾倫伯格和其他幾位研究過這些策略的人士相信,他
們在Monitor時提出的核心概念,依然擁有龐大潛力。

　　科技以驚人的步調不斷進步。雲端運算(cloud computing)利用
分散式網路中閒置的運算能力執行作業,讓公司得以取得大量數位
助力。Monitor必須採購及建立自己的伺服器農場,只要好好連結

雲端,就能以極低的成本,取得相同的處理和儲存能力。語言處理和人工智慧策略大步躍進,也讓我們得以藉由大數據撈出更多獲利。

　　但最重要的步驟是:縮小資料集。資訊高速公路上充滿無數資料團,供智慧型交易系統隨意使用。然而問題是,正如Monitor所發現的,資料實在太多。他們必須集中火力,只看能提供模型資料、以及提供有用交易構想的黃金級資訊來源。他們沒有掃描整個網路(這就像煮沸海洋一樣是不可能的),而是把計畫縮小為比較可行的目標。

　　他們著手進行,先建立資料庫,列出網站和電腦可讀取的線上資源,包括SEC.gov等政府網站。為了理解這些資訊,拉多波羅斯和其他幾位程式設計師開始製作一個人工智慧程式,用來監控網站,找出可辨識的固定型態,以及提供明確的股票預測。這個系統可能追蹤Mac Rumors等,比較受肯定的蘋果電腦部落格、業界專家的演講、中國出口資料(iPhone在中國生產)、列出具有蘋果工作經驗的工人求職人數的就業網站(人數增加表示剛資遣一批人,因此可能是遭遇困難或盈餘減少)。這套系統會搜尋SEC申請案、亞馬遜或其他零售網站中可呈現銷售表現的資料,以及提到蘋果產品的推特貼文。

　　集中起來之後,人工智慧程式就像神奇資料處理機一樣,消化這些資訊,提供包含明確機率的買進或賣出建議,就像華爾街分析師,或者像IBM的華生一樣回答《危險邊緣》的問題。至少理論上是如此。

　　他們的目標是:在公布前先預測出公司的績效數字。實際上,他們是從零開始打造人工智慧金融分析師。理論上說來,在公司本

身的高階主管和員工得知之前，活躍全球市場就能知道該公司的財務狀況。銷售趨勢、產品傳言、強勢競爭對手發動的價格戰，都是窺視未來的水晶球，但前提是：必須找到正確的資料並妥善分析。

因此在2008年，拉多波羅斯、艾倫伯格和一小群科學家、程式設計師和數學家成立了活躍全球市場。他們的目標是創造人工智慧系統，於2011年上線運作。這個系統只從羅素2000指數選擇股票，這個指數中的股票大多較小，華爾街分析師不一定會主動追蹤。小型股的競爭較少，所以能輕易獲利。

但競爭較少也代表關於這些公司的資訊較少。這可能是好事，因為系統不會被浩如煙海的資料淹沒，但這也是缺點。當時很少人在推特上提到萬達汽車服務（Midas Inc.），或在部落格上提到史丹利家具（Stanley Furniture），而這兩家公司都在羅素指數中。但即使縮小了範圍，機器依然需要消化許多資料，才能預測特定公司或部門的實際狀況。

這個池塘比較小，但依然是大數據。

• • •

活躍全球市場使用新聞搜尋服務Selerity，這套系統運用人工智慧技術，快速掃描及解讀財務報告，供客戶參考。Selerity的演算法能消化盈餘數字，找出隱藏在註腳中的大幅虧損等警訊。破產、預設或合併等指控性字眼，會立即引發警報，讓活躍全球市場的交易機器在數毫秒內採取行動。

這個過程有時會讓客戶賺大錢。有些腦筋動得快的交易員，會上微軟以往發布財務報告的舊網頁，看看有沒有最新一期的財報，

2011年1月，Selerity就用了這個方法。美國東部時間下午兩點五十分，網頁上突然出現這份報告，但由於微軟還沒有在網站上公布網頁連結，因此自以為還沒發布。微軟錯了。Selerity立刻下載這些資訊。人工智慧機器人程式開始運作，把這些資訊傳給Selerity的客戶，讓他們透過交易立即獲利。

然而活躍全球市場當時還沒有開始運作。事實上，活躍全球市場在實行自己的策略時，遭遇許多問題。它的交易系統原先計畫於2011年2月上線，但到那時還沒有準備好。拉多波羅斯等人工智慧程式設計師一直在調整系統，輸入更多資料，希望電腦能帶他們找到大數據彩虹另一端的黃金。

對於風險控管和人工智慧系統內部應該使用哪些輸入，公司內部出現激烈爭議。這項挑戰十分巨大，但成就似乎也無可限量。活躍全球市場團隊繼續日以繼夜地工作，在週末休假成了奢侈。

他們全心投入這部機器，深信它永遠是對的。如何說明活躍全球市場的策略就是個顯著的例子。這點其實很難做到，因為人工智慧技術本來就會隨時間改變。這個月的策略可能是選擇低價股票，下個月可能又開始追高。

活躍全球市場某研究人員在給團隊其他成員的信中寫道：「我們必須小心，不要以為我們創造的模型一定會跟當初完全一樣。舉例來說，如果我們認為某個模型是動量模型，因此在投資組合層級中以這種方式管理，當模型不像動量模型時，我們可能會很困擾。我們若在投資組合層級管理模型，這類狀況可能就會造成影響。」

機器接收了大量策略。它能追蹤前一天內的交易量差異，或是五天、十天、二十一天，甚至六十三天的價格波動（價格上漲或下

跌量）差異。它可以追蹤美元對歐元、美元對日圓的匯率、美國公債的波動、紐約證券交易所最高價和最低價間的平均範圍。這些訊號往往讓人看得暈頭轉向，例如有個訊號是「六十三天內，所有配對的相關矩陣的最大奇異值」。

這個策略沒用。在進行測試時，由於拉多波羅斯不明白的某些原因，活躍全球市場的策略，虧損比賺錢的次數多出許多。

活躍全球市場發現，交易遠比發掘市場徵兆複雜得多。券商必須仔細評估他們對特定股票的影響，也就是買進和賣出股票是否影響股價。以活躍全球市場交易的小型股而言，這點特別容易造成問題，因為其他券商很少經常買賣這類股票。買進幾千股史丹利家具股票的委託單，可能導致該公司股價快速攀升（理由是：其他配備委託單偵測系統的人工智慧機器人一直在尋找大鯨魚）。如果活躍全球市場在這檔股票跳得更高時繼續買進，最後就很容易虧損。

換句話說，活躍全球市場的訊號或許完全正確，但它在市場中執行交易的能力卻很糟糕。拉多波羅斯嚴重低估搜獵機器人程式的能力，它們能偵測到他的委託單，搶先交易，同時抬升股價。

2011年夏天即將結束時，活躍全球市場創造保證賺錢的人工智慧交易員的夢想越來越遠。這些策略都沒有用。資料太難管理。公司裡有些人開始質疑拉多波羅斯知不知道自己在做什麼。他們認為他太依賴機器學習，不了解基本量化策略。拉多波羅斯則回應，我們不應該干預人工智慧策略，把狀況弄得更複雜。

活躍全球市場研究人員也經常爭論一個問題：什麼時候該關掉機器。

答案是：永遠不關，因為機器是十全十美的。

2011年夏天，活躍全球市場一封內部電子郵件指出：「我們不會停止交易。我們必須天天交易，除非遭遇嚴重虧損，但以我們目前的風險管制措施而言，這是不可能的。」

這已經幾乎是一種宗教，相信機器的力量凌駕一切。機器什麼都知道。

相信機器。

另一項討論，是關於規則式交易和機器學習法的不同之處。規則式交易是以往的方法，使用具固定變數的交易模型，靜態且簡單明瞭。機器學習法則是電腦以動態、不斷改變且具彈性的方法，隨時學習如何交易。

理想上說來，後者能讓機器隨狀況改變去適應市場。機器擁有各種策略。活躍全球市場一封電子郵件說：「我們不是用一段時間測試寫死的策略，而是測試演算法適應不斷改變的環境的能力。」

但是如果機器因為某些原因開始追逐泡沫呢？泡沫製造的訊號，將使機器開始買進泡沫股票。

不用擔心。

機器知道。

活躍全球市場這封郵件寫道：「雖然一致的機器學習效能可能追逐泡沫，但我認為，這類問題在機器學習法中比較不容易發生。我們很容易無意間設計出追逐某些泡沫的規則，然而以我們的機器學習方法而言，我們會經常用資料重新訓練，而資料也會不斷更新……一般說來，我認為把搭配簡單策略的評估技術，納入可隨時動態調整策略的方法時，必須特別小心。」

然而問題是，這部機器賺不到錢。因此由前犀利飛客領軍的活

躍全球市場團隊繼續改良系統，輸入更多更多資料。

可惜的是，團隊對這部機器太有信心。2011年8月，活躍全球市場董事會開除了拉多波羅斯和研發團隊。

• • •

活躍全球市場雖然失敗，仍有人夢想著打造出會思考的交易機器。而且為什麼要放棄呢？未來學家雷·庫茲維爾（Ray Kurzweil）曾經預言，電腦運算能力和人工智慧發展到能自我改良時，也就是電腦能設計及創造更多電腦時，到時人類的天性將永遠改變，他把這個事件稱為奇異點（Singularity）。庫茲維爾指出，我們人類最後將要求機器人順從我們，讓我們能超越人類的生物極限。

不過很少人知道，庫茲維爾曾經試圖要求人工智慧完成一件比較平凡無奇的事：賺錢。1999年，庫茲維爾藉助複雜的數學策略成立避險基金，命名為「庫茲維爾金融加速交易自我調整技術」，縮寫是FatKat（與「肥貓」同音）。FatKat運用演算法在市場中持續不斷搜尋，尋找新的交易機會。這些演算法以物競天擇的方式互相競爭：賺到最多錢的演算法活下去、弱者只能被淘汰。

在庫茲維爾眼中，FatKat代表華爾街的未來。在這名發明家心中未來的市場裡，人類不大需要為日常交易決策提供意見，而由智慧型機器人程式負責，在互相串連的全球虛擬結構中交易股票。在理想世界中，這樣可使市場較不容易受人類恐懼和貪婪等弱點影響。重要的只有數字、明確的事實、不斷浮動的資料。

實現人工智慧夢想的電腦革命，無疑永遠改變了金融市場。關於公司、貨幣、債券和其他交易工具的資訊全都數位化，變得和光

速一樣快。可機讀新聞成為新的熱門商品。財務報告等關於企業狀況的最新消息都轉換成資料，讓超高速演算法選擇和因應。路透社和道瓊等媒體管道發行可機讀新聞，讓型態辨識電腦在一眨眼間掃描及因應。高科技交易機構大批取用這些資訊，用比蜂鳥拍擊翅膀更快的速度，在市場中投放委託單。

大量資料在遍布世界的數千里光纖纜線中流動，更多人透過社群網路連接網路，運用資料進行交易的嶄新技術不斷出現。推特、臉書、谷歌和YouTube，成為智慧型交易機器發掘零售業最新變化或評估民眾意向的新工具。

儘管有少數圈外人如文藝復興、自動交易台和Getco等，有效運用只有自己懂的人工智慧技術，但大多數券商多年下來發現，人工智慧在交易方面效果有限。它似乎只適用於非常短的時間，例如幾個小時、一分鐘或一秒鐘。預測幾天後的結果似乎已經超過機器的能力。

但是拜2000年代末的突破所賜，人工智慧在華爾街開始受到肯定。網際網路上每天流動的資料，多達一千兆位元組（舉例來說，谷歌每天處理超過二京位元組的資料），擁有適當技能的程式設計師也在研究人工智慧領域的最新突破，在一片混亂中理出秩序。

這是大數據的時代，這個時代的設計者是人工智慧高手，最大的受惠者也是他們，例如文藝復興的梅瑟等人。梅瑟的座右銘是：「更多資料就是最好的資料。」現在資料取得管道正以無法計量的速度暴增。

活躍全球市場證明，大數據很難入侵。但其他券商正逐漸接近成功。這裡說的例子，是一家位於舊金山的小型新創公司「小

腦資本」（Cerebellum Capital）。這家公司背後的推手是兩位人工智慧專家：加州大學柏克萊分校人工智慧研究博士大衛・安德列（David Andre），以及外號「太空人」的艾瑞克・泰勒（Eric Teller），他是谷歌新專案事業部經理，也是著名的氫彈發明人艾德華・泰勒（Edward Teller）的孫子。

安德列和泰勒早在1990年代初，在史丹福大學攻讀數學和電腦程式設計時就已經認識②。十年後，他們合作經營位於匹茲堡的BodyMedia公司，主要產品是協助輔導客戶飲食的可穿戴電腦。這套系統使用泰勒和安德列設計的人工智慧技術，消化由數十萬個裝置用戶蒐集來的大量資料。

他們開始探討人工智慧技術的其他用途，金融在這裡再度出線。對人工智慧科學家而言，華爾街的吸引力非常大。這套龐大的數字和資訊系統遍布各種平台。安德列和泰勒認為，他們的人工智慧系統既然能處理由BodyMedia裝置傳來的大量資料，那麼本質類似但更先進的系統，應該能在看似混亂的金融市場中找出秩序。

這個點子潛力雄厚又具吸引力，但他們兩人幾乎完全沒有華爾街經驗。有一天下班後，他們在匹茲堡車站廣場區河邊的酒吧裡，討論跳進金融界的優缺點。安德列跟泰勒說：「這是個沒有心也沒有靈魂的世界，我們現在這樣對世界沒有幫助。現在我們要改變人類的生活。」

泰勒則主張，他們應該把這個計畫當成實驗，是在大學環境或大型公司外研究人工智慧的方式。

泰勒說：「這個計畫是否成功，取決於結果。」此外如果成功，

這項研究就能賺到自己的經費。

這點很吸引安德列，他們決定試試看。他們先取得幾位老友的種子投資，開始打造自己的交易機器。他們沒有員工，因此知道可以利用大型創投覺得沒賺頭而忽略的狀況。就像大白鯊往往會忽略一整池小魚，大型投資人經常會忽略規模小、獲利低的交易。此外，由於小腦會發掘策略，營運成本會更低，因為沒有高薪交易員要求優渥的年終獎金。

他們和活躍全球市場一樣，即將遭遇幾次震撼教育。在華爾街交易遠不如起初看來那麼簡單。大型券商永遠有優勢，因為他們能和經紀商和交易所協商出更好的條款，例如費用較低、資料供應速度更快等。沒有過往交易紀錄也比較不容易募集資金。退休基金等大型投資者沒什麼機會，因為他們不會投資新創公司，尤其是手中只有幾百萬美元資產，只能畫出透過人工智慧搜尋市場、找尋投資機會大餅的新創公司。

不過他們還是衝了。2009年7月，他們用僅僅一百多萬美元資金，成立了小腦阿爾法基金（Cerebellum Alpha Fund）。安德列和泰勒把他們的機器學習程式稱為「發明機器」（Invention Machine），它使用「一般」演算法（也就是程式可隨時間演化的數位機器人）模擬各種交易，並測試結果為正或負。這些演算法和迷你機器人交易員一樣會突變繁殖，很類似庫茲維爾的FatKat演算法，這具機器將消滅表現最差的交易員，把資金轉給表現最好的交易員。這樣將促使策略出現突變，變成全新的演算法。「發明機器」每天執行這個型態幾十萬次，不斷搜尋市場角落，同時觀察網際網路上是否有線索可以取得預測性訊號。一代代電腦化迷你機器人程式交易員消

滅和繁殖，突變最後將形成可獲利的策略。至少他們這麼希望。

　　安德列和泰勒投下許多時間，尋找從網際網路抓取資訊的獨特方法。舉例來說，有一種測定交易員信心的方法目前還沒有人採用，就是觀察美國線上餐廳訂位網站Open Table，搜尋華爾街周圍高級去處。很多人訂位可能代表交易員對市場前景感到樂觀。徵兆本身當然不足以用來交易，但如果有幾十個、甚至幾百個其他徵兆，就能勾勒出比較清楚的狀況。

　　小腦的發明機器採用這些技巧發了大財：安德列和泰勒發現市場有個反常現象，每年可以十分穩定地獲利7%左右。他們藉由買進和賣出股票和選擇權（他們沒有透露是哪些股票和選擇權），利用其他人不知道的某個市場現象。不久後他們為這個策略特別成立「小腦ATM基金」，於2009年12月上市。投資人蜂擁而至。2011年夏天，ATM基金總值高達五千萬美元。

　　這次實驗看來相當成功。人工智慧能在市場中發掘策略、發現新交易和新的可能性。泰勒對電腦的能力深具信心，現在更相信人工智慧就是華爾街的未來。如果人類能交易，電腦一定也能，而且會做得比人類更好。

注釋
1 The office of Kinetic Global Markets：本章關於活躍全球市場的內容，套句記者常說的，來自「熟知這方面的人士」。
2 Andre and Teller had known each other：這部分內容是依據訪問安德列和泰勒的內容。

24 先進棋——
人腦與電腦結合的威力

Advanced Chess

　　海姆・波迪克衝出家門，跳上他的全黑 Mini Cooper，狂踩油門到史坦福市區的火車站，汽車喇叭響起鞭擊金屬音樂。當時是 2011 年 3 月 25 日，他最後一天在交易機器工作。波迪克預定當天下午在普林斯頓大學演講，邀請他演講的研討會主題是「量化交易：從閃電崩盤到金融改革」。

　　他一如往常遲到了。他還沒有寫好講稿，所以趁著坐火車到普林斯頓時，打在筆記型電腦上。

　　這有點困難。他不知道要說什麼。他對市場不滿太久，相信它需要大刀闊斧改革，但他不知道自己是否應該出手改變遊戲規則。他擔心自己的事業。近十年來，這些高速券商和交易所的新精英份子建立起市場的數位管道，他們會不會攻擊他，讓他難以成立新的交易機構，甚至根本開不成？他還有太太和三個小孩要養，何況他現在沒有工作。他沒什麼興趣扮演改革市場的黑臉，但「市場已經遭到挾持」這想法一直在他心裡蠢蠢欲動，就像蜜蜂在眼前飛來飛去，總是揮之不去。

　　演講時，波迪克在呼籲重大改革方面讓步了。他談到選擇權市

場面臨的結構性問題、演算法交易的演變，以及股票市場結構改變對選擇權業界造成的負面影響。他沒有提到危險委託單類型或0+倒賣策略。他不準備接管整個系統，其實是還沒有準備好。

麥特·安德森也在研討會中發表演講。曾任孤島執行長的安德森在前一年，離開了城堡避險基金的高薪職位，在芝加哥成立電腦交易券商「海角科技」（Headlands Technologies）。安德森告訴聽眾，現在的頂尖交易員除了量化策略，還必須懂更多東西，必須深入了解市場微架構，還必須懂管道。

另一名演講者是安德烈·基里連科（Andrei Kirilenko），他曾經受美國商品期貨交易委員會委託，研究閃電崩盤。基里連科發現，高速交易員通常在每次行動的最初五秒鐘內，順著股票價格走向交易，然後在十秒後回頭逆勢交易。2010年5月6日，他們也是採取相同策略，只不過速度更快，這些快手在最初兩秒順著股價走向買進，接著在四秒鐘後反手賣出。後來，一名討論就業管道的演講者提及量化交易工作時說，越來越多大學必須把眼光集中在高頻率交易這個事業。

波迪克簡直不敢相信。他認為短線操作根本就不是交易，**真正重要的是承擔風險和靠這個方式賺錢的能力**。市場已經變成機密代碼的間諜戰，利用市場管道中幾分之一秒的漏洞牟利。如同湯瑪斯·彼得菲說的，現在市場已是一團混亂。

僅僅一星期之前，曾經擔任高盛程式設計師的薩吉·阿列尼可夫在紐約法院被判處監禁九十七個月，罪名是竊取高盛的交易程式碼（2012年2月，聯邦上訴法院撤銷阿列尼可夫的有罪判決）。那個月稍早，另一名演算法交易員薩瑪斯·阿格拉沃爾（Samarth

Agrawal）被判處監禁三年，罪名是竊取法國興業銀行（Société Générale）的高頻率交易程式碼。

難道美國股市日後會變成這樣？股市的目的，應該是讓公司有能力籌措資金、讓投資人搭上全球經濟成長的列車賺錢才對。

波迪克想，如果沒有人冒險做些瘋狂的事，這個產業不可能有機會。

當天晚上波迪克坐火車回家時，暗暗決定那個人就是自己。

● ● ●

幾個月後，波迪克在狹小的房間裡打著字。當時是2011年夏天，晚上七點剛過，他正在測試新加坡交易所中剛啟用的新交易平台。他很喜歡他看到的狀況。

波迪克的交易機器幾個月前就已經結束，但他決意戰到最後一刻。他在康乃迪克州史坦福家裡堆滿電腦、圖表和書籍的小辦公室裡工作，參考他在2009年和2010年的嚴酷市場中學到的慘痛教訓，建立新系統。

尖銳的維京金屬音樂從喇叭蹦出，他瀏覽著測試結果的資料。

波迪克不是單打獨鬥。交易機器大多數員工都找到新工作，但有幾位依然為了他正在建立的新策略堅守崗位。量化分析師馬克・蕭（Mark Shaw）從1990年代波迪克在芝加哥的霍爾交易時，就跟他一起工作。交易員布萊恩・韋納在芝加哥商品交易所交易S&P選擇權合約時，建立了相當好的名聲。

波迪克覺得自己在對抗某個布好的局。有些東西在股票市場管道中運作，破壞了他在霍爾交易、高盛和瑞銀學到的所有策略。高

頻率交易員勢力強大、遍布各處，交易股票時幾乎無法避免一再被
敲竹槓。

　　波迪克知道，他的抱怨聽起來像是為失敗找藉口，批評者會說
他沒有擔當。但他相信實際情況不只如此。交易所和高頻率券商一
直密切合作，設計有利於快手的制度。從孤島、BRUT，一直到群
島，高速交易員和電子交易池密切合作超過十年，他們追求速度更
快、更多資訊、新的特殊委託單，交易池也非常樂意配合。

　　這些都很合理。

　　在波迪克眼中，已經發生的事沒有什麼不對，至少起初是如
此。他認為在某種程度上，高速券商和交易所的關係有益於所有
投資人。機器人程式追求執行更好的交易，這樣可使市場對每個
人更好。

　　但有個問題出現了。高頻率交易的競爭變得十分激烈，在**真正
公平的競爭環境中，沒有人能藉由高交易量獲利**。2008年華爾街
其他投資策略幾乎全部失效，瘋狂的高頻率淘金熱就此開始。激烈
競爭使券商不採取某些方法很難獲利，但波迪克認為這些方法太沒
水準。

　　一切都要歸咎於十多年前約書亞・列文為鼓勵交易提出的掛單
吃單制。

　　根據伊利諾大學金融教授的學術研究，2000年代末，單就買
進和賣出間的價差而言，納斯達克股票快速交易的獲利已經**由正轉
負**。這代表某些高頻率券商（例如以往藉由買進價和賣出價間的差
距獲利的倒賣券商）只能藉由掛單－吃單回饋獲利，也就是其他券
商必須跟他們交易時，他們可以收取的費用。

交易所的問題則是**大家都要搶這筆回饋金**。交易機器這類經驗老到的券商，都在市場布放專門賺取回饋的委託單。波迪克認為這為交易所帶來難題，因為**不可能讓所有人都拿到回饋**。

不可能讓所有人都贏，因為有人贏就有人輸。這是零和遊戲，道理非常簡單。

因此波迪克推測，另外有個複雜的系統，依據速度和特殊委託單等標準，來**篩選**贏家和輸家。如果不知道該在什麼時候使用哪種委託單，幾乎每次都會是輸家，交易機器當時就是這樣。更糟的是本來想取得回饋，後來反而付出費用。對高交易量操作者而言，這樣的差別，可能讓他們每天損失好幾萬美元。

波迪克認為這非常不公平，因為它被操縱了。利益衝突太多、交易所和配合演出的交易員間的共同利益太多。只有全世界規模最大、經驗最老到、關係最好的券商，能在競賽中勝出。

這公平嗎？這是公平的競爭環境嗎？

市場競爭超激烈的明顯後果，就是非常脆弱。高速交易員爭奪的獲利薄如紙張，因此變得極度敏感，再小的損失都不願意接受，最好是賺到就跑，明天再繼續交易。這樣當然會導致閃電崩盤。這是一般大眾的演算法慘劇，所有只關注自身利益的參與者，共同構成極度危險的市場，威脅全球經濟。

波迪克知道自己錯了。他浪費好幾個月，想找出機器程式碼裡的臭蟲，但問題其實是不公平的委託單。

後來他自己開始使用這種委託單來防止公司損失。但這樣感覺很不好。他也變成了壞人，是背叛的圈內人。不是你死就是我亡──他不喜歡這樣，但現在已經是生存問題。

波迪克知道，這樣的不只有他。他的偶像湯瑪斯‧彼得菲也經常公開抨擊高頻率交易。他看過彼得菲在世界交易所聯合會的演講詞，也相信彼得菲不知道這種危險委託單。如果連電子交易領域的創始元老都被蒙在鼓裡，一般投資人還有什麼機會？

市場不應該這樣。市場應該讓投資人因為有智慧而受益、因為能精確預測及承擔風險而獲利，而不是因為知道管道中的隱密漏洞（甚至自己創造漏洞）而獲利。

波迪克最不滿的地方就是這裡：**贏家是水管工**。SEC似乎也很樂意協助他們。從2011年6月的例子可以看出這點。當時SEC核准BATS的一項計畫，讓某些交易員取得獨家權利，可以拿到比一般大眾更好的價格。使用BATS平台的造市商，可以為選擇權合約訂定兩個價格送入市場，其中較差的價格公開在市場上，較好的價格是看不見的。只有透過某些造市商買賣的經紀人，才拿得到較好的價格。只有圈內人拿得到。的確，在強大批評聲浪下，BATS後來撤消這個計畫，但底牌已經被掀開，證明它一直為某些客戶提供比較好的價格。

波迪克認為，這些腐化的圈內人損害了一般投資大眾的權益，所以決定揭發。這是公然勾結嗎？他沒有充分的證據可以證明。提供這類有問題委託單的交易所，或許只是不知道它的副作用非常嚴重。盡量往好處想，或許他們覺得，提供帶來更多高頻率交易流的委託單，是在幫助投資人。或許他們覺得，機器人程式交易流越多，流動性就越多。價差越小也是這樣。

波迪克心裡完全不相信這些。他相信交易所已經陷入割喉戰，不只是交易所彼此間，也包括交易所與暗池、以及交易所與城堡或

騎士等內部化券商之間。早在1990年代末，孤島、群島、Instinet和其他電子網路陷入你死我活的物競天擇時，這種態勢就已經浮現。這場物競天擇促成大量創新發明，受惠的當然是全體投資人。

但在這段過程中，也有其他東西因而改變。波迪克認為，競爭已經變得危險。交易所已經沒有退路，他們是拿一般投資人的權益跟魔鬼交換。

但這些投資人在意嗎？危險委託單和各種系統副作用，只使每筆交易減少幾分美元，誰在乎幾分美元？

投資人不在乎——這當然就是他們有恃無恐的原因。如果投資人不在乎，華盛頓的立法者就不會在乎，主管機關當然也不會在乎。

但是波迪克在乎。他相信，這個受操縱的市場毀了交易機器，打碎了他寄託在交易機器上的一切夢想。但如果沒有強大奧援，他不可能獲知百分之百確定的事實。

為了達到這個目的，2011年夏天，他決定向聯邦主管機關說明這些狀況。他聘請著名律師事務所協助，運用他在交易機器時，透過交易所聯絡人對危險委託單的了解，加上他透過0+倒賣策略文件對高頻率策略的了解，提出一份解說圖。這份解說圖詳細說明他的主張，認為高速交易員和交易所營造不公平的市場，傷害絕大多數投資人。

• • •

不只波迪克一人大聲疾呼危險委託單偏袒特定交易員。西雅圖理財機構「雷尼爾投資」（Rainier Investment）交易員賈斯汀・肯恩（Justin Kane）眼看他們公司的委託單一張張遭到破壞，覺得越來越

沮喪，決定2011年12月6日在紐約萬豪酒店舉行的市場結構研討
會上，說出他的心聲。當時他和Direct Edge執行長布萊恩‧哈金
斯（Bryan Harkins）和沃途金融的克里斯‧康坎南一起參加座談會。
康坎南曾經擔任孤島的律師。

　　肯恩在澤西市當過多年造市商，知道圈內人都在玩些什麼把
戲。他告訴聽眾，電子交易員在玩許多真人造市商多年前就玩過的
把戲。他說，更糟的是，交易所還協助掩護電子交易員。

　　肯恩顯得有點激動，開始對高速市場全力一擊，目標是委託單
類型。

　　他說：「委託單類型的目標，是吸引掠食者交易員。」

　　肯恩抱怨市場已經扭曲，變得有利於高頻率交易員，因為提供
這些交易員易於獲利的環境，最符合交易所的經濟利益。如果交易
員在一個交易所賺到錢，就會一直留在這個交易所。

　　但交易所要如何提供這種確定的經濟模式？

　　肯恩說：「能把買方和賣方拉到一起的市場，就是有效率的市
場。」列文一定會同意這個說法。「但這個市場的目的，是盡可能
吸引買方和賣方之間的中間人。」

　　他們的方法，有一部分是委託單類型，也就是肯恩說的「對客
戶有害」的委託單。他講了一個故事，表達對某個交易所提供危險
委託單的不滿。

　　「有人告訴我們，可以利用一些旁門左道，」但肯恩不接受：「我
們都知道遊戲規則就是這樣。」

　　肯恩抱怨時，Direct Edge的哈金斯大致還算冷靜，但最後還
是回擊了。

他說：「每個人都能查閱規則說明，看清楚委託單如何運作。沒有人隱瞞任何資訊。」

接下來他看著肯恩。

他說：「聽起來似乎是哪裡有點問題。」這意味著問題在於肯恩自己的交易系統。兩年多前，波迪克聽到交易機器遭遇問題時，反應也是一樣。肯恩得意地笑了一下。座談會後，一位SEC官員說要跟肯恩談談。

SEC也在聽嗎？這點很難確定，但SEC似乎正在留意。2012年2月底，BATS在首次公開募股相關定期報告中提到，SEC的執法部門曾經索取與「委託單類型運用以及我們與某些市場參與者的聯絡內容」有關的資料。

幾個星期後，3月23日①，《華爾街日報》在頭版刊登一篇報導，指出SEC「正在檢視某些經驗老到的快速交易券商，看他們是否利用與電腦化股票交易所的關係，取得不當優勢」。

報導指出：「調查人員正在檢視券商是否串連限制競爭或操縱市場。」

受到檢視的交易所之一是BATS。有點諷刺的是，就在這篇報導刊出當天，BATS也在自己的交易所公開上市。它原本應該是第一家在交易所掛牌的公司，但電腦交易之神當天沒有保佑BATS。電腦問題導致掛牌程序在幾秒鐘內停擺。BATS臉上無光，因此決定停止掛牌。

在四月初的後續報導中②，《華爾街日報》提到Direct Edge也遭到調查。報導表示，調查重點是「轉送與交易指令，又稱為委託單類型」。報導並且指出，SEC正在調查Direct Edge一種稱為「隱

藏且不自動調價」（Hide Not Slide）的委託單。

• • •

　　在此同時，波迪克仍不打算放棄創造獨步全球的交易機器的夢想。他在史坦福家裡日夜工作，開始打造能預測股票走勢的新系統。這個系統的預測範圍不是未來幾秒鐘，而是十分鐘，功能類似文藝復興科技改良過的策略。文藝復興科技是全世界最成功的避險基金。

　　波迪克儘管失敗，依然十分大膽。為了在即將來臨的戰爭中取勝，他準備了祕密武器——人工智慧。明確地說是機器學習，與文藝復興、小腦資本等公司採用的人工智慧技術相同。雖然波迪克多年來在交易中用過許多種人工智慧技術，但沒有使用過機器學習，這種技術比他以往用過的人工智慧技術變化更多。多年之前，他在霍爾交易時，曾經嘗試在第一個專案中使用這種技術，但沒有成功，後來他就刻意避免，現在他等於是回到起點，重新開始。

　　波迪克相信他有優勢，就是他實際從事交易十多年，學到深厚的市場管道知識。他對市場內部管道的了解，以及多年來協助設計和實行的策略，讓他得以深入窺見市場內部，時刻觀察它的變化。的確，他很清楚，他在許多方面已經成為水管工，因為他在交易機器時不得不深入研究錯綜複雜的股票市場。他相信如果運用這個優勢，他可以設計出人工智慧型態辨識系統，如同狙擊手一樣瞄準機器人程式。

　　波迪克要創造人機整合裝置。未來的交易很可能就是這個模樣，**真正的交易機器**。他在巨大的數位網路的中心，連結所有交易

池，操縱所有人工智慧機器，就像個傀儡大師。波迪克的系統，和文藝復興或Getco等大咖高頻率券商採用的自動輔助系統不同，他自己就是機器的一部分，他負責控制、管理，確保它不會脫軌。

　　無論波迪克是否會成功，我們都有理由相信，人腦和無限的電腦能力將能超越純機器主導系統的能力。2005年，西洋棋網站Playchess.com主辦西洋棋錦標賽，真人棋手由電腦輔助，跟西洋棋超級電腦對奕。這部超級電腦類似於1997年擊敗世界西洋棋王卡斯帕洛夫的深藍電腦。帶著筆記型電腦的真人棋手，以懸殊的差距擊敗了超級電腦。卡斯帕洛夫自己把這個人腦與電腦結合對戰的玩法，稱為先進棋（Advanced Chess）。

　　人腦與電腦結合，或許也能在股票市場上取得勝利。波迪克決定驗證一下，而且機會很快就出現了。

　　2011年底，波迪克開始和芝加哥交易界傳奇人物布雷爾・霍爾合作，霍爾是霍爾交易的創辦人，也是波迪克在華爾街的第一份工作的老闆。2012年春天，波迪克開使用新系統交易，資金則由霍爾本人提供。

　　他跟導師一起回到起點重新開始。他覺得自己好像繞了一大圈又回到原地。

　　波迪克默默地建造人機整合交易武器時，還有一小群年輕數學家和程式設計師，在曼哈頓中城如同碉堡一樣的辦公室裡打造一部機器，這部機器將成為電腦交易演化的下一步：數位巴菲特。

注釋

1　Weeks later, on March 23："SEC Probes Rapid Training," by Scott Patterson and Jean Eaglesham, *The Wall Street Journal*, March 23, 2011.

2　In a follow-up article："SEC Probes Ties to High-Speed Traders," by Scott Patterson, *The Wall Street Journal*, April 14, 2012.

25 恆星——像彼得‧林區或華倫‧巴菲特的選股程式

Star

恆星正邁向死亡①。

艾力克斯‧弗萊斯（Alex Fleiss）是這麼想的。弗萊斯每天早上走過東54街的社區劇場戲劇學校，走進「叛逆研究」（Rebellion Research）位於曼哈頓中城的簡樸辦公室。2009年初一個嚴寒的冬日早晨，他一到就立刻查看恆星做了什麼。恆星做了一件可怕的事。

它要自殺。

位於地下室、沒有窗戶的「叛逆研究」辦公室一片黑暗，二十六歲的避險基金天才弗萊斯在坐在桌旁，不敢相信地看著螢幕，兩手遮著臉，流下眼淚。

恆星快死了，他知道。

設計「恆星」這個人工智慧程式的，是弗萊斯的老友、他在叛逆研究時的同事：跟他一樣二十六歲的史賓塞‧格林柏格（Spencer Greenberg）。恆星安裝在距離格林柏格的桌子僅幾英尺的戴爾桌上型電腦裡，負責一項工作（其實也只做這項工作），就是為2005年成立的小型避險基金公司叛逆研究選股。

恆星選取股票的方式，是掃描大量統計數字，從石油和玉米等

商品價格、國際貨幣表現,到全世界數萬檔股票的最新檔位等。更重要的是,恆星能**自己學習**選股策略,它會隨時間**不斷學習**。

　　恆星就像數位版的巴菲特。這個買入並持有股票的電腦程式,能掃視全世界幾乎所有可交易的股票,判定哪檔最好、哪檔最差。它代表電腦交易的下一步進展,把交易過程再朝全面自動化推進一步。海姆·波迪克還在實驗人機合作的「先進棋」交易模型時,叛逆研究已經把整個過程交給機器。一言以蔽之就是機率。恆星會掃描市場中的固定型態,找出相關性。舉例來說,如果它發現歐元升值時,石油和天然氣公司同時攀升的機率超過一半,它可能會開始買進石油和天然氣公司的股票。即使搜尋其他目標時,恆星也會持續校正這類訊息。

　　然而在2009年2月,訊息似乎出了問題。恆星瘋了,跟科幻作家亞瑟·克拉克(Arthur C. Clarke)的《2001太空漫遊》一書裡的太空人工智慧裝置HAL一樣,至少弗萊斯這麼覺得。美國陷入經濟漩渦,這次重大金融危機可能導致全球金融體系崩壞。股票市場迅速跌落,成為經濟大蕭條後最糟糕的市場。

　　然而,恆星並沒有隨悲觀者起舞。恆星動手買進,而且大買特買。金融股、保險股、鋼鐵股,都是經濟狀況回穩反彈後才會回檔的公司。

　　在此同時,恆星則把2007年經濟狀況開始崩落時,把握機會咬進的防護性部位脫手賣出,包括黃金股、墓地公司、折扣商店和酒類股,無論經濟狀況如何,這些股票都不會受影響。2007年和2008年,這些股票協助叛逆研究以大幅差距勝過大盤。

　　但現在狀況似乎比以往更糟,糟糕得不得了。恆星加快動作,

變得極度樂觀。

弗萊斯簡直不敢相信。

恆星瘋了，它打算自殺，我們的錢也將跟著它一起灰飛煙滅。

• • •

弗萊斯的母親是避險基金經理人，他從小就跟母親一起看股市。大學時，他和蘿拉・斯洛特（Laura Sloate）一起工作。蘿拉六歲時就失明，但當時已經為紐約避險基金公司管理五億美元資產。弗萊斯擁有深厚的股票基礎概念和經濟狀況預測能力，如果人生可以重來，他非常適合進入富達或先鋒等基金公司，成為優秀的投資組合經理人。

他的工作伙伴格林柏格在許多方面都跟他南轅北轍。格林柏格講話溫和，體型瘦小，眼珠是深色，永遠留著三天的鬍渣，是道地的數學家。他生活在硬梆梆的冰冷數字世界裡，連約會都會帶著筆記本，以便在無聊時計算方程式。格林柏格覺得，最能傳達數學的水晶球世界的東西，就是電腦了。他認為，電腦顯然是以指數方式進步，人類則一直在原地踏步。這個概念非常簡單：電腦越來越強，人腦沒有進步。格林柏格的錢都投在電腦上，而且真的是這樣。

所以格林柏格信任恆星，這是他自己的創作。格林柏格有信心。2009年初那些出於恐慌而賣掉所有持股的愚蠢人類全都有缺陷，都是自己非理性恐懼感的受害者。

在格林柏格眼中，弗萊斯是研究人類各種有缺陷的感情的範例。格林柏格像個實驗室技術人員，喜歡觀察弗萊斯尋找徵兆，觀察人類對市場日常波動的不合邏輯反應。

　　弗萊斯可不覺得自己不理性。就他看來，恆星很瘋狂。這個概念是錯的。電腦本身是笨蛋，經濟狀況將一瀉千里。恆星用來學習的統計數字最多只到1990年代末，所以恆星是盲目的，世界末日即將來臨。弗萊斯想，現在是1930年代，經濟大蕭條、憤怒的葡萄。

　　但恆星似乎覺得（**覺得！**）一切都沒問題。舉例來說，2009年1月21日，恆星買進3903股凱利服務（Kelly Services）股票，這家人力資源公司近一年來股價大跌。後來在2月2日，恆星又買進1103股凱利服務。

　　弗萊斯暴怒。**人力資源公司？**經濟狀況這麼差，根本沒人要找員工。

　　到底在搞什麼！

　　弗萊斯告訴格林柏格，這樣做非常愚蠢。幾天之後，凱利股價跳水，所以恆星**買進更多**。

　　弗萊斯對格林柏格大吼：「別再買進已經下跌20％的股票了！白癡才會這樣！」

　　格林柏格用一貫淡定的口吻說：「不用擔心。」他向這個朋友解釋，投資人很恐慌，他們的情緒會造成影響。恆星知道現在是買進的絕佳時機。他創造恆星的原因就是這個：恆星是絕對理性、完全不會感情用事的投資機器。

　　弗萊斯狂笑起來。

　　他說：「不用擔心？」他揮著手臂，聲音尖銳又帶點嘶啞：「你不知道恆星的盤算是整個經濟狀況會反彈嗎？史賓塞，我**很擔心。**」

　　格林柏格平靜地說：「艾力克斯，這太瘋狂了。這次也會過關的。」

• • •

　　儘管格林柏格對恆星信心滿滿，但叛逆研究顯然已經陷入困境，資金相當吃緊。

　　弗萊斯和叛逆研究另外兩名創辦人，小學五年級就開始研究人工智慧程式設計的數學家傑若米・牛頓（Jeremy Newton），以及有數學頭腦的作曲家強納生・史特吉斯（Jonathan Sturges），開始吃一份2.5美元的冷凍乳酪通心麵當午餐。格林柏格吃素，吃便宜沙拉配中式麵條。他們上班不搭地鐵，颱風下雨都走路到辦公室。雖然他們的原生家庭都很富裕，但沒有人想找家人幫忙，他們想自己度過難關。

　　一天又一天，看來他們似乎撐不過去了，因為恆星正邁向死亡。

　　狀況彷彿糟到不能再糟時，一天深夜，牛頓單獨在辦公室的電腦前工作。他聽見地下室發出巨大的墜落聲，嚇了一跳。弗萊斯和史特吉斯在地下室工作。家具傾倒、電腦摔落、玻璃破碎，有人（或者有某種東西）在敲牆壁，好像是鎚子。

　　他抓起桌旁的球棒，慢慢走下樓梯，心裡怕得要命。什麼東西都有可能，持槍的搶匪，或是捕鼠器抓到有毒的大老鼠。

　　牛頓跪著窺探地下室，看到史特吉斯桌旁的牆上有個很大的圓洞。一條直徑兩英寸的纜線穿了出來，而且還在前進。它已經弄壞史特吉斯的螢幕，撞壞地下室各處的家具。

　　原來是電話公司在地下鋪設電纜時出錯了。纜線在錯誤的位置轉彎，直接鑽進叛逆研究的辦公室。

　　似乎連紐約市鋪設纜線都跟他們作對。這四個人開始討論一起

住來省房租，或是把總部搬到康乃迪克州的廉價辦公室。弗萊斯已經開始考慮找新工作，可能進入政界或教書。

市場持續低迷，進入三月後繼續狂跌。恆星則繼續買進，繼續邁向死亡。

真的是這樣嗎？

• • •

格林柏格在投資界不是生手。他父親葛倫‧格林柏格（Glenn Greenberg）在紐約擔任基金經理人，經營「酋長資本管理公司」（Chieftain Capital Management），1984年到2004年每年獲利高達20%左右，S&P 500同一時期的獲利只有13%。

取勝也是家族傳統。格林柏格的教父是漢克‧格林柏格（Hank Greenberg），外號「大棒漢克」，是美國棒球史上的著名強打。他於1930和1940年代在底特律老虎隊擔任一壘手，入選明星賽多達五次，1938年擊出五十八支全壘打，差點打破貝比魯斯六十一支的紀錄。格林柏格被認為是美國史上最傑出的猶太人運動員，也是第一位擁抱傑基‧羅賓森（Jackie Robinson）②的職棒選手。

小格林柏格在紐約市長大，念的是上西城名校聖三一學院（Trinity School）。他體型瘦小，對競爭型運動一向興趣缺缺，對華爾街也是如此。格林柏格早年的戀愛對象是電腦。星期五晚上，他不是跟聖三一時髦有錢的兄弟出門跑派對和俱樂部，而是用來撰寫遊戲程式和拆解筆記型電腦。他喜歡穿黑色風衣，而且總是連續好幾天穿同樣的衣服，就算以聖三一極高的學術標準而言，他仍然算是異類，深居簡出，甚至有點宅。他在學校最好的朋友是弗萊斯，

他的宅企圖心比格林柏格差多了。

高中畢業後，格林柏格進入哥倫比亞大學攻讀工程。弗萊斯就讀阿姆赫斯特大學，這所大學位於麻州鄉間的先鋒谷，是小型的精英型學院。弗萊斯在阿姆赫斯特大學得知文藝復興科技的重大成就，長島避險基金於1990年代末開始使用孤島。弗萊斯的專長雖然是數學，但他的數學能力遠遠不及文藝復興創辦人吉姆・西蒙斯或CEO彼得・布朗（Peter Brown）。

但他知道有個人能跟他們正面對決：格林柏格。弗萊斯開始積極說服格林柏格協助他成立量化避險基金。起初，格林柏格很懷疑高等數學是否能用在市場上，但他深入了解文藝復興之後，開始思考弗萊斯所說的不只如此。格林柏格在哥倫比亞大學時，開始研究可用於市場的各種數學策略。這兩個人最後與牛頓和史特吉斯一同創立公司。

2005年，他們以弗萊斯大學時投入股票市場的資金（用他設計的演算法賺來的），在曼哈頓42街上一間六百平方英尺的辦公室成立公司。格林柏格當時才二十二歲，已經開始為一家反恐公司執行資料探勘專案，這家公司專門搜尋公開紀錄，尋找代表恐怖份子活動的固定型態。他跟牛頓談到自己的工作時，兩人決定看看類似技術是否可以套用在股市上。

2006年夏天某一天，弗萊斯跟女朋友在上東城一家餐廳的戶外吃午餐。他們用餐後在陽光下聊天，一名穿著得體西裝的長者走出餐廳，點著一支菸。弗萊斯的女友向他要了一支菸，他們因此聊了起來。

他問弗萊斯：「你是做什麼的？」

弗萊斯說：「我剛成立一家避險基金公司，用量化策略選股。」

這個人笑了起來：「哦真的嗎？你念哪所學校？」

「阿姆赫斯特。」

「好學校，其實我也是做量化分析的。」

弗萊斯問他在哪裡工作，他沒有回答。但弗萊斯繼續追問，最後他說他的基金公司叫「文藝復興科技」。

弗萊斯差點從椅子上摔下來。他很想多聊一下，但一輛閃亮的賓利轎車在路邊停下，西蒙斯很快地鑽進車裡。

●　●　●

叛逆研究建立系統之後，弗萊斯開始行銷這個基金，廣發基金策略說明給唐納‧川普（Donald Trump）等有錢投資人。大多數時候，他收到的是套印簽名的表格式拒絕信，也有些人願意見面談談。在跟摩根大通旗下的大型量化基金公司「高橋資本管理」（Highbridge Capital Management）開會時，有人告訴他和格林柏格，他們成功的機率是零，最好是關掉公司，加入高橋這類已有相當規模的基金公司。

高橋的經理人告訴他們：「我開這個會，只是想看看有沒有人才值得網羅。」

2006年11月，弗萊斯、格林柏格和史特吉斯到曼哈頓中城，走訪一名成功的避險基金經理人的辦公室。穿著緊身裙的漂亮女祕書帶他們到這名經理人洞穴般的辦公室。他們坐了下來，拿到一大杯滿到杯緣的水。遠在辦公室的另一端，這名基金經理人安靜地坐著，盯著十幾台電腦螢幕，上面滿是不斷跳動的圖表和資料。辦公

室一角放了大概五十把雨傘。叛逆研究團隊靜靜地坐著,手上拿著行銷簡報,另一手拿著那一大杯水,面前連張桌子也沒有。

最後那位經理人抬起頭來,眨著眼睛。

他用粗啞宏亮的聲音說:「給我看數字。」格林柏格站了起來,水從杯子潑了出來。他把行銷資料拿給經理人,資料中說明了幾個策略(其中有一個人工智慧策略),另外是他們預估的績效表現。因為叛逆研究還沒有真正開始投資,因此所有資料都是電腦模擬結果。

這名經理人瀏覽一分鐘後,握拳搥了一下桌子。

「簡直胡扯!」他大吼,「你們根本做不到!」

• • •

2007年初,儘管不被看好,恆星依然以兩百萬美元上線運作。這個程式監控盈餘成長、利率或母國經濟狀況等,數十個影響股票表現的因素。這個系統衡量所有因素,尋找變化,隨時調整持股,不使用槓桿,也不放空股票。

恆星馬上以住宅不動產為賺錢目標,當時這個領域正處於史上最繁榮的時候。後來到了4月,這個程式嚇到了,立刻拋出手中所有不動產持股以及相關的金融股。它還拋出了幾檔拉丁美洲股票。恆星變得完全無法接受風險。

8月,叛逆研究搬到上城53街一間小辦公室。辦公室有兩層樓和小廚房,雖然還是很小,但比起42街的鴿子籠已經好多了。

但投資人還是膽戰心驚,2007年這個基金僅賺進幾百萬美元。不過它的明智行動協助恆星躲過2007年底重擊市場的事件,並在

2008年賺進17%，遠超過S&P 500的5%。

格林柏格依然想盡可能吸收在股票市場中運用機器學習的知識，所以報名紐約大學的精英數理金融學程。2008年初，他受邀參加一場慈善活動，來到西蒙斯位於上東城、俯瞰中央公園的寬敞公寓。西蒙斯似乎對格林柏格創立運用人工智慧技術的基金沒什麼印象。

西蒙斯跟他說：「你一定要把博士唸完，避險基金什麼時候都可以成立。」

一小段時間後，2008年3月，紐約貝爾斯登投資銀行倒閉，市況再度變壞。恆星變得更保守，買進哈莫尼黃金開採公司和法國發電廠GDF Suez等黃金概念股。當年年初，它手上持有大量原油股票，但到了6月，它又完全拋掉這些部位，剛好躲過使能源股變成廢紙的油價狂跌。

此時恆星轉而大買亞培（Abbott Laboratories）等醫療衛生股和家庭一元（Family Dollar）等平價商店股。進入9月，整個投資組合轉向因應經濟災難，只持有能在蕭條時期存活的公司，完全就是避難投資組合。後來雷曼兄弟於9月15日宣告破產，美國國際集團（AIG）垮台，可能引發連鎖反應，拖垮全球金融體系。股票市場崩盤，好幾百家避險基金結束營業。

但叛逆研究屹立不搖。儘管它的避難投資組合失去後援（全世界所有股票幾乎都在雷曼暨AIG垮台後幾星期到幾個月內遭到重擊），它的表現依然明顯優於大盤。2008年底，叛逆研究損失26%，少於S&P 500的39%（由於叛逆不放空股票，所以防範衰退的方法，只有買進防護性股票和不持有現金。）

2009年初，股市持續崩跌，華爾街許多人認為金融體系真的瀕臨末日，也包括弗萊斯。此時恆星開始轉為樂觀，大舉買進銀行股和保險股，此時這些股票已經被崩盤淘空，而且崩潰似乎還看不到終點。

弗萊斯十分恐慌。他相信人工智慧已經完全脫離常軌。2000年代末的經濟和金融崩潰，距離上次已有一個世代以上，構成恆星世界觀的資料集沒有這些。

每天早晨，弗萊斯會來到辦公室，看看恆星又想買進哪家銀行，然後開始流淚。好幾個星期以來，他天天以淚洗面。他已經在叛逆研究投下好幾百萬美元，相信格林柏格是他所知最聰明的人，畢生僅見的奇才。現在這一切都將成為泡影。恆星即將毀滅，叛逆研究也會跟著消失。

但到了2009年3月，市場終於站穩，接著開始反彈。反彈幅度最大的，正是恆星大舉殺進的銀行股和保險股。當年年底，恆星大賺41％，再次超越2009年S&P 500賺進的23％。

2010年，恆星在這一年大買跨國股票，外國股票占總持股將近40％。但隨著希臘信用危機加劇，造成經濟瀕臨崩潰，恆星立即拋出海外部位，趕在危機對市場造成重大衝擊前，把持股比例降到10％以下。

這些明智之舉都帶來極大的成功。2010年4月，恆星受到重要肯定──法國傳奇性價值投資人尚馬利‧艾維拉德（Jean-Marie Eveillard）大手筆投資叛逆研究。艾維拉德對大多數陽春型量化基金沒有耐心，但對恆星的表現大感驚艷。他很欣賞恆星的選股（有些決定跟他自己的想法完全相同），以及叛逆研究不使用槓桿的原則。

　　恆星於2010年再度超越S&P，獲利21%（S&P指數獲利則為
13%）。邁入2011年後，在以連續365天為計算週期時，恆星四年
多來首次落後S&P 500。此時叛逆研究受到注目，格林柏格經常受
邀上電視和金融業活動演講。

　　格林柏格站在講台上，看著幾百位交頭接耳的有錢交易員和富
有投資人，深深吸了一口氣。當時是2011年2月16日下午2點。
格林柏格刮掉平常留三天的鬍渣，緊張地弄皺了十一頁的講稿，瀏
覽著開頭幾行。

　　我今天想跟各位談談……

　　他表情嚴肅，不帶任何情緒。他再看了聽眾一眼，聽眾在鋪著
白色桌巾的圓桌旁入座。格林柏格接著回頭看演講詞。

　　……機器學習這個領域。

　　格林柏格即將對滿屋的華爾街精英造市商演講。他們只要大筆
一揮，就能讓他賺進幾億美元的美夢成真。如果恆星運作正常，甚
至可能賺進**幾十億**美元。

　　他以前從來沒對這樣的人演講過。格林柏格比較習慣在坐滿
電腦程式設計師和數學家的教室裡演講，這些人站在新科學的最前
端，訓練機器像人類一樣思考和學習。

　　但華爾街顯然正在抓人工智慧的短處。由約書亞‧列文等夢想
家領導的電腦革命，已經改變市場結構的許多方面，也改變股票易
手方式的本質。但有個領域至今仍然紋風不動，就是基金經理人的
頭腦。沒有人提出方法，模擬長期投資人的想法和做法，像彼得‧
林區（Peter Lynch）或華倫‧巴菲特（Warren Buffett）那樣買賣股票。
恆星現在做到了。

　　恆星雖然相當成功，叛逆研究卻難以招來投資人。它的資金只有1300萬美元，這在避險基金業界非常少，這裡只要不到十億美元都算小咖。人工智慧普遍被視為太特殊、太難以預測、**太奇怪**。格林柏格希望改變這個想法，而且有實際成果可以支持他。所以他來到這裡，準備對時代廣場上的紐約萬豪侯爵酒店中，七十樓大廳裡的聽眾演講。

　　這個場合稱為「量化分析專家之戰」，現場集結了許多數學頭腦極佳的華爾街專業人士，以及想拿錢給他們的人。量化分析專家是華爾街近幾十年來的新興勢力，2000年代，他們開始運用老練的交易策略，以及奇特的衍生性商品，逐步主導金融界。此外，他們也在災難性的金融崩盤中扮演重要角色，把全球經濟推向邊緣。許多人血本無歸，投資人對自己的能力失去信心。

　　但量化分析專家重整腳步，準備反擊，配備新的策略、更強大的電腦，以及人工智慧。格林柏格十分熟悉如何運用人工智慧投資，所以受邀向當天的聽眾專題演講。主持人簡短介紹後，他站上講台。

　　格林柏格一開始時對麥克風說：「我今天想跟各位談談機器學習這個領域。具體說來，我想談談運用這類技術的適當時機，同時介紹這個領域的幾個重要概念。」

　　他說明，機器學習現在隨處可見，Netflix運用機器學習，依據我們以往的選擇來預測我們喜歡哪種電影。蘋果的拍照軟體運用機器學習分析人臉，電子郵件防火牆也運用人工智慧來阻擋垃圾郵件。

　　此外它也是強大的投資方法，因為電腦配備優異的機器學習演算法時，將可在股票市場中偵知人類無法發現的關係。舉例來說，

它能在利率降低、金價上漲、公共事業股上漲時，做出少見的因應措施，歐洲飛機製造商就是不錯的買進標的。

格林柏格講得很快，他解釋：「這種方法無法讓電腦學會跟執行長對話，但可以讓電腦發現投資基本原則。目標是讓我們的電腦靠自己學習，成為長期股票投資人。我們不假設自己已經懂得投資，也不只是用機器學習來改善模型中的幾個參數，而是要讓這個懂得學習的演算法**學會投資**。」

這段說明十分特別。

如果人們漸漸對人工智慧交易演算法的神奇能力有信心，我們似乎可以想像，未來的市場將屬於「恆星」等程式。市場管道已經自動化，變成互相連結的巨大電子交易池，透過全球各地資料中心以光速交互作用。人工智慧機器人程式操縱大部分日常股市活動，並且很快地擴及商品、貨幣、債券和衍生性商品交易池。

這樣的機制已經存在。恆星等智慧型電腦已經上線，未來幾年將進入系統，人類退出這個領域似乎只是時間問題。

這就是未來，雖然還很遙遠，但格林柏格已能輕易想像得到。他開始以警告為演講做總結：人工智慧如果落入無知者手中，可能成為危險的武器。

他說：「有個可怕的例子，是一位電腦科學家跟我提到，有個美國軍方專案規劃不良。」格林柏格說，那名科學家指出，有一群美國軍方技術家想運用學習演算法，來分辨沒有戰車和擠滿戰車的森林照片。系統接受訓練後，他們發現精確率相當高。

但研究人員再做一次這個實驗時，卻失敗了。後來他們才理解，第一次模擬時，他們是在陰天拍攝沒有戰車的照片，但拍攝擠

滿戰車的照片時是晴天。人工智慧只能做到表面工作，觀察晴天下的森林和陰天下的森林，但完全沒有注意到戰車。這樣有缺陷的系統如果實際用到戰場上，後果不堪想像。

格林柏格看著靜默的聽眾，臉上帶著神祕的表情。

他說：「如果使用者不審慎，機器學習將會帶來災難。」

注釋

1 star was dying：本章內容是2010及2011年多次訪談「叛逆研究」四名成員而來。

2〔編註〕傑基・羅賓森是美國職棒史上第一位黑人球員，球衣背號42，這個號碼隨著2003年馬里安諾・李維拉（Mariano Rivera）引退，從美國職棒大聯盟永遠退役。

後記——差錯頻出的一年

POSTSCRIPT The Year of the Glitch

2012年12月18日，美國參議員跟遊說業者、股市領袖和勢力看漲但頗受爭議的高頻率交易界重要人物，並肩坐在一起。

他們一起來到美國首都中心的德克森參議院辦公大樓，五樓那間以橡木裝潢的聽證室。氣氛相當緊張。這次聽證會舉行時，美國股市史上最混亂的一年結束。華盛頓特區的立法者想知道答案，立刻知道。

這次聽證會的焦點，是有徵兆顯示美國股市可能更不穩定，暗池交易可能爆炸性成長。

這些徵兆其實早就開始浮現。當年3月23日，電腦問題影響BATS首次公開募股，導致這家暴發戶交易所取消募股。兩個月後，5月18日，納斯達克發現線上社群網站Facebook的初次掛牌疲軟不振。那天早上，技術問題造成這檔股票延後上市（它是多年來最受期待的首次公開募股），使得想擁有一小塊馬克·祖克柏（Mark Zukerberg）線上帝國的交易員和投資者陷入混亂。

許多人預料，這檔股票會因為大量熱錢想跟臉書分一杯羹，而一飛沖天，但上市當天失利後，已在美國各大股票交易所投下陰影。這些錯誤導致納斯達克客戶損失數百萬美元。

　　BATS首次公開募股受挫，加上納斯達克的Facebook掛牌失利，讓許多人嚴峻質疑，美國股市是否已經失去它最基本的功能——為企業募集資金、擴大營運，以及雇用新員工。在經濟成長停滯和失業率高達8%左右的時代，這些令人憂心的問題更引起美國政府高層立法者密切注意。

　　8月1日，聚光燈加強了。在混亂的四十五分鐘早盤交易中，經驗極為老到的騎士資本，有一部高速電腦交易系統發生問題，使它損失四億五千多萬美元。其後幾天，騎士瀕臨倒閉。後來，芝加哥高速交易商Getco等一群投資者同意挹注四億美元，支持騎士活下來（Getco最後以十四億美元買下騎士）。

　　這次重大損失使交易界大感震驚。騎士資本從1990年代中成立後，就一直是電腦交易的先鋒，連這樣擁有光輝歷史的券商都在半小時左右蒸發將近五億美元，令人難以置信。這次事件是個警訊。如果連騎士都會跌這麼大一跌，那任何人都可能如此。

　　騎士資本的經驗，讓許多人驚覺市場中潛藏許多危機，甚至比閃電崩盤時更加明顯。騎士資本是規模極大的經紀經銷商，在股票市場中地位十分重要。許多時候，它在紐約證券交易所和納斯達克的交易量，超過全世界其他券商。其實騎士運氣還算不錯，這次損失程度原本可能更大，後續影響也可能更加嚴重。

　　此外，騎士這次交易事件顯示，高盛、摩根大通或美國銀行等「大到不能倒」的大咖，同樣也有危險。這幾家銀行內部都有高速交易部門，這些部門跟騎士資本的幾乎完全相同。

　　美國國會想知道，如果這些「小差錯」使這些「大到不能倒」的銀行出現虧損時，會怎麼樣？

答案是：美國納稅人將再次被迫出錢紓困。

其實不只如此。BATS、臉書和騎士資本只是當年最受注目的案例，另外還有其他事件。圈外人逐漸了解圈內人多年前就知道的事實：美國股市其實飽受困擾，都有小問題，而且範圍不只是股票。商品、債券和貨幣市場也都經常發生電腦問題。投資人不只越來越懷疑市場被操縱，而且懷疑它是否已經完全崩壞。的確，著名交易期刊《交易員雜誌》（*Traders Magazine*）就把2012年稱為「差錯頻出的一年」。

美國國會也對股票交易所經常提供好處給高頻率交易券商感到憂心。9月19日，《華爾街日報》頭版登出一篇本書作者參與撰寫的報導。報導指出，美國證券交易委員會（SEC）正在調查高頻率交易商和交易所間的關係。這項調查的起因，是曾在高盛和瑞銀工作的華爾街圈內人自己成立券商──這名圈內人，是海姆・波迪克。

報導表示：「波迪克先生去年與美國證券交易委員會接觸，指控股票交易所為了增加收益，而與高速交易券商合作，提供優於一般投資人的不公平優勢。他表示，他經營高速交易券商後，就可讓自己的委託單比其他時間較早的委託單優先執行，關鍵在於使用稱為『隱藏不調價』的委託單，因此他認為交易所經常提供這類優勢。」

這項指控在華爾街掀起激烈爭議。它的弦外之音（也就是交易所暗地圖利特定客戶），將在國會山莊迴盪不已。

12月這個星期二早晨在德克森參議院辦公大樓，這類審視非常明顯。

這次聽證會的召開者，是羅德島民主黨參議員傑克・李德（Jack

Reed），他形象莊重、言詞溫和，蒜頭鼻、圓臉，一頭白髮梳著全後梳油頭。他在美國其他地區並不出名，但遇到複雜的市場問題時，他是華盛頓特區首屈一指的立法者。

為了探討電腦交易規則，美國國會召開了一連串聽證會，這是第二場。在9月舉行的第一場聽證會中，有許多高速交易專家出席作證，包括曾經擔任孤島律師，現在於全世界主要高速券商沃途金融位居要職的克里斯・康坎南。

李德的第二次聽證會的焦點，是暗池和股票交易所間的衝突，以及高速交易券商在這場戰爭中扮演的角色。出席的證人包括：瑞士信貸（在邁阿密楓丹白露酒店那場銀行年度交易論壇的主辦人）的股票交易主管丹・麥提森、NYSE執行副總裁喬・麥肯，以及接替康坎南擔任納斯達克交易服務主管的艾瑞克・諾爾。

聽證會一開始，李德直率地表達憂心，他擔憂的事情相當多。

他說：「閃電崩盤、BATS和臉書的首次公開募股失利，還有騎士交易事件，都讓我們對主導市場架構的規則感到質疑。這些市場是否公開透明？市場是不是太複雜或太脆弱？高度電腦化的市場彼此間的連結，是否提高了系統出現風險的可能性？」

此外李德也質疑委託單類型。他說「委託單類型越來越多，搞得越來越複雜，也帶來許多問題」影響市場的公平性。

NYSE的證人麥肯向委員會表示，由交易所轉往暗池的交易太多。他指出，目前有超過三千檔股票的交易，在公開市場以外執行，占這些股票總交易量的40%以上。他說：「我們可以看到有兩個市場。一個是在明處的公開、受規範且易於進入的市場，另一個是在暗處、限定對象且私有的不透明市場。」

麥肯也同意委託單類型使市場變得更複雜，但他表示這些類型的用意，是遵循美國政府規定以及協助交易客戶「確保經濟成果」。

當然，這就是波迪克對這些委託單類型的批評。交易所為何要為客戶提供確定的經濟成果？這些成果顯然來自損害交易所其他的客戶，例如共同基金投資人。

此外，麥肯似乎漏掉了越來越多交易轉往暗池的主要原因之一。傳統投資人在交易所內被敲竹槓，部分原因是交易所給予高速交易券商優勢。就許多方面而言，這些交易所是自作自受。他們跟魔鬼交易，現在只不過是付出代價。

麥提森表示，這個問題的根源，是交易所在2000年代初轉型為營利機構。現在交易所完全把重點擺在獲利，而非為企業提供健全環境，讓股票掛牌交易，以及讓投資人藉由美國資本成長獲利。

麥提森向參議員委員會表示：「過去十年來，美國各交易所已經脫離兩百多年來的非營利會員式組織，轉變為營利模式。我們認為，這個追逐市場的新模式損害投資人權益、對經濟經銷商不公平，而且使得交易所之間衝突頻傳。」

這些現象十分明顯。交易所為了讓股東獲利，只迎合一種投資者——就是高速交易券商。受不了被榨乾的法人投資者因此轉往暗池，進入瑞士信貸的麥提森等人管理的不透明交易池。

但現狀可能改變嗎？這個過程有可能逆轉嗎？

SEC就像被車燈照到的鹿一樣，什麼都無法改變，只能眼睜睜地看著，害怕改變規則造成「意外後果」，永遠綁手綁腳。美國國會雖然舉行一次次聽證會，立法者似乎也沒有真正推動有意義的改革。

　　然而少許希望還是有的。李德的聽證會後幾天，NYSE宣布一項重大交易：位於亞特蘭大、沒沒無名、成立僅十二年的期貨交易所「洲際交易所」（ICE）同意，以八十二億美元及股票交換買下歷史悠久的大行情板。

　　這宗交易中的特殊人物，是ICE反覆無常的創辦人，好交際的工程師傑夫・史普瑞徹（Jeff Sprecher）。史普瑞徹在ICE提出幾項措施，限制高頻率券商在交易所的活動，並宣稱這些措施對一般投資人有利。此前他曾經表示，也打算在NYSE採取這些措施。

　　這項交易公開後不久，他在和分析師進行的電話會議中說：「狀況顯然會有改變，推動這次改變的領導者……將來自紐約證券交易所。」

　　對於迎合高頻率交易券商的商業手段，史普瑞徹似乎格外憤怒。具體說來，他的目標是多年前約書亞・列文在孤島時，設計的掛單－單制給快手交易員的交易回饋。波迪克曾經告訴SEC，他遇到的操控性委託單類型的功能，就是讓高速交易員跳到其他投資人前面，讓他們取得這些回饋。

　　史普瑞徹認為這種做法相當惡劣。他在1月某次ICE電話會議中抱怨：「鐘擺已經擺得太遠。」偏袒某種客戶，損害其他客戶的權益「非常糟糕，對股東不好，也損害長期投資人」。

　　史普瑞徹說，他打算把掌管NYSE的職位當成「教壇」，在美國股市推動幾項基本改革（史普瑞徹也讀過本書，並且要求所有資深經理人閱讀）。

　　我們很難判定史普瑞徹是否可能成功。如果他這麼做，將會影響許多既得利益者，他們會祭出各種手段來阻止，包括動員他們日

漸壯大的華盛頓遊說部隊。此外，NYSE 十年前掌控美國各大企業70％至80％的交易量時，並未好好運用它的市場力量，現在它掌握的市場只有20％，而且年年縮減。

但在股票市場中沒有包袱的史普瑞徹，或許可以抓住這個機會。如果他改革了大行情板，趕走掠食者交易員，趨勢或許會自己反轉，或許會有更多法人不再把交易轉往暗池，回到NYSE。永遠汲汲營營於抓住趨勢的其他交易所，或許也會起而效法。

這次改革似乎不一定會成功。但當初誰又想得到，在百老街50號小小辦公室裡工作的高中輟學生，竟然擊垮了股票市場中最強大的勢力？

但有一點是顯而易見的，就是市場必須改革。市場已經脫離控制，飽受造成大損失的小問題、操縱活動，以及投資人信心降低所困擾。如果我們置之不理，下一次災難將無法收拾。

致謝

Acknowledgements

　　首先我最感謝的是我的太太艾琳諾，她比全世界任何人都了解撰寫《暗池》這本書的辛苦：深夜不眠、週末工作、假日（其實說來是沒有假日）；她在每個階段都幫了很多忙。此外我想感謝我的經紀人紹恩・柯尼（Shawn Coyne），他經常鼓勵我，也是敘述波迪克故事的重要關鍵。我必須鄭重感謝波迪克本人，他告訴我他自己的故事，讓我了解電子交易市場中許多眉眉角角和隱藏的風險。

　　Crown出版公司的編輯瑞克・霍根（Rick Horgan）和朱利安・帕維亞（Julian Pavia），對本書每一頁都提供了重要又詳細的建議。葛瑞格・克洛可夫（Greg Klochkoff）協助快速且翔實地查證書中所提的事。RT Leuchtkafer（反正是個代號！）提供許多珍貴的資料、研究和見解。「叛逆研究」團隊成員十分親切，祝他們平安健康。

　　傑米・塞爾威最先告訴我孤島有多重要，而且花了許多寶貴時間告訴我他的想法，他或許不同意本書提出的某些主張，但他無疑是極為敏銳的市場觀察者。彼得・史坦、克里斯・康坎南、麥特・安德森、麥可・拉扎列夫以及無數的人，協助我記敘達提克和孤島引人入勝的故事。當然，我還要感謝列文本人。我沒見過列文、也沒跟他交談過，但我們近幾年來通過幾十封電子郵件，他提供了許多關於孤島的重要資料和觀點，這也是他的故事。

FOCUS　14

暗池 人工智慧如何顛覆股市生態
Dark Pools
The Rise of the Machine Traders and the Rigging of the U.S. Stock Market

作　　　者	史考特・派特森（Scott Patterson）
譯　　　者	甘錫安
責任編輯	林慧雯
封面設計	萬勝安

編輯出版	行路／遠足文化事業股份有限公司
總 編 輯	林慧雯
副總編輯	賴譽夫

社　　　長	郭重興
發行人兼 出版總監	曾大福
發　　　行	遠足文化事業股份有限公司　代表號：（02）2218-1417 23141新北市新店區民權路108之4號8樓 客服專線：0800-221-029　傳真：（02）8667-1065 郵政劃撥帳號：19504465　戶名：遠足文化事業股份有限公司 歡迎團體訂購，另有優惠，請洽業務部（02）2218-1417分機1124、1135
法律顧問	華洋法律事務所　蘇文生律師
印　　　製	韋懋實業有限公司
初版二刷	2019年10月

定　　　價	499元

國家圖書館預行編目資料

暗池：人工智慧如何顛覆股市生態
史考特・派特森（Scott Patterson）著；甘錫安譯
一初版一新北市　行路出版：遠足文化發行，2019年10月
　面；　公分（FOCUS：1WFO0014）
譯自：Dark Pools: The Rise of the Machine Traders and
the Rigging of the U.S. Stock Market
ISBN　978-986-98040-1-1（平裝）
1.證券投資　2.證券經紀商　3.電子商務
563.5　　　　　　　　　　　　　　　108012991

This translation published by arrangement with
Crown Business, an imprint of the Crown Publishing
Group, a division of the Pingue Random House LLC
through Andrew Nurnberg Associates International
Limited.

特別聲明：本書中的言論內容不代表本公司／
出版集團的立場及意見，由作者自行承擔文責。